KB215189

에스더 드발은 자연과 멀어진 채, 생의 리듬을 잃은 현대인들에게 다시 새로운 생기와 활력을 불어넣으며, 기도란 우리 삶의 노래요 공감이며 하느님 찬미임을 다시 한번 일깨운다. 특히 켈트 영성의 순례로 대표되는 수도 전통과 노동하는 인간의 일상에 리듬을 주고, 내적 성찰로 인도하는 생활 속 기도를 친절하게 소개한다.

동물들과 우정을 나누는 동화 같은 이야기 속에서, 우리는 사막 은수자의 전통, 정주 수도승 전통, 그리고 자연 속에 배어 있는 우주적인, 그러나 참으로 다정하고 여성적인 일상의 기도들을 만날 수 있다. 저자가 들려주는 자녀에게 옷을 입혀 주며 드리는 기도, 내가 일하는 연장들을 축복하는 기도는 메마른 우리 영혼에 아름다운 위안이 될 것이다.

_박정은 | 미국 홀리네임즈대학교 영성학 명예교수, 천주교 수녀

아름답다. 《켈트 기도의 길》은 진리와 선함은 물론 아름다움이 그윽하다. 이 책에 담긴 언어는 만물에 대한 경이와 경외를 회복시키며 온 창조물이 깊은 일치를 이루고 있음을 깨닫게 해 준다. 예배와 일상, 교회와 세상을 구분하는 이단적 사유는 녹아 없어지며, 걷고 숨 쉬고 일하는 것이 다 기도가 된다. 탄생과 죽음, 빛과 어둠, 강함과 약함이 결국 하나임을 고백하며 이 모두가 주님의 사랑임을 찬미하는 나와 당신이기를.

_박총 | 작가, 목사, 장애묘 집사

고대 켈트 그리스도교 신자들에게 하느님은 복이었다. 다만, 그 하느님은 인류와 비인류 모두에게 복이어야 한다는 점을 중요하게 여겼다. 그 복은 결코 인류가 독점하거나, 여러분과 나만의 복이 될 수 없다. 켈트 그리스도인들은 매일매일 그리고 그들이 발 딛고 사는 땅과 자연을 축복하며 기도하는 게 일상이었다. 그렇게 켈트 그리스도인들은 일상 속의 신비, 신비 속의 일상을 살았다. 또한 어둠 속의 빛, 빛 속의 어둠이 무엇인지 잘 알기에, 삶과 신앙을 이분법적으로 나누지 않고 만물 안에 깃드신 하느님 안에 속해 매일을 살아갔다.

그리고 현대 성공회 신자와 목회자들을 비롯해 모든 그리스도인은 고대 켈트 그리스도인들의 지혜를 따라 독점할 수 없는 하느님의 복이 온 세상과 우리 사회 그리고 교회 안팎에 충만하도록 살아가는 존재다. 우리 각자는 물론이고 내 몸처럼 사랑해야 할 이웃을 착취하거나 혐오하거나 배제하지 않고, 낯선 서로의 얼굴을 통해 마주하는 낯선 하느님을 만나 동행한다. 이 놀라운 기도와 수행, 실천의 일상으로 당신을 초대한다.

_이경호 | 대한성공회 서울교구 교구장, 주교

이 책은 성서의 요한 전통에 뿌리내렸으되 오랫동안 교회 역사에서 뒷전으로 밀렸으나 그 생명력을 간직한 켈트 그리스도교 영성이 복음의 정신을 담아 갈등을 전환하며 공동체를 살리고 화해된 삶을 촉구하는 데 도움이 될 수 있음을 구체화한다. 이 책의 묘미는 일상의 매 순간 요한복음이 전하여 주는 빛의 영성을 회복하는 데 있다. 그것은 한정된 공간과 시간에 국한되는 것이 아니라, 고통과 갈등의 심연 안에서도 빛이 어두움을 비추고 있음을 은혜로 깨닫는 것이다.

현대의 사회와 교회가 마주하는 모순, 불평등과 소외, 구조적 불의에 답하며, 다양한 도전에 직면한 현대 선교의 패러다임 전환을 촉구하고, 전 지구적 위기 앞에 교회와 사회가 함께 대응하기 위한 다양한 시도를 추구해야 하는 이 시대에, 이 책은 오래된 미래에 담긴 유산을 거울삼아 오늘 여기에서 이 지혜를 적용하고자 하는 이들에게 창의적 해법의 문을 활짝 열어 줄 것이다.

_정미현 | 연세대학교 연합신학대학원 교수, 한국기독교 장로회 목사

에스더 드발은《켈트 기도의 길》에서 체험적 기도와 수도 생활에 대한 공감, 그리스도인의 기도 여정에 필요한 영감에 대한 깊은 이해와 배움을 다채롭게 엮어 내어 풍부하고 사려 깊게 들려준다. 그가 일깨운 멀고 먼 과거의 세계가 오늘날 그리스도교 세계의 살아 있는 신경을 끊임없이 건드리고 활력을 불어넣는다는 사실에 독자들은 놀랄지도 모르겠다. 하지만 이 책은 켈트인들의 삶 속에 깃들어 있던 그리스도교 영성의 근본에 맞닿아 있으며, 이를 통해 우리의 뿌리를 이해하는 작업은 언제나 가치 있기에 모두가 친숙하고 당연하게 이 이야기를 받아들이게 될 것이다.

_패트릭 배리 | 전 베네딕트회 앰플포스 수도원장

이 책은 우리가 고마워해야 할 켈트 자료의 보고인 동시에 예민하고 감성이 메마른 20세기 지성에 켈트 전통이 어떤 영향을 미치는지를 보여 주는 개인적 증언이다. 켈트 그리스도교 세계의 도전과 강인함을 단지 낭만적으로 만끽하는 게 아니라 우리 시대 및 사회로 연결한다는 점에서 이 책은 특별한 가치가 있다.

_로완 윌리엄스 | 전 캔터베리 대주교

켈트 기도의 길

The Celtic Way of Prayer

© Esther de Waal 2010

First published in United Kingdom in 1996.
This edition first published in United Kingdom in 2003.

Published in 2010 by Canterbury Press
Editorial office
13–17 Long Lane,
London, EC1A 9PN, UK

Canterbury Press is an imprint of Hymns Ancient and Modern Ltd
(a registered charity)
13a Hellesdon Park Road, Norwich, Norfolk, NR6 5DR, UK

This Korean edition is translated and used by permission of Hymns Ancient and
Modern LTD. through rMaeng2, Seoul, Republic of Korea.

This Korean Edition Copyright © 2023 by Viator Inc., Seoul, Republic of Korea.

사회 속의 교회
교회 속의 사회

02

켈트 기도의 길

다시 깨어나는 거룩한 상상력

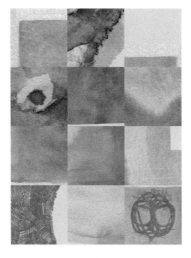

에스더 드발 | 이민희 옮김

viator

일러두기
- 저자의 주는 미주로, 옮긴이 주는 각주로 달았다.
- 인명, 지명, 절기명 등의 우리말 표현은 성서의 공동번역개정을 따랐다. 그 외 원서 본문에 제시된 그대로를 한글 음역으로 우선 표기하였고 해당 언어(아일랜드어, 웨일즈어, 라틴어 등)를 병기하였다.

벨테인Beltaine•에 태어난 손녀 한나 가브리엘에게

• 아일랜드어로 발터녀. 켈트인의 봄 축제 중 마지막 축제이자 여름의 시작을 알리는 축제로, 전
통적으로 북반구의 춘분과 하지 중간쯤인 5월 1일에 열린다.

차례

켈트 그리스도교 전통와 영성에 대하여

김홍일, 한국살렘영성훈련원 원장

이 책의 저자 에스더 드발 여사는 영국 성공회 사제의 딸로, 영국 성공회가 간직하고 있는 두 가지 중요한 영적 전통에 대한 깊은 연구와 저술을 해 오고 있다. 필자가 저자의 이름을 처음 접한 것은 1990년대 초 왜관 분도수도회에서 진 토마스 신부님으로부터 베네딕트 영성에 대한 강의를 듣던 때였다. 그동안 신부님이 읽은 베네딕트 규칙과 영성에 대한 해설서 중에서 가장 인상적인 책이라는 점과 그 책의 저자가 수도자가 아니라 가정주부라는 사실이 놀랍다며, 저자의 책 《베네딕도의 길*Seeking God: The Way of St. Benedict*》(분도출판사)을 소개받고 책을 사서 단숨에 읽었던 기억이 있다. 그리고 얼마 지나 아마존에서 켈트 그리스도교와 기도에 대한 그의 저서인, 이 책 《켈트 기도의 길*The Celtic Way of Prayer*》을 발견하였다.

영국 교회의 전래와 켈트 그리스도교

영국의 그리스도교 전래에는 세 가지 배경이 있다. 하나는 북아프리카 교회와 관련된 브리튼 교회(켈트 교회), 초기 로마의 점령으로 인하여 설립된 교회, 그리고 6세기 로마 교황청에서 영국 선교를 위해 파송받은 아우구스티누스의 선교에 의해 세워진 교회가 그것이다. 이 같은 역사적 배경으로 영국 성공회의 영적인 토양은 크게 토착적인 켈트 그리스도교 교회의 영적 전통과 6세기 이후 본격적인 영국 선교를 시작한 아우구스티누스와 그가 속한 베네딕트 수도회로부터 받은 영적 전통이라고 할 수 있다.

켈트 그리스도교는 '브리튼 그리스도교'라고 불리는데, '브리튼Britain'이라는 말은 다양한 영국 원주민들을 가리키는 말이다. 브리튼 그리스도교는 북아프리카 교회에 뿌리는 두고 있다는 주장들이 설득력을 얻고 있는데, 그 이유는 이집트와 아일랜드의 그리스도교 예술의 유사성에서 쉽게 그 증거들을 발견할수 있기 때문이다. 이 브리튼 그리스도교를 통하여 이 책에 등장하는 패트릭, 니니안, 콜롬바와 같은 켈트 성인들이 배출되었다. 로마와 브리튼은 후기 로마 시대에 서로 협력했지만, 그들 사이에는 중요한 차이점이 존재했다.

첫째로 브리튼은 큰 도시가 없고 서로 멀리 떨어진 지역들로 이루어졌기 때문에 각 지역은 수도원장이 다스렸다. 지역의 주교가 있었지만, 그들은 주로 전례에 관련된 기능을 담당하였고, 실질적인 치리와 권위는 수도원장에게 있었다. 둘째로 지역을 유랑하는 개별적인 복음 전도자들이 각 지역의 선교를 감당했으며, 그곳에 수도원이 설립되면 비로소 교회와 연결이 되었다. 브리튼 교회들이 시골 지역 중심이고, 유동적이며, 지역 수도원장의 치리를 받았다. 반면에 주교들은 서로 평등했지만 로마의 선교로 설립된 지역의 교회들은 주로 도시에 위치했고, 베네딕트회의 정주 전통을 따랐으며, 주교들에 의해 치리되었고, 그 주교들은 로마의 지시의 받았다.

켈트 그리스도교는 영국의 북쪽에서 남쪽 잉글랜드를 향해 선교를 하며 내려오고, 아우구스티누스에 의한 로마의 선교는 켄트에 거점을 두고 북쪽으로 올라가던 두 교회는 마침내 관할 지역을 두고 현실적인 문제에 봉착하게 된다. 교리적인 문제만이 아니라 교회의 최고 권위를 어디에 두어야 하는지를 두고 교황의 수위권과 같은 것이 없던 켈트 그리스도교와 갈등을 겪게 되었고, 결국 664년 휘트비 교회회의snod of Whitby를 통해 로마 교회에 편입되었다. 이때 끝까지 저항하던 켈트 그리스도교의 일부 세력들은 결국 흩어져 사라지고 말았다.

켈트 그리스도교와 영성에 대한 재조명

요사이 한국 교회에서도 켈트 그리스도교에 대한 새로운 관심과 함께 관련된 서적들이 번역되거나 출판되고 있다. 켈트 그리스도교 전통과 영성에 대한 이 같은 재조명은 아마도 물질주의와 합리주의, 위계적인 질서로 인하여 고갈되고 분열된 세상의 치유와 회복의 길을 찾는 교회와 그리스도인들에게 켈트 그리스도교 전통과 영성이 줄 수 있는 선물과 시사점이 있다고 믿기 때문이 아닐까 싶다. 관심과 관점에 따라 다양한 측면에서 그 선물과 시사점을 볼 수 있을 것이다.

필자는 켈트 그리스도교 전통과 영성에서 이 시대의 교회와 그리스도인들이 발견할 수 있는 가장 큰 선물은 무엇보다 생태적 감수성이라고 본다. 기후 위기와 지구촌에서의 인류의 지속 가능한 삶이 위협받고 있는 지금, 교회가 회복해야 할 가장 시급한 과제로 생태적 영성과 감수성에 대한 중요성은 아무리 강조해도 지나치지 않을 것이다. 켈트 그리스도교는 모든 창조물이 서로 연결되어 있다는 점을 강조한다. 이 같은 인식은 켈트 예술에서 가장 복잡한 패턴을 관통하는 '끊어지지 않는 매듭들'에 잘 나타나 있다. 또한 켈트 그리스도인들은 하느님께서 창조하신 만물 속에서 하느님을 만날 수 있다고 증언한다(롬 1:20). 그들은 자연, 동물, 계절의 변화 속에서 창조의 아름다움과 거룩한 체험을 기도로 고백한다. 이와 같은 '조화로운 일치를 통한 관련성과 연결성을 다루는 심오한 켈트적 감'에는 켈트 그리스도교의 성육신적이며 삼위일체적인 신앙과 영성이 자리하고 있다(이 책의 11장에서 다룬다).

켈트 그리스도교 영성에서 중요한 의미를 갖는 '얇은 장소 thin place'는 물리적 영역과 영적 영역 사이의 경계가 흐릿해지는 곳이다. 4세기 대륙의 교회에서는 하늘과 땅이 만나는 곳이라고 믿었던 성인들과 관련된 성지가 곳곳에 자리 잡게 되었다. 그런데 켈트 그리스도인들은 예수의 구원 사역과 연결되는 이야기들이 있는 성지聖地나 순교자들의 무덤 같은 곳만이 아니라 생명을 위한 쉼과 물을 주는 한적하고 비옥한 계곡, 산 정상이나 높은 성벽처럼 안전을 보장하는 높은 곳 등에서 하느님의 임재를 경험

15

했다. 우리는 여러 켈트 기도문에서 세상 도처에서 하느님을 만난 그들의 고백을 확인할 수 있다. 이 같은 켈트 그리스도인들의 영적 감각은 우리가 살아가는 장소들의 거룩함과 신성함에 대한 감각을 회복시키고, 우리가 살아가는 장소들을 기도의 공간과 성전으로 변화시키며, 파괴되고 훼손되는 지구 생태계의 고통에 보다 민감한 연민을 느끼며 대응할 수 있도록 도와줄 수 있다.

켈트 그리스도교 영성이 오늘날 교회와 그리스도인들에게 줄 수 있는 또 다른 선물은 영적 여정에서 '영적 우정'을 무엇보다 소중히 여겨 온 전통일 것이다. "영혼의 친구(아남카라)가 없는 사람은 머리가 없는 사람과 같다"는 켈트 그리스도교의 격언은 그들이 '영적 우정'을 얼마나 소중하게 생각하는지를 잘 보여준다. 당시 사람들은 영혼이 머리에 있다고 믿고 있었다. 이 같은 켈트 그리스도인들의 '영적 우정' 전통은 4세기 이집트 사막에서의 수행 경험을 바탕으로 기록한 요하네스 카시아누스^{Johannes} Cassianus(요한 카시아노)의 저술들에 영향을 받았을 것으로 추정하는데, 그의 저술들이 서방교회의 베네딕트 수도회 설립은 물론이고 영국과 아일랜드 교회에도 큰 영향을 미쳤기 때문이다.

요하네스 카시아누스는 사막의 교부, 교모들이 한곳에 모여 살기보다는 정신으로 하나 되는 깊은 우정의 정신이 널리 퍼져 있음을 발견했고, 그들의 수행 과정과 영적 여정에서 영적 우정이 갖는 중요성을 간파해, 이를 신중하게 기록했다. 이 같은 영향으로 켈트 성인들의 삶에는 영혼의 우정에 대한 가슴 따뜻한 이야기들로 가득하다.

대륙의 교회들이 살인, 간음, 배교 등 주요한 죄에 대하여 공식적이고 공개적이며 성직자 중심의 죄 처리 절차를 개발하여 고해성사로 발전시켜 간 것과 달리, 켈트 교회는 동료 신자들 사이에 영혼의 친구로서 나누는 영적 동반을 발전시켰다. 그런 영혼의 친구가 하는 역할은 죄를 판결하고 보속을 주는 판사라기보다, 의사가 아픈 사람에게 내려 주는 약 처방에 가까웠으며 개인에게 적합한 것이 무엇인지를 분별할 수 있도록 돕는 친구의 역할에 가까웠다.

　　오늘날 세속 사회에서 널리 확산되고 있는 멘토링이나 코칭에 대한 관심과, 늘어나고 있는 상담에 대한 필요는 진정한 공동체의 와해와 개인주의 문화의 확대와 무관치 않다. 교회의 전통과 권위가 제대로 작동하지 않는 상태에서 도전받고 있고, 세상에서 영적인 고아들이 급증하고 있는 오늘날, 켈트 그리스도교 전통이 발전시켜 온 '영혼의 친구'는 교회와 그리스도인들의 관심을 불러일으키고 있다. 요사이 한국 교회에서 새롭게 일고 있는 '영적 지도' 혹은 '영적 동반'이라는 이름으로 시작되고 있는 프로그램들이나 '그룹 영적 지도' 프로그램들은 이 같은 요청에 대한 응답이라고 할 수 있겠다.

　　켈트 그리스도교 전통과 영성이 오늘 우리에게 줄 수 있는 또 다른 선물은 모든 일상을 기도로 통합하는 '일상적 영성과 전례'일 것이다. 켈트 그리스도인들은 성스러운 것과 세속적인 것을 구분하는 전통과 달리 일상적인 활동과 경험에서 하느님을 만날 수 있다고 믿었다. 그들에게 수도원은 늘 마을과 생활의 중심이었으며, 그들이 농사를 짓고, 사냥하거나 물고기를 잡으며 드렸던 기도문들을 우리는 어렵지 않게 만날 수 있다. 켈트인들에게는 이 세상과 저 세상 사이에 실질적인 구분이 없었다. 하느님은 가까이 있으며 가장 친숙한 용어로 대화할 수 있는 성인과 천사도 가까이 있었다. 그들은 평범하고 일상적인 삶 속에서 거룩함을 발견했고, 일상을 거룩하게 살 수 있는 길을 열어 주었다. 켈트 그리스도인들은 요한복음에서 많은 통찰력을 얻었다. 요한복음의 상징은 독수리인데, 독수리는 더 깊이 들여다보고 다른 사람들 너머를 볼 수 있으며, 다른 사람들에게는 보이지 않는 것을 본다. 켈트 그리스도인들은 이러한 비전을 가지려고 노력했다.

영적인 삶이 세상과 일정한 거리를 두고, 느리고 여유롭게 살아가는 사람들만의 전유물이라면 분주하고 바쁜 일상을 운명처럼 살아가야 하는 사람들은 어떻게 영적인 삶을 살아갈 수 있을까? 요사이 순간순간을 깨어 살아가는 영적 훈련으로 '마음 챙김'이 종교를 넘어 많은 사람의 관심을 끌고 있다. 이는 일상을 영적으로 살아갈 수 있는 '기도와 전례'에 대한 필요가 커지고 있다는 것을 보여 주는 현상일 것이다. 그런 점에서 다양한 일상의 기도와 전례가 계발되고 보급된다면, 켈트 그리스도교의 기도와 전통은 우리에게 풍부한 영감의 저수지가 될 수 있을 것이다.

어둠과 고통을 부인하지 않는 영성

6년 전 출간된 이 책의 개정판에 맞춰 짧게나마 머리말을 쓸 기회가 주어져 감사하다. 켈트에 대한 관심은 놀라우리만큼 빠르게 커지고 있다. 문화유산 센터나 기념품 가게마다 켈트 나선과 소용돌이 문양 기념품이 가득한 걸 보면, 이제 켈트는 피할 수 없는 존재가 되었다. 우리는 저마다의 요구와 질문을 품고 각자의 방식에 따라 켈트 세계에 접근한다. 이는 살아 있는 전통이기에 가능한 일이다. 켈트는 우리가 삶의 여러 지점에서 힘을 얻고 영감과 도전을 발견하고 싶을 때 몇 번이고 다시 돌아가는 원천 혹은 샘과 같다.

처음 이 책을 쓰고 난 후 나는 삶에서 많은 변화를 겪었고, 최근의 새로운 경험으로 켈트 전통이 지닌 풍부한 자원을 더 깊이 인식하게 되었다. 특히 지난 몇 년간 초기 켈트 문서들이 번역되면서 가치 있는 연구가 많이 뒤따랐다. 이런 발전에 관심 있는 독자를 위해 이 책의 마지막 장에 관련 정보를 주[註]로 따로 달아 놓았다. 그중에서도 내가 특별히 감사하게 여기는 것은 세월

이 흘러도 변치 않는 켈트 전통의 지혜이다. 날로 자라 가는 손주
들과 시간을 보내며 의례의 중요성, 이야기의 힘, 그리고 시와 노
래가 얼마나 자연스럽게 우리를 사람답게 만들어 주는지를 점점
깨닫는다. 시골 깊숙한 곳, 외딴 오두막에 홀로 지내며, 변하는
계절 안에서 켈트 양식을 따라 시간의 흐름을 더없이 자연스럽
게 받아들인다. 이는 계절의 마침과 시작을 강하게 인식하면서
계절의 경계를 지나는 것을 의미한다. 이제 나는 창조와 재창조,
어둠과 빛이 서로를 잇는 순환을 보다 생생하게 느낀다.

    11월 1일이 되면 삼하인Samhaine* 축제와 함께 한 해가 시작
되고, 이어 겨울의 어둠으로 급격히 잠기는 것을 상상한다. 2월
1일 성 브리짓St Brigeda** 축일이 되면 임볼크Imbolc***를 맞아 봄의
첫 빛이 찾아오고, 태양이 5월 1일 벨테인에 이르면 그 빛이 충
만하게 일렁인다. 8월 1일 라마스Lammas****에는 곡물과 과일, 야
생 열매를 채집하면서 풍요의 시간을 맞는다.[1] 내가 방문했던 장
소들에 고통과 불의가 점점 심해진다는 소식을 뉴스로 보고 전
해 들으면서, 어둠과 고통을 결코 부정하지 않는 영성에 대해 어
느 때보다 감사하고 있다. 친구들과 식구들은 나이가 들수록 질
병이나 능력의 한계, 젊었을 때는 생각하지 않던 문제들을 의식

---

*   아일랜드어로는 서우인. 켈트 일족인 게일인의 축제로, 가을 수확기가 끝나고 한 해의 "어두
   운 절반기"가 시작되는 것을 기념한다. 북반구의 추분과 동지 중간쯤인 11월 1일에 열린다.
** 아일랜드의 수호성인
*** 아일랜드어로는 이몰륵. 봄의 시작을 알리는 축제로, 북반구의 동지와 춘분의 중간쯤인 2월
   1일에 열린다.
**** 아일랜드어로는 루너서. 가을 축제 중 가장 먼저 시작되는 축제로, 풍작을 기원하고 수확의
   때가 온 것을 축하하는 절기이다.

하기 시작하며, 그들 중 일부는 두려움과 불확실성을 안고 살아가는 스스로를 발견한다. 이런 모습들을 보며 나는 이 책 마지막 장의 주제에 더 깊이 파고들었다.

최근 어떤 이는 '멀고 먼 과거deep past를 깊이 들여다보는 것'이 자신의 영적 여정에 생기와 활력을 이어 주는 가장 큰 원동력이라고 설명했다. 켈트 전통 안에서 우리는 현재이자 과거이며, 과거이자 현재에 있다. 존 오도나휴John O'Donoghue의 저서 《영혼의 친구Anamchara》*가 보여 주는 경이로운 문장에서 이를 분명하게 확인할 수 있다. 자신을 빚어낸 아일랜드의 영적 전통을 정수로 보여 주는 이 책은 학자의 입장에서 쓴 연구서와는 확연히 다른 결을 지닌다. 특정 시간과 장소의 맥락을 초월하여 8세기의 것들을 구술 전승 혹은 그 자신이 기억하는 민간 전승과 나란히 배치하고 일말의 부자연스러움도 없이 유려하게 이야기한다.

우리에게 진정 중요한 것은 켈트 전통으로 경건히 나아가 우리에게 말하는 바를 겸허히 수용하고 귀 기울이는 일, 전통이 우리 삶에 스며들어 세상을 바라보는 우리 시선과 기도가 변하기까지 기다리는 일이다. 삶의 여정은 지속적으로 성장하고 변모해야 한다. 오늘은 변모 축일이면서 히로시마에 원자폭탄이 투하된 날**이기도 하다. 이런 날, 이 글을 쓰는 행위는 오늘이 풍

• 존 오도나휴 지음, 류시화 옮김, 《영혼의 동반자》(이끌리오)
•• 1945년 8월 6일

요로운 영적 전통에 대한 감사를 표현하는 날임을 상징적으로 보여 주는 것 같다. 변모 축일 아침 로마가톨릭교회가 드리는 기도의 후렴구는 "주여, 우리가 보게 하소서…"이다. 심연의 고통, 빛과 삶으로의 변모라는 이 두 이미지보다 켈트 전통이 우리에게 건네줄 수 있는 통찰을 더 잘 요약해 놓은 것은 없을 것이다. 이제 두 손과 마음을 활짝 열고 켈트 전통의 충만함을 받아들일 때이다.

에스더 드발

2002년 8월

들어가는 말

기도로 향하는 여정

재발견된 켈트 세계는 최근 많은 그리스도인에게 놀라운 계시로 다가왔고, 이제껏 아무 의문도 품지 않았던 우리 신앙 전통의 깊이와 풍요가 드러나기 시작했다.

이런 현상이 의미하는 바를 숙고하는 중에 나는 기도가 무엇인지를 풍성하게 이해할 수 있게 되었다. 나는 더 깊고 충만하게 기도하는 법을 배웠고 그렇게 기도할 수 있는 용기를 얻었다. 켈트의 기도 방식은 나를 온전하게 담는 기도, 내 인격을 충만히 아우르는 기도를 가르쳐 주었다. 말로 하는 기도에서 나아가 이미지와 상징을 사용하고 깊은 상상력의 샘에 이르러 마음과 감정을 다해 기도하도록 해 주었다.

나는 켈트의 기도 방식을 기도로 향하는 여정으로 여긴다. 켈트가 보여 주는 **페레그리나티오**_peregrinatio_*, 구도, 탐색, 모험, 방

• 타향살이나 방랑 혹은 외국 여행이나 순례의 의미로, 그 끝에 본향으로 돌아간다는 의미가 담겨 있다.

황, 유배의 과정은 그 자체로 매우 풍요롭고 중대한 의미를 지닌다. 첫 장에서 보여 주는 여정은 자기 부활의 장소, 부활한 자신, 바라고 원하는 나, 그리스도 안에서 참된 자아를 찾는 궁극의 여정이다. 이는 오로지 내가 내 뿌리를 찾고 있기에 가능하다. 이런 역설은 모든 수도 생활이 인정하는 바이며, 인간의 근간을 이루는 본질적 경험을 반영한다. 우리는 자신이 머무는 장소에 뿌리를 내릴 때 비로소 어딘가를 향해 나아갈 수 있고 내면과 외면의 새로운 경계를 열 수 있다. 달리 말해 거듭되고 결코 멈추지 않는 전환과 변화의 삶을 시작할 수 있다. 내 뿌리를 찾는다는 것은 지금의 나보다 아주 오래전 나의 일부로 돌아가는 일이며, 당연히 이는 켈트 유산이 지닌 힘이다. 내 가족의 뿌리는 스코틀랜드 그리고 내가 태어났고 이제 다시 돌아와 살고 있는 웨일즈 국경 가까운 장소, 두 곳에 있다. 그러나 켈트 전통은 아주 오래되고 근본적인 것으로, 우리는 이 전통에 기대어 대지, 돌, 불, 물 같은 원소들, 조수의 썰물과 밀물, 그리고 모든 게 어두워지는 11월 1일 삼하인에서 빛과 봄이 찾아오는 5월 1일 벨테인까지 자전축을 중심으로 순환하는 한 해의 리듬인 계절로 돌아간다. 켈트 방식으로 기도한다는 것은 무엇보다 어둠과 빛의 규칙적인 흐름을 인식하는 것을 의미한다. 어둠과 빛은 삶에서 암흑, 고통, 고난을 부인하는 것과 오로지 삶의 풍성함과 선함을 기뻐하며 축하하고 환호하려 드는 것을 거부하는 켈트인의 성향을 상징한다. 켈트인들은 어둠과 빛을 통해 인간성으로 가득한 자기 본 모습을 인식한다.

서방세계의 가장 변두리에서 유래된 켈트 그리스도교는 (나는 켈트 교회보다 켈트 그리스도교라는 표현을 선호한다.)[1] 깊은 내적 중심을 따르는 동방의 관습이 그러하듯 교황청이 교회를 조직화하고 교리를 합리화하기 이전 고대 그리스도교의 관습을 그대로 간직하고 있다. 켈트인의 주요 지역인 아일랜드, 스코틀랜드, 웨일즈, 그리고 만Man 섬, 콘월, 브리타니는 지리적으로 멀리 떨어져 있고 사람들이 모여 사는 도심도 적었기 때문에 교황청의 관할에서 다소 벗어나 있었다. 이런 점이 고고학적인 관심을 넘어서는 흥미를 일으키고, 또한 상징적으로 내게 말을 건넨다. 덕분에 나 자신과 그리스도교 국가의 경험 안에 머물면서도 고대, 아주 이른 시기의 그리스도교로 거슬러 올라가 기본적이고 원시적이며 근본적이고 보편적인 것들을 만난다. 나는 오늘날 교회가 직면한 당파와 교파 분열, 종교개혁이나 동방과 서방의 분리를 넘어선다. 또한 12세기의 번성한 대학들이 유럽인의 정신에 가져온 이성적이고 분석적인 접근법의 발전에서 비롯된 지성과 감정, 정신과 마음의 분리를 넘어선다. 여기에는 매우 심오한 면이 존재한다. 그리스도교 전통의 깊은 중심이 내 의식과 내면의 가장 깊은 곳까지 닿아 있다.

켈트의 기도 방식은 여러 가지 천을 잇댄 조각보처럼 다채로우며,《켈스의 서Book of Kells》*의 한 면을 채운 다양한 형상과 색

• 라틴어로 기록된 켈트 복음서로, 다양하고 화려한 도상과 색채, 그림으로 표현한 문자, 켈트 상징이 특징이다. 기원후 800년경 스코틀랜드나 아일랜드의 수도원에서 제작된 것으로 여겨지며, 현재는 아일랜드 국보로 트리니트 칼리지 더블린의 도서관에 소장되어 있다.

채를 닮았다. 나는 이런 독특한 나선과 실타래 중 하나를 어디서부터 어떻게 풀어내어 우리의 탐험으로 이어갈 수 있을지 궁금해졌다. 내가 생각하기에 가장 쉬운 방법은 켈트 그리스도교가 본질적으로 수도 생활과 관련 있다는 사실, 실제 영국 전체에서 그리스도교는 수도원을 중심으로 시작됐다는 사실을 출발점으로 삼는 것이다.[2] 켈트의 기도 방식은 수도원에서 가르쳐졌다. 켈트인들은 수도 공동체 안에서 기도하는 법을 배웠다. 그 결과 그들은 기도와 삶은 분리되지 않음을, 기도와 노동은 서로에 흘러들어 삶이 기도로 점철됨을, 곧 삶은 기도임을 배웠다. 우리가 기도를 이렇게 순환하는 개념으로 생각했다면, 19세기 말에 이르도록 구술로 전승된 스코틀랜드와 아일랜드의 기도 방식에서 일반 신도의 영성, 기도와 평범한 일상이 분리되지 않는 가정 신앙 household religion을 발견했을 때 그리 놀라지 않았을 것이다.[3]

초기 아일랜드와 웨일즈에서는 오래전부터 이미 존재했던 그리스도교와 이후 전달된 수도원 문화가 강하게 혼합되어 신앙으로 자리 잡았다. 켈트인들이 생경한 문화에 대응하는 독특한 성향을 따라 그리스도교의 색채와 강조점들이 형성된 것이다. 대부분의 켈트 국가들은 서방세계라고 알려진 영역의 가장자리, 다시 말해 로마제국 바깥에 있었기에 로마제국을 기반으로 하는 사회체계, 사고방식, 문화가 켈트인들에게 충분히 닿지 못했다. 그들은 땅을 가까이하고 돌과 물을 귀히 여기며 자연과 소통하는 사람들이었고, 자신들이 인지하는 자연의 힘을 종교 의례를 형성하는 데 반영했다. 이들은 씨족, 부족, 친족 관계를 중요하게

켈트 기도의 길

여기는 변방의 사람들이자 서로를 공동체의 일원으로 여기며 긴밀한 유대감을 이어가는 사람들이었다. 또한 그들은 전사들이었고 신화와 전설에 등장하는 영웅의 업적을 이야기하는 사람들이었다. 무엇보다 그들은 '상상할 줄 아는' 사람들이었다. 기하학적 디자인, 누금 세공filigree*, 법랑** 같은 그들의 뛰어난 예술 업적으로 라 테네La Tène 문화***를 일구었으며, 시와 이야기를 통해 (글이 아닌 말로) 언어의 기예를 꽃 피웠다. 그들의 사회에서 시인은 매우 존경받는 위치에 있었고 전문적인 역할을 수행했으며, 이야기는 긴 시간 배우고 익혀야 할 만큼 진중하게 다뤄졌다. 그리스도교는 이와 같은 켈트의 고유한 색채를 거부하지 않고 그리스도인의 충만한 삶과 기도 안으로 당연하게 받아들여 자연의 힘을 의식하고, 공동체를 중요하게 여기며, 영웅을 기리고, 상상력을 북돋는 켈트 기도 방식을 형성했다. 이것이 바로 켈트가 우리에게 주는 선물이다.

켈트 유산을 깊이 연구할수록 이 전통은 20세기 가정 양육과 학교 교육에서 내가 체험하지 못한 심오한 감동을 여러 차원에서 전해 주었다. 켈트 그리스도교를 만나려면 시를 중요하게 살펴야 한다는 것을 깨달아 점점 시와 노래의 세계 속으로 빠져들었다. 켈트 세계는 교회 출석하기, 신조 외우기, 기도 작성해서

---

* 금가루나 가는 금실로 금속에 정교한 장식을 표현하는 금속 기법
** 유리 혹은 도자기를 1mm 정도 두께의 강철이나 합금으로 코팅하는 기법
*** 기원전 450년부터 기원 초기까지의 유럽 철기 문화로, 고고학 및 역사적 논쟁의 여지는 있으나 대중적으로 고대 켈트의 문화 및 예술을 일컫는 용어로 통용되기도 한다.

말하기 등 머리와 지성을 사용하도록 신앙 교육을 받아 온 나에게 하느님이 만드신 경이로운 세상은 책으로 설명되지 않고 책만으로 충분하지 않다고 말했다.

아버지(창조주)의 기적이 세상을 창조하였네.
글자로 담을 수 없는 광대함이요,
글자로는 다 이해할 수 없도다.[4]

이 책에서 그려내는 켈트 여정은 지금껏 내가 알아 온 모든 여행과 다르다. 그 형태와 끝이 다르고, 여행 가운데 부르는 노래, 그 길에 동행하는 사람도 다르다. 나는 시각적이고 비언어적인 것과 접촉했고, 이미지와 상징의 힘을 마주했다. 하느님은 그분의 위대한 예술 작품 속으로 우리를 끌어당기는 시인이요 예술가이심을 깨달았다. 이 세계는 나의 상상의 샘을 울려 합리적이고 지적이며 머리로만 사고하는 방식 너머로 나를 데려간다. 토머스 머튼은 그의 저서 《행동하는 세계에서의 관상Contemplation in a World of Action》에서 기도에 있어 발견하는 능력, 새로운 의미와 마주하는 수단으로 상상이 필수적임을 이야기한다.

상상은 상징을 만드는 창의적인 작업이다. 상상 속에서 사물들은 한데 연결되고, 서로와 주변에 이르기까지 새로운 빛을 던진다. 삶의 매 순간 우리는 상상을 통해 현재가 지닌 고유한 의미를 찾는다. 상상이 빠진 사색의 삶은 지극히 지루하고 결실

없는 삶이 될 수 있다.[5]

나는 켈트 세계관이 모든 인간이 공통으로 겪고 공유하는 경험, 원형이라고 할 만한 경험을 풍성하게 다루는 것을 발견하면서, 매우 친숙하고도 신비한 세계를 마주했다. 초기 인류, 전 세계에서 전통을 이룬 사람들과 선주민들에게 켈트 세계관이 어떻게 공통적으로 적용되는지 알 수 있었다. 비록 이 책에서 그 모든 탐구 과정을 밝히지 않았지만, 켈트 세계를 탐험하는 일은 우리가 서로에게 다가가기 위해 서로 간 놓인 장벽을 허물고자 애쓰는 미래에 대한 예언이 될 것이다. 나는 켈트의 뿌리를 찾아가는 동안 다른 많은 전통과 사람들에 대해서도 더 잘 알게 되었다. 아프리카나 아메리카 선주민들은 삶의 여러 모습에서 켈트인들과 동일한 언어를 사용하고 비슷한 정서를 경험하고 있었다. 켈트인들에게는 오늘날 흔히 발견되는 지극히 개인주의적이고 경쟁적이며 자기에게만 관심을 쏟는 경향을 전혀 발견할 수 없다. 모두가 관계 속에서 자신을 바라보며, 이런 관계는 인간을 넘어 자연 생물, 새와 동물, 지구 자체까지 확장된다.[6] 여기에는 우리 모두가 존재라는 이름으로 엮인 전체의 일부로 서로 그물처럼 연결되어 있다는 인식이 담겨 있다. 떼이야르 드 샤르댕이 말한 "만유가 함께 숨 쉬는 것", 찰스 윌리엄스Charles Williams가 그의 소설에서 묘사한 서로가 서로 안에 내재하는 신비를 담고 있다. 신과학운동˙은 상호의존성mutual interdependece이라는 매우 비슷한 표현을 사용한다. 이는 세상을 향해 보다 전체적으로 접근할 것이

들어가는 말

며, 우리가 살고 있는 세상과 우리 자신을 손상시키고 타락시키는 수많은 분열을 치유하겠다는 약속이다.

켈트 세계는 보편적이면서도 독특하며 세속적이면서도 신비하다. 어둠과 고통을 인정하면서도 풍성한 시와 노래로 빛 안에서 기뻐한다. 참회의 깊이와 찬미의 높이를 보여 준다. 내면에 숨겨진 은밀한 부분을 만지면서도 외부의 타자들과 끝없이 연결시킨다. 그래서 우리 각자는 고독하지만 (켈트 그리스도교 역시 잘 알고 있듯이) 나는 **페레그리나티오**의 길을 앞서 걸은 사람들과 하늘의 모든 동료들, 성인들과 천사들, 나를 둘러싸고 내가 가는 길에서 나를 붙들어 주는 "구름과 같이 둘러싼 허다한 증인들"과 함께 여행하고 있음을 떠올린다.

• 새시대 과학(New Age Science)이라고도 한다. 1970년대 미국을 중심으로 기계론적 세계관에서 출발한 과학 문명의 물질주의적 사고방식을 반성하고 비판하는 개혁 운동. 종교 및 영성과 과학의 조화·융합, 더 나아가 통합과 일치를 궁극적인 목표로 내세운다.

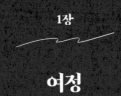

1장

여정

모든 인류는 길을 떠날 상상을 한다. '오디세이아' 혹은 '성배를 찾아서' 같은 신화, 출애굽기와 숱한 방황기들을 보라. 이는 본능과도 같은 것이다. 수도의 삶은 언제나 거듭되는 회심과 전진, 옛것과 새것의 끊임없는 변화가 따른다. 융Jüng이 말하는 정신적 현실psychic reality 역시 늘 여정에 머물러 있다. 나를 따르라는 그리스도의 부르심에 '예'라고 대답한다는 것은 어디에도 머리 둘 곳 없었던 한 남자를 따르는 것임을 그리스도의 제자도는 말한다. 그리스도가 곧 길이며, 그리스도를 따르는 사람들은 그 길을 걷는 사람들이다. 그리스도는 모세와 이스라엘의 자손들처럼 광야로 들어가 죽음과 부활, 새 생명에 이르는 자신의 여정 속으로 스스로 걸어갔으므로, 그를 따르는 우리 또한 이런 삶을 피할 수 없다. 또한 그리스도의 여정에서 그가 유혹과 어려움에 직면했던 것처럼 우리도 마주하게 될 유혹과 어려움을 예상해야 한다. 큰 대가가 따르는 여정으로, 켈트 전통은 그 대가를 우리에게 끊임없이 상기시킨다. 나아가 눈에 보이는 분명한 목표를 추종하고 확실한 목적을 반드시 달성할 필요도 없는, 놀랍고 위험한 여정이다. 내면의 여정이야말로 진정한 의미를 지닌다. 다그 함마르셸드Dag Hammarskjöld는 "가장 긴 여정은 내면으로 향하는 여정이다"라고 말한다. 이런 이유에서 나는 켈트 여정을 살피는 데 필요한 강한 힘과 통찰의 원천을 **페레그리나티오** 개념에서 얻을 수 있었다. 이 단어는 오로지 켈트인들만 사용한 것으로, 다른 그리스도교권에서는 발견되지 않는다.

단어 자체의 의미를 번역하기 어렵지만, 9세기 아일랜드에서 세 명의 아일랜드인이 노가 없는 쪽배coracle•를 타고 바다로 나와 7일 간 표류하다가 콘월에 상륙하여 알프레드 왕의 궁정으로 끌려간 이야기에서 단어의 본질을 생각해 볼 수 있다. 알프레드 왕이 그들에게 어디에서 와서 어디로 가려던 것인지 물었을 때 그들은 "하느님이 사랑이 깃든 순례를 바랐기 때문에 어디든 상관하지 않고 떠났다"라고 대답했다. 이런 경이로운 대답과 실행은 초기 아일랜드 영성의 풍부한 영적 감성에서 비롯되었다. 이 일화는 '순례'라는 단어가 얼마나 오독되고 있는지, 켈트의 **페레그리나티오**가 중세 혹은 현대의 순례와 얼마나 다른지 단번에 보여 준다. 켈트의 순례 여정은 사명을 완수하고 집으로 돌아가는 일정이 아니다. 성지나 성스러운 장소에 도착해야 하는 특정한 목적이나 결론도 없다. **페레그리나티오**는 수도원장이나 상급자

• 나무를 직조하듯 짜 맞추어 제작된, 작고 둥글고 가벼운 1인용 배. 주로 켈트 수도사들이 이 배를 타고 배로 바다에서 표류하곤 했다.

의 제안에서 시작되는 것이 아니라, 떠나는 이들 스스로 내면으로부터 받는 자극, 본질적으로 내적 여정을 수행하겠다는 열정적인 신념에서 시작된다. 성령께서 이끄는 곳이면 어디든 갈 준비가 되어 있는 이들은 그들 자신을 **호스피테스 문디**^{bospites mundi}, '세상의 손님들'로 바라본다. 그들이 갈망하는 바는 그들의 부활이자 부활되는 자신, 그리스도 안에 있는 참 자아, 즉 우리 모두의 진정한 본향이다.

페레그리나티오는 우리에게 하느님의 사랑, 또는 그리스도의 사랑을 위해(프로 아모레 크리스티) 수행되는 내적인, 내면으로의 여정을 이상적으로 보여 준다. 사랑이 추동한다. 그리스도의 사랑에 붙들려 길을 떠난다는 것은 우리 삶에 그리스도가 이미 자리 잡고 있음을 분명히 보여 준다.

로마로 가는 길은
그저 고단할 뿐
얻을 것 하나 없네.
당신이 거기서 찾는 왕은
당신이 그분과 함께하지 않는 한
당신은 찾을 수 없네.[1]

이 간결한 시는 절대 잊지 말아야 할 진리를 떠올린다. 그리스도가 동행하지 않는 한, 여정의 끝에서도 그분을 찾을 수 없다. 현자이자 성인인 클론브로니의 삼탄^{Samthann of Clonbroney}의 금언에도 동일한 내용이 나온다. 그는 외국 땅에서 하느님을 찾기 원했던 은수자에게 다음과 같이 전한 걸로 유명하다. "만일 하느님을 바다 건너에서 찾을 수 있다면 나도 배를 타고 떠날 것입니다. 그러나 하느님은 그분을 부르는 모두와 가까이 계시므로 바다 건너에서 하느님을 찾아야 한다는 어떤 조건도 우리에게 부과되지 않습니다. 모든 땅에는 하늘 나라로 이르는 길이 있기 때문입니다."[2]

가장 위대한 **페레그리니**_peregrini_* 가운데 한 사람인 성 콜룸바누스_St Columbanus_**는 "본향을 향하지 않는 여정을 사랑하지 맙시다. 우리의 영원한 거처를 잃어버릴 위험이 있습니다. 우리에게는 사랑해야 할 본향집이 있습니다"라고 말했다. 6세기 말, 이미 중년의 나이로 유럽 전역을 떠돌던 그는 615년 이탈리아의 보비오에서 마침내 죽음을 맞았다. "그러므로 우리 안에 이런 원칙이 머물게 하십시오. 길 위에서 여행자들로, 순례자들로, 세상의 손님들로 살아갑시다. … 은총과 힘에 잇대어 '내가 어느 때 나의 하느님 얼굴 앞에 나아가 뵐 수 있을까?' 노래합시다."[3]

성 콜룸바누스는 '세상의 손님들'이라는 말을 내 여정에 새겨 주었다. 나중에 그는 설교에서 "길의 끝이 우리 삶의 끝이고,

---

* 여기서는 페레그리나티오를 실행하는 사람인 페레그리누스(_peregrinus_)의 복수 표현으로, 순례자들을 가리킨다. 로마가톨릭에서는 일정 관할구역 안에 잠정적으로만 거주하는 관외 신자들을, 로마제정 초기에는 로마 시민은 아니나 자유 신분으로 제국에 머무는 이들을 가리킨다.
** 543?-615년 활동. 아일랜드의 렌스터에서 태어나 성 콤갈(St Comgall)이 세운 방고(Bangor) 수도원에서 사제품을 받았다. 유럽 전역을 여행하면서 보비오, 밀라노, 제노바 등지에 수도원을 세웠다.

여정의 끝에 우리의 집이 있습니다"라고 말한다. 그의 말은 '부활의 장소'라는 주제로 나를 다시 이끌고 간다. 코크의 베레^{Bairre} of Cork의 일화도 떠오른다. 그는 천사의 안내를 따라 여행했고, 천사는 이르는 장소마다 "여기에는 너의 부활이 없다"라고 그에게 말했다. 마침내 오늘날 코크라고 불리는 곳에 이르러 천사는 "여기 머물러라. 이곳이 너의 부활을 위한 안식처가 될 것이다"라고 말했다. '너의 부활을 위한 안식처' 역시 내가 손에 쥐고, 그 무게를 느끼고, 풍성한 의미를 누리는 짧은 구절들 중 하나이다.[4]

하지만 아무리 열망에 넘쳐 온 맘으로 이 길에 뛰어든다고 해도, 이런 식의 **페레그리나티오**에는 대가가 따를 수밖에 없다. 이는 친숙하고 안전한 모든 것에서 떠나 이방인이 되고 망명자가 되는 것을 의미한다. 그러나 **페레그리니**는 하늘에서 기꺼이 내려와 본이 되어 준 그리스도를 발견했으며, 그들은 그분을 바라보며 자발적 유배가 그리스도를 본받는 길이기에 칭찬받을 만한 일이라고 여길 수 있었다.[5]

유배는 가족과 모든 소유를 박탈당하고, 마음과 정신에서 자신의 목표와 열망이 뿌리째 뽑혀 나가는 일이다. 위대한 켈트 학자 구고^{Gougaud}의 지적에 따르면, 하느님이 아브라함에게 내린 명령은 가장 소중한 것을 희생하라는 부르심으로, 아일랜드인에게 특별한 설득력을 지닌 것처럼 보인다. 아브라함이 받은 "가라"라는 말씀을 자기 자신에게 선언된 말씀으로 받아들인다는 것이다. 이와 관련해 성 콜룸바^{St Columba}*는 다음과 같은 유명한 설교를 남겼다.

하느님은 아브라함에게 그의 본토를 떠나 하느님이 그에게 보여 주신 땅, 즉 '약속의 땅'으로 순례의 길을 떠날 것을 권고하셨습니다. 하느님이 믿는 이들의 선조에게 명하셨던 선한 권고가 이제 모든 신자를 향합니다. 모든 것의 근원이 되신 주님을 위해 나라와 땅을, 부와 세상의 기쁨을 버리고, 그분을 본받아 완전한 순례의 길을 가는 것입니다.[6]

고향 아일랜드를 떠나 스코틀랜드를 향한 성 콜룸바는 유배가 무엇인지 잘 알고 있었다. 그는 "데리 사람들의 곡소리에 내 마음이 갈기갈기 찢어진다"라고 말할 만큼 고국을 떠나는 고통을 가슴 깊이 느꼈다. 스스로 유배되어 머물고 있는 아이오나 곳에 앉아 해협 건너편 땅을 바라보면서 쓴 그의 시는 떠남으로 인해 치른 대가가 얼마나 컸는지 말해 준다. 그는 깊은 슬픔에 휩싸여 식구, 친척, 친구, 그리고 그들을 이어 준 작고 친밀한 공동체에서 느낀 따뜻함과 안정감, 더불어 땅 그 자체인 대지, 둘러싼 자연, 그가 잘 알고 사랑했던 참나무 잎사귀 하나하나, 데리에 가득했던 천사들을 뒤로하고 떠나온 심경을 글로 남겼다. 그리고 그는 마침내 태어난 고향과도 같던 수도원을 떠나 초기 스코틀랜드였던 알바 섬으로 향한다.

• 521-597년 활동. 아일랜드 더니골의 가르탄에서 왕가의 후예로 탄생했다. '아일랜드의 12 사도' 중 대표적 인물로, 수세기 아일랜드와 스코틀랜드 일대의 종교·정치 중심지였던 아이오나 수도원을 스코틀랜드 연안 아이오나 섬에 설립했다.

나의 쪽배

작은 배가 빠르기도 하지.
몸 실은 나룻배의 뱃고물이
데리를 향하네.
슬프도다, 짊어진 사명이여.
툭 불거진 눈썹같은 알바로 가는 길이여.

알바의 중심에서 국경에 이르기까지
모든 땅이 내게 주어진다 해도,
그저 어여쁜 데리 한가운데
조그만 집터에 머물고 싶네.

그 부드러움과 순수함,
참나무 잎사귀마다 천사들
이런 데리를 사랑하지 않을 수 있나.

나의 데리, 작은 참나무숲,
나의 집, 내 작은 방,
오, 하늘 위에 살아 계신 하느님이여,
그것을 훼손하는 이에게 화 있을진저!⁷

성 콜롬바는 우리가 어디로 향하든 그 여정에 그리스도가 함께 하며 돌보고 도우시길 간구하는 마음을 담아, 자신의 전통 시 〈내 가는 길, 그리스도가 걷네〉의 첫 구절을 연다.

> 내 가는 길, 그리스도가 걷네. 내가 속한 땅에 슬픔이 없기를.
> 내가 머물 때 삼위일체 성부, 성자, 성령께서 나를 돌보아 주시
>   기를,
> 불을 밝힌 천사들이 사랑의 존재 안에서 나와 발을 맞추네.
> 걸음마다 그들에게 기도하네, 누구의 저주도 내게 임하지 않
>   기를.
> 거룩한 구름에 둘러싸인 하늘의 아홉 겹 사람들과 바위 땅의
>   열 번째 무리들,
> 든든한 이들이 나와 함께 가니 주님이 내게 노하시지 않으시
>   기를.
> 내가 모든 장소에 다다르기를, 내가 집으로 돌아갈 수 있기를.
> 그 길을 가는 동안 잃는 것이 없기를.
> 내 앞에 놓인 모든 길이 평탄하고, 남자와 여자, 아이들이 나를
>   환영하기를.
> 참으로 선한 여정이로다! 공평하신 주님께서 우리에게 나아갈
>   길을 보이시네.[8]

토머스 머튼은 겟세마니 수도원에서 수련 수사들에게 수도 소명으로부터 기대할 수 있는 바를 가르치며 하느님을 찾아 집을 떠나는 아브라함의 여정을 삶의 본보기로 들었다. 그는 수도

자가 된다는 것은 "이방인, 망명자가 되는 것이며, 미지의 한가운데로 들어가 이 땅의 나그네로 살아가는 것"이라고 말한다. 성콜룸바처럼 그도 자신의 유배 경험을 시로 적었다.

> 고독의 끝자락에 선 망명자인 우리는 귀 기울여 듣네,
> 이해할 수 없는 하늘의 말을 간청하는 마음으로.
> 정복자이신 그리스도가 울릴 첫 북소리 멀리서 기다리며,
> 세상의 경계 위에 파수꾼으로 심어진 채.⁹

5세기 펨브로크셔의 네벤에 교회를 세운 웨일즈의 성인 성브리낙St Brynach은 '고향home'이라는 단어가 지닌 여러 겹의 의미를 담아 우리를 존재하게 할 '고향'을 찾아야 한다고 이야기했다. 나는 여기서 **페레그리니**의 여정을 이해하는 데 생기를 불어넣어 줄 또 다른 실마리를 얻었다.

> 그는 자신이 속한 땅을 저버리고 태어난 장소에 대한 생각을
> 버리고 '고향'을 찾기를, 망명의 삶을 살아내 비로소 '고향'에
> 이르기를 갈망했다.¹⁰

참된 고향에 뿌리를 내리고 현실에 존재하는 것, 나 자신으로 주변 세계 가운데 사는 건 나의 켈트 여정이 형태를 갖추는 데 있어 본질적이고 필수적이다. 초기 켈트 세계에서 드러나는 자유와 포기는 잘못 해석했을 때 자칫 정처 없이 떠도는 방랑으

로 오해하기 쉽다. 초기 켈트의 수도 규칙들은 시로 기록되어 체계적이지 않으며, 실용적인 세부 사항보다 영적인 것에 관심을 두었기 때문에 《성 베네딕트의 규칙서》 같은 서방세계의 질서정연한 수도 규칙과 매우 다르다. 또한 초기 켈트의 수도원들은 각양의 형태로 빠르게 확산되어 무작위로 흩어졌고, 열린 도시처럼 수도자와 일반 신도 모두를 환영하는 너그러운 태도를 내보였다. 성 콜롬바누스가 자신의 자유롭고 즉흥적인 성향을 담은 편지에서 밝히듯, **아모르 논테네트 오르디남**^{*Amor nontenet ordinam*}, 사랑은 질서에 구애받지 않는다. 그러나 이 문장의 기저에 흐르는 의미를 기억하고 형태 및 구조가 지시하는 중요한 요소를 깨달아야만 한다. 의미 없는 여정을 일삼는 방랑객들은 환영받지 못한다. 구전된 전설에 따르면, 그리스도를 십자가로 끌고 와 못 박으려 할 때 못이 보이지 않자 한 떠돌이 여인이 불을 지펴 못을 만들었다. 나무에 못 박힌 그리스도는 발아래 있던 떠돌이 여인에게 "너의 손이 한 일과 너의 악행으로 인하여 너와 네 자손은 대대손손 밤에도 쉬지 못하고 낮에도 평안하지 못한 채 길을 걷고 광야를 떠돌아다녀야 할 것이다"라고 말한다.[11] 성 베네딕트가 기로바쿠스^{gyrovagues}, 목적 없이 떠도는 방랑자, 즉 쉼 없이 갈구하고, 기웃거리며 떠돌고, 다른 이들에게 폐를 끼치고, 새로운 것을 좇는 사람을 꾸짖던 것이 떠오른다. 이는 켈트 방식이 아니다. 내적으로든 외적으로든 견고한 중심이 없는 방랑은 **페레그리나티오**의 개방성이라 할 수 없다.

《카르미나 가델리카^{*Carmina Gadelica*}》*에는 생의 모든 측면에

서 여행에 대한 감각이 뛰어난 사람들이 대를 이어 입으로 전승해 온 시, 노래, 기도문, 축복문이 실려 있다. 이들에게 삶이란 탄생하여 죽음에 이르는 여정이다. 이들에게 하루는 평범한 일상을 수행하며 노동하는 삶 속의 짧은 여정이다. 고향 또는 나라를 떠나는 긴 여정을 이야기하기도 한다. 삶은 여행과 일맥상통한다. 알렉산더 카마이클Alexander Carmichael은 섬을 떠날 때가 다가오자 그간 알고 지낸 모든 이들과 만나 작별 인사를 나누었다. 그중 '가난하고 늙은 독신자' 모르 맥닐이 그에게 남긴 몇 마디 말은 세상을 '여정과 기도'가 이어지는 곳으로 바라보는 자유롭고 통합적인 시각을 드러내 준다.

> 내 마음의 어여쁜 이여! 당신은 이제 당신의 나라와 민족을 두고 떠나려 합니다. 당신의 존재가 온전하기를, 당신이 가는 모든 길과 모든 걸음에서 그러하길 바랍니다. 나의 축복이 당신과 함께 가고, 하느님의 축복이 당신과 함께 걷고, 어머니 마리아의 축복이 당신과 함께 머뭅니다. 모든 선함과 복의 근원이신 예수 그리스도의 팔에 안기어 잠들 때까지 당신이 일어나 눈을 뜨고 누우며 눈을 감는 매 순간 축복이 함께할 것입니다.[12]

• 19세기 중반 에든버러에서 온 알렉산더 카마이클(Alexander Carmicahel)이라는 관리가 스코틀랜드 서부 해안과 헤브리디즈(Hebrides)에서 구두 전승으로 수 세기에 걸쳐 내려오는 기도들을 수집해 엮은 모음집

알렉산더 카마이클은 여정 가운데 아름다운 여행의 기도와 축복 기도를 많이 수집하였는데, 그중 콜 섬의 소농^{小農} 앤 매키논^{Ann Mackinnon}이 남긴 기도문이 대표적이다.

생명이신 하느님의 복음이
당신을 숨기고 당신을 도우시기를.
참 사랑하는 그리스도의 복음이
주의 거룩한 복음이 그러하기를.

온갖 악의와 모든 애통과 탄식에서,
당신을 건지시기를.
온갖 원한과 모든 악한 눈과 분노로부터,
당신을 지키시기를.

당신의 걸음이
이리 향하고 저리 향하고
언덕과 곶을 넘어
아래로 꺼지고 위로 오르며
바다와 골짜기를 지날 때

목자이신 그리스도,
사방에서 당신을 감싸기를.
그가 당신의 손과 발에서 머물러

악한 것이 틈타지 않기를.[13]

사우스 유이스트의 소농 매리 맥도날드^{Mary MacDonald}가 남
긴 여행의 축복에는 여행자와 동행하는 삼위일체에 대한 감각과
켈트 기도의 표지라고 할 수 있는 삼위일체 하느님과의 깊은 일
치의 경험이 잘 나타나 있다.

　하느님이 모든 길마다 당신과 함께,
　예수님이 모든 언덕마다 당신과 함께,
　성령님이 모든 개울마다 당신과 함께.
　해안의 절벽과 산등성이, 빈 들
　바다와 땅, 황무지와 초원마다
　누울 때와 일어날 때
　일렁이는 파도와 자욱한 물보라에서도,
　내딛는 모든 걸음마다 당신과 함께.[14]

여정을 시작하는 여행자는 길 위에서 만나게 될 낯선 이들
을 떠올리고, 앞으로 마주할 미지의 장소에서 그리스도의 사랑
으로 소통할 상상을 하며 자신을 위한 축복을 구한다. 카마이클
은 여행자가 노래를 부르자 그의 식구들과 친구들이 따라 부르
기 시작했다고 이야기한다.

　나의 말에 생명이 있어,

켈트 기도의 길

살아 움직이고 깨어 느끼게 하소서.
내가 다시 돌아올 때까지,
내 입술에 핀 꽃이 지지 않게 하소서.

그리스도 예수의 사랑이
내 모든 마음을 채우고,
그리스도 예수의 사랑이
모두를 위해 내게 넘치게 하소서.

산 중턱의 동굴을 지나, 숲을 가로질러,
길고 거친 계곡을 가로지를 때,
순백의 마리아여, 나를 들어 세우시고
목자 예수여, 나의 방패되소서,
순백의 마리아여, 나를 들어 세우시고
목자 예수여, 나의 방패되소서.[15]

서부 섬들에서는 아들이나 딸이 집을 떠날 때면 친구들과
이웃들이 찾아와 작별 인사와 함께 선물을 주고 그들이 새롭게
정착할 땅에서 평화롭게 지내며 번영하도록 기도했다. 유이스트
의 한 눈먼 노파는 카마이클에게 이런 인사를 전했다. "규칙을 따
라서는 사랑에 이를 수 없습니다. 귀를 기울여야 합니다. 당신의
마음은 벅차서 흐르는 눈물을 도무지 거둘 수 없게 되겠지만요."
정든 집을 떠나기 전에는 작별의 기도를 운율을 살려 느리게 낭

송하거나 단순하고 반복적인 선율로 읊조리거나 노래하였다.

하느님의 복이 당신에게,

그리스도의 복이 당신에게,

성령의 복이 당신에게,

그리고 당신의 자녀에게,

당신과 당신의 자녀에게.

하느님의 평화가 당신에게,

그리스도의 평화가 당신에게,

성령의 평화가 당신에게,

당신의 모든 삶 동안에,

당신의 모든 날 동안에.

하느님이 모든 길목에서 당신을 살피시고,

그리스도가 모든 길 위에서 당신을 돌보시고,

성령이 모든 시내에서 당신을 정화하시기를,

당신이 가는 모든 육지와 바다에서.[16]

또 다른 전통에 따르면 기한에 상관없이 식구가 집을 떠날 때면 떠나는 사람은 따뜻한 우유(아마도 양젖, 양은 신성한 그리스도를 상징하므로)로 얼굴을 씻어야 했다. 마리아가 이집트로 피신하는 동안 아들을 씻긴 것처럼 씻는 행위는 일종의 정결 의식이었다.

마리아가 하나뿐인 아들에게 베푼 사랑을
온 세상이 내게 베풀기를.
예수가 세례자 요한에게 베푼 사랑을
내가 만나는 모든 이에게 기꺼이 베풀기를.

하느님의 아들이 내 여정의 시작에 계시고,
하느님의 아들이 나를 책임져 주시고,
하느님의 아들이 내 갈 길을 밝히시며,
하느님의 아들이 내 간구의 끝에 계시기를.[17]

이제 어머니가 자녀에게 보내는 고귀한 사랑의 축복이 이어진다. 따뜻함과 다정함이 충만한 이 기도에는 하느님이 자녀의 삶을 보호하고 그 삶에 함께하기를 바라는 어머니의 지극하고도 당연한 소망이 담긴다. 나는 이 어머니가 하느님이 함께하고 보호하는 삶을 이미 경험하여 알고 있다고 확신한다. 그렇지 않고는 어떻게 이런 기도를 드릴 수 있겠는가.

네 얼굴에 하느님의 기쁨이 있어,
너를 보는 모두에게 그 기쁨이.
하느님의 광채가 네 목을 두르고,
하느님의 천사들이 너를 보호하기를,
하느님의 천사들이 너를 보호하기를.
밤과 낮의 기쁨이 너의 것,

태양과 달의 기쁨이 너의 것,
남자와 여자의 기쁨이 너의 것,
네가 가는 모든 땅과 바다에서,
네가 가는 모든 땅과 바다에서.

모든 계절이 너로 인해 즐겁고,
모든 계절이 너로 인해 빛나며,
모든 계절이 너로 인해 웃기를.
또한
동정녀 마리아의 아들이 평강으로 너와 함께,
동정녀 마리아의 아들이 평강으로 너와 함께.

생명의 하느님이 너를 에워싸고,
사랑의 그리스도가 너를 에워싸고,
은총의 성령이 너를 에워싸기를.
너의 친구가 되고 너의 도움 되기를,
내 마음의 소중한 사랑인 너를.[18]

한 어머니가 아들이나 딸의 귓가에 속삭여 주었을 구절들
의 의미는 내 아들들이 집을 떠날 때 마침내 개인적으로 크게 다
가왔다. 특히 첫 연에서 하느님의 돌보는 힘을 몸으로 느끼는 표
현들이 유독 와닿는다.

위대한 하느님이 네 두 어깨 사이에 계셔

오고 가는 길 보호하기를.

동정녀 마리아의 아들이 네 심장 가까이 계시기를.

완전한 성령이 네 위에 계시기를.

완전한 성령이 네 위에 계시기를![19]

그러나 여정은 홀로 수행하는 것이 아니다. 여정은 성인들, 천사들, 삼위일체, 마리아와 동행하는 것이다. 아래 아일랜드 축복문을 살펴보자.

승리하신 성부의 이름으로

고통당한 성자의 이름으로

마리아와 그의 아들이여,

나와 나의 여정에 함께하소서.

오, 마리아여, 피난처에서 나를 만나 주시고

내 영혼이 당신을 스쳐 지나지 않게 하소서.

당신 아들 곁에서 내 두려움이 크니이다.

성인들의 교제 안에 우리가 머물며

천사들의 음성에 귀 기울이게 하소서.

영원무궁히 하느님의 아들을 찬미하게 하소서.[20]

여정의 기도와 축복은 삶의 본질적인 부분으로, 하찮은 일이나 짧은 거리라 해도 집을 떠날 때마다 스스로 읊조리거나 낭송하는 것이었으며, 모두가 이를 통해 언제나 위안을 얻었다. 다음과 같은 짧은 시들을 보면 이런 기도 방식이 그들의 삶에 얼마나 깊이 자리 잡고 있었는지 알 수 있다.

하느님, 복 주소서
내 발 아래 땅을.

하느님, 복 주소서
내 가는 길에.[21]

또는 이렇게 기도한다.

하느님, 나는 당신의 길 위에,
하느님, 당신은 내 걸음 안에.[22]

시에는 그들이 어디에 있든 하느님과 함께한다는 감각뿐만 아니라 지구 자체와 연결되어 있다는 감각이 반영되어 있다. 11세기 웨일즈 출신 익명의 작가가 남긴 이 간결한 문장은 언제나 감동을 준다.

웨일즈의 온화한 대지를 딛는

켈트 기도의 길

나의 발을 위하여 나를 지켜주소서.

내가 땅에 발을 디딘다는 것은 땅과 내가 함께 관계를 맺는다는 상호작용의 의미이지 않을까? 나는 대지를 경건히 대하고, 또한 대지는 나를 키운다. 켈트인들이 세상을 보는 방식은 나와 대지의 관계를 잊지 않도록 도와준다. 켈트인들에게 하느님은 성 콜룸바가 그분에게 부여한 '원소들의 주님(모든 것의 근원인 주님)'이다. 창조물에 깃든 창조주의 현존을 느끼고 하늘과 땅, 인간과 비인간의 일치감을 강하게 누릴 때면 나는 몇 번이고 깊이 감사하며 켈트 기도의 여정으로 돌아오게 된다.

성 패트릭St Patrick의 흉갑 기도보다 이를 더 영화롭게 드러내는 기도는 없을 것이다. 흉갑 또는 로리카lorica* 형식의 기도는 고대로부터 내려온 보호의 기도요, 여정을 위한 방패이다. 아일랜드에 정착한 초기 그리스도인들은 본래 드루이드교Druidism**에서 사용하던 기도를 그리스도교적 의미로 받아들였다. 전승에 따르면 433년 성 토요일, 성 패트릭은 아일랜드의 중심지이자 대왕*** 래게어High-King Laeghaire가 있는 타라의 건너편 슬레인Slane 언덕에서 부활절의 불을 피웠다. 그런데 그날은 그 땅의 모든 불을 꺼야 했다. 그의 백성에게 빛을 준다는 의식을 거행하기 위해

---

* 원생동물의 딱딱한 껍질, 피갑(被甲)을 가리키는 단어이다. 하느님의 보호를 요청하는 형태의 기도를 의미한다.
** 고대 켈트인들의 종교
*** 대왕(High-King)은 황제라는 칭호가 없는 켈트 지역에서 다른 왕들보다 서열이 높은 왕을 부르던 말. 이들은 황제와 다르게 문화적으로 통일된 땅을 다스렸다.

대왕 홀로 불을 지필 예정이었다. 성 패트릭이 지핀 불은 그의 왕위에 대한 도전으로 받아들여졌다. 왕의 현자들은 왕에게 대항하는 저 불을 즉시 끄지 않으면 온 나라가 불길에 휩싸여 최후의 날까지 타오를 것이라고 경고했다. 성 데이비드$^{St David}$에 대해서도 비슷한 이야기가 전해진다. 그는 땅을 점령하여 지역 족장을 두렵게 만든 후 불을 지피면서 이렇게 말했다고 한다. "이 불을 밝힌 자는 세상 끝 날까지 희생의 연기로 자욱한 모든 곳에서 모든 능력과 명성을 드높일 것이다." 6세기 아일랜드의 성 키아란$^{St Ciaran}$은 또 어떠한가. 그는 초기 아일랜드의 가장 위대한 수도원 중 하나인 클론막노이즈^{Clonmacnois}를 세웠다. 그는 여행 중에 불을 피웠고, 이를 지켜보던 이교도들은 "오늘 밤 저자가 핀 불은 결코 꺼지지 않는 불을 위함이다!"라고 외쳤다.[23]

대왕은 자신의 권력과 권위를 위협하는 불을 피운 패트릭에게 그 앞으로 나오라고 명령했다. 성 패트릭은 흰 가운을 입고 동료들과 함께 "모든 창조물에 깃든 하느님의 힘으로 악한 힘과 이교도의 마법과 잔혹함으로부터 우리들을 보호하소서"라는 아일랜드 성가를 부르며 위험한 여정을 떠났다. 대왕은 패트릭을 잡기 위해 매복하고 있었지만, 그가 본 것은 그들을 따르던 새끼 사슴 무리가 전부였다. 이런 이유로 로리카 기도는 '사슴의 탄원'이라고도 불린다.[24]

I

오늘 나의 방패는

만군의 힘

거룩한 삼위일체!

참 세 분이시며,

오직 한 분임을 선포하네.

모든 것을 창조하신

사랑 안에서…

II

오늘 나의 방패를, 외쳐 부르네.

이 땅에 오시어 세례를 베푸시는

그리스도의 권능,

십자가에 달려 죽으사

무덤에서 일어나 하늘로 오르신

그리스도의 권능,

심판과 마지막 때를 위해 다시 오실

그리스도의 권능을.

III

오늘 나의 방패를, 외쳐 부르네.

천사들이 순종하고 대천사들이 수행하는

세라핌의 강한 권능,

거룩한 부활에 이른 영광스러운 무리와

선조의 기도 안에서,

예언의 환상과 사도의 명령 안에서,

증인들의 연대기와,

동정녀의 순결함과,

충직한 자들의 행위 안에서.

IV

오늘 나의 방패를, 외쳐 부르네.

하늘의 힘과

달의 고결함을.

불의 영광과

번개의 빠름을,

바람의 야성과

대양의 깊이를.

대지의 견고함과

바위의 부동을.

V

오늘 나는 나에게, 외쳐 부르네.

나를 인도하는 하느님의 힘과

나를 지속하는 하느님의 능력을.

나를 깨우는 하느님의 지혜와

나를 비추는 하느님의 환상을,

나로 듣게 하시는 하느님의 귀와

나의 말이 되시는 하느님의 말씀을.

나를 붙드시는 하느님의 손과

나의 앞에 놓인 하느님의 길을,

나를 보호하는 하느님의 방패와

나를 구하시는 하느님의 군대를.

마귀의 올가미와

악한 유혹으로부터.

자연의 훼손과

나를 무너뜨리려는

 한 사람 그리고 숱한 사람들로부터.

가깝거나 멀거나.

VI

나를 에워싼 것들을 끌어안네.

내 영혼과 몸을 구할 힘,

나를 공격하는 어둠의 힘으로부터.

거짓 예언과 이교도의 음모에 맞서.

이방인의 간교와

나에게 닥친 거짓 신들에 맞서.

여자들과 대장장이들,

드루이드교의 그림자에 맞서,

몸과 영을 상하게 하는

배덕背德한 지식에 맞서.

VII

그리스도여, 오늘 나의 강한 보호자가 되어 주소서.

독에 물들거나

불에 데지 않도록

물에 빠지거나

해를 입지 않도록

넓고 풍성한 도우심을 구하나이다.

그리스도 내 옆에, 그리스도 내 앞에,

그리스도 내 뒤에, 그리스도 내 안에,

그리스도 내 아래에, 그리스도 내 위에,

그리스도 내 오른편에, 그리스도 내 왼편에,

그리스도 내가 눕고, 앉고, 서는 곳에,

그리스도 나를 아는 모든 이의 마음에,

그리스도 나를 만나는 모든 이의 혀에,

그리스도 나를 보는 모든 이의 눈에,

그리스도 나를 듣는 모든 이의 귀에.

VIII

오늘의 방패를, 외쳐 부르네.

만군의 힘

거룩한 삼위일체!

참 세 분이시며,

오직 한 분임을 선포하네.

모든 것을 창조하신

사랑 안에서…

IX

구원은 주님께 속하네,

구원은 주님께 속하네

그리스도에게 구원이 있네.

(도미니 에스트 살루스*Domini est salus*,

도미니 에스트 살루스*Domini est salus*,

크리스티 에스트 살루스*Christi est salus*)

주님, 당신의 구원이,

우리와 영원무궁히.

(살루스 투아*Salus tua*, 도미네*Domine*,

시트 셈페르 노비스쿰*sit semper nobiscum*.)

흉갑 기도를 읽고 그것을 내 여정의 기도로 삼았을 때 나는
이 기도가 목숨을 건 간구이자 도움을 부르짖는 절박한 탄원임
을 깨달았다. 그리고 내가 구한 힘이 나를 도우리라는 무한한 확
신이 물밀듯 밀려들었다. 창조주 하느님의 위엄과 하늘의 천군
천사의 힘을 기도할 때 그리스도의 다정함과 친밀함이 잇따른
다. 로리카 기도는 거리감과 즉시감의 간극을, 저 높은 곳에 계신
경이로운 하느님과 지금 내 곁에 계시어 만지고 느낄 수 있는 하
느님 사이를 오가게 한다.

이 위대한 찬미의 순전한 영광이 나를 들뜨게 한다. 나는 이보다 더 훌륭하게 고요와 열정을 가지고 온 우주를 한 화폭에 담을 수 있는 기도를 알지 못한다. 기도를 드리며 나는 우주와, 우주 안에 있는 모든 사람이 하나 됨을 굳게 확인한다. 삼위일체를 부르며 시작하는 이 기도는 천사들과 대천사들의 모든 힘과 교부들과 예언자들, 사도들, 또한 태양과 달, 불, 바람, 땅과 바위를 지나 마침내 그리스도로 둘러싸인 창조물, 우리 한 사람 한 사람에게 이른다. 마치 높은 십자가 위 조각들에 새겨진 켈트 띠 장식이나 화려하고 정교한 채색 사본의 한 면처럼, 이 기도도 이렇게 짜여진 것만 같다. 기도의 모든 요소가 강하고 부드럽게 연합하여 조화롭게 흐른다. 여기에는 온 창조 질서가 일치한다는 강한 확신, 모두를 치유하는 창조와 구원의 잔치가 벌어진다는 생각이 담겨 있다. 다양성이 이루는 일치감은 켈트 세계가 우리에게 건네주는 선물로, 그리스도교를 충만하게 이해하는 데 가장 중요한 개념이다.

로리카 기도는 어둠의 힘으로부터의 보호를 바라는 나에게 어둠과 마주하는 일에 대한 많은 이야기를 들려준다. 이 기도가 타락한 세상 속 어둠의 힘을 부인하는 가벼운 낙관주의로 흘러가지 않음에 감사한다. 모든 일이 잘될 것이라는 무미건조한 확신은 오늘날 우리가 목도하는 세상, 전쟁과 기근이 끊이지 않고, 비정함과 부조리가 만연하며, 에이즈와 암은 물론 심각한 빈곤과 경제적 고통, 실업이라는 파괴적 현실이 존재하는 세상에는 아무런 소용이 없다. 부서진 세상을 외면하면서 창조의 기쁨을 이야기할 수 없다. 그러나 언제나 희망은 있다. 초기 켈트 그리스도교의 유산들은 타락한 세상을 구원하는 하느님의 은총과 자비, 그분의 힘에 대한 확신을 보여 준다.[25]

지치고 우울하며 타인에게 무관심해지고 마음이 표류할 때 나에게 필요한 것은 계속 앞으로 나아갈 수 있게 해 줄 동력이다. 나는 켈트 기도의 어휘, 시의 구조 안에서 활력을 얻고 생기를 부여받아 새로운 걸음을 내디딘다. 왕 역시 자신의 불을 밝혔을 것이다. 하지만 성 패트릭의 불은 그리스도의 새로운 빛을 의미하는 부활의 새 불이었다.

둘째(II)와 일곱째(VII) 연은 그리스도의 위격과 직접적으로 연결된다. 둘째 연에서 그분이 이 땅을 살며 겪은 사건, 성육신, 인간의 몸을 취한 일과 구속의 사명을 다하는 일을 되새기고 다시 일곱째 연에서 지금 여기에서도 계속 현존한다고 이야기한다. 이 지점에 이르면 모든 육체의 감각이 깨어나 그리스도에 의해 온전히 둘러싸여 있음을 즉각적으로 느끼게 된다. 켈트 전통에서 순전한 물질성은 가장 큰 특징이기도 하다. 성육신을 철저히 물리적이고 신체적으로 이해한 켈트인들 덕분에 나 역시 내 인간성은 육체와 동떨어질 수 없다는 생각을 충분하게 받아들일 수 있게 되었다.

셋째 연(III)은 하늘의 존재들, 영들이 우리와 함께 자연 세계의 일부임을 당연히 여긴다. 어떻게 이런 감각이 고대에서부터 최근에 이르기까지 그들의 무의식 속에 자리하였는지 알아내어 이를 되살리는 일은 오늘날 우리에게 남겨진 어려운 과제이다. 아일랜드의 남서부에서 자란 한 현대 신학자는 자신의 체험을 바탕으로 "천사와 성인이 더불어 사는 이 '다른 세계'가 얼마나 가까이 있는지 이해하지 못하는 사람은 켈트 그리스도교를 절대로 파악할 수 없을 것"이라고 말한다.[26]

이 글을 쓰는 지금 나는 웨일즈 국경 가까이에 있는 오두막 창가에 앉아 그레이그 시피르딘Graig Syfyrddin(세라핌들의 언덕)까지 이어지는 들판을 바라보고 있다. 어느 방향으로 가든 일상의 경관과 삶에 함께하는 성인들과 천사들을 인식한 분명한 증거들, 그들에게 봉헌된 작은 지역 교회들을 발견한다. 켈트인들은 보이지 않는 세계를 자연스럽게 인식했으며, 태양과 달, 불과 번개, 바람과 바다, 땅과 바위가 인간의 목소리에 반응하며 그들을 호명할 때마다 당연히 인간과 힘을 나누리라고 생각했다.

다섯째 연(V)은 창조자를 부르는 소리로 이어진다. 삼위일체 하느님의 모든 능력이 드러나고, 내가 가는 길에서 나의 안팎을 파괴하려는 힘과 모든 적에 맞설 수 있는 힘을 부여받는다. 삼위일체 하느님의 보호 아래 여행해 온 이들은 모든 위험과 위기로부터 몸과 영혼을 지켜달라고 기도할 수 있다. 또한 자연과 은총의 도움을 요청할 수 있다. 나의 적은 누구이고 무엇인가? 로리카 기도에서 계속해서 묘사되는 올무와 사악한 유혹은 시편의 기자가 몇 번이고 언급하는 내가 빠지는 구덩이나 나를 잡는 덫을 떠올린다. 이는 거짓, 기만, 무엇보다 파괴적으로 자아를 공격하는 자기 망상일 것이다. 이런 어둠의 힘이 나를 위협할 때 여섯째 연(VI)이 매우 진실하고 설득력 있게 울려 퍼진다.

이제 로리카 기도는 그리스도의 형상으로 간다. 삶에서 함께하는 그리스도를 가장 서정적이고 힘 있게 드러낸다. 일곱째 연(VII)은 대충 읽히거나 너무 익숙한 나머지 의미가 무뎌져 가볍게 지나치기 쉽다. 그러므로 한 구절 한 구절 천천히 곱씹어 읽어야 하며, 기도가 제시하고 질문하는 바를 상상해야 한다. 이 기도는 내 안에 내주하시는 하느님을 현실로 만들어 준다. 그러나 이 놀라운 구절들이 실제로 무엇을 말하는지 상상하고 그려볼 때에야 현실로 **느낄** 수 있다. 나 자신을 하느님이 거하시는 공간, 성스러운 공간으로 생각해야 한다. 스스로를 소중하게 여기지 않거나 자존감이 낮으면 힘겨울 수 있다. 혹은 하느님이 먼 곳에 안전히 계시길 원하여 시도 자체를 거부할지도 모른다. 하지만 이미 그리스도는 지금 내 안에 살기로 선택하셨다는 사실을 받아들여야 한다. 천천히 기도해야 이런 생각을 충분하게 받아들일 수 있다. 나는 사방으로 그리스도에게 둘러싸여 있다. 그분은 내 삶의 모든 차원에 존재하신다. 그분은 내가 발 딛고 선 견고한 토대로 나의 아래에 계시다. 그분은 내 곁에서 나와 함께 걸으며, 내 눈높이에서 내가 보는 눈으로 사물을 본다. 이를 위해 나는 서두르지 않고 한 구절 한 구절 차례로 묵상하면서 내가 말하고 기도하는 바의 의미를 온전히 깨닫고자 노력한다.

그러나 이는 개인적인 사건이 아니다. 켈트의 모든 요소는 언제나 공동체적이고 공유된 영성으로 돌아가야 함을 일깨운다. 나는 여정에서 만난 모든 사람의 마음과 혀, 눈과 귀에서 그리스도를 보고 발견할 것이다. 이는 모든 사람을 그리스도로 바라보라는 성 베네딕트의 요청이다. 그렇게 우리는 내면의 여정이 내적 자아 탐구로 몰리는 것을 막을 수 있고, 대신 공동체에 속하며 관계를 잇는 여정으로 나갈 수 있다. 그 실마리는 첫째 연(I)과 여덟째 연(VIII)에 나오는 '사랑'이라는 단어에서 찾을 수 있다. 나의 여정은 사랑의 여정인가? 나는 더 깊이 사랑하는 사람이 되고 있는가? 성 베네딕트가 시의 운율을 따라 던지는 질문이다.[27] 한 아프리카인 사제가 자신이 속한 아프리카 그리스도교에 대해 설명하면서 백인들에게 이렇게 질문했다. 당신의 여정은 관계들을 맺어 가며 성장하는 내적 여정인가? 이것은 가장 본질적인 질문이다. 성 패트릭의 흉갑 기도를 여정을 위한 보호 기도로 삼는다면 삼위일체의 힘, 즉 사랑의 연합을 이루는 여러 위격의 신을 내 삶에 허용해야 함을 깨닫게 될 것이다. 여기 자신이 일구어 가는 여정을 삼위일체께서 보호하시길 간결하게 구하는《카르미나 가델리카》에 실린 축복문이 있다.

> 생명의 하느님께서 나를 보호하시기를,
> 사랑의 그리스도께서 나를 보호하시기를,
> 거룩한 성령께서 나를 보호하시기를,
> 내 길의 걸음마다,
> 나를 도우시고 나를 감싸시기를.
> 내 삶의 낮과 밤마다.[28]

2장

이미지와 노래

알렉산더 카마이클은 19세기 말 스코틀랜드 서부의 고원과 섬들을 여행하면서 지역민들로부터 시와 노래, 기도문과 축복문을 수집했으며 (이들을 분리하기는 어렵다), 대대로 구전되어 그들의 가정 안에 여전히 살아 있는 많은 의례와 관습에 관한 이야기들도 빠짐없이 모았다. "생명의 하느님의 형상이 세상에 태어났으니, 나는 그 아이의 이마에 작은 물방울을 세 번 떨어뜨립니다." 카마이클은 페기 맥코맥에게 들은 출산 세례birth-baptism 때 부르는 기도를 기록하였다. 이 세례는 태어난 지 여드렛날 교회에서 사제가 집례하는 세례보다 먼저 이루어진다.

성부의 이름으로 첫 번째 작은 물방울을 떨어뜨립니다. 지켜보는 여인들이 "아멘"이라고 답합니다. 성자의 이름으로 두 번째 작은 물방울을 떨어뜨립니다. 지켜보는 여인들이 "아멘"이라고 답합니다. 성령의 이름으로 세 번째 작은 물방울을 떨어뜨립니다. 지켜보는 여인들이 "아멘"이라고 답합니다. 성 삼위께

아이를 씻기시고 깨끗하게 하시며 성 삼위 안에서 보호하시기를 구합니다. 지켜보는 여인들이 "아멘"이라고 답합니다. 지켜보는 여인들과 함께 집안의 모든 사람이 목소리를 높여 복되신 삼위일체께 아이가 맡겨졌음을 증거합니다. 정해진 바를 따라! 인간의 씨를 축성하여 그를 생명의 하느님께 맡길 때 이를 지켜보는 여인들의 노래보다 아름다운 음악을 나는 들어본 적이 없습니다.[1]

새로 태어난 아기는 삶의 시작부터 삼위일체의 세 위격에게 맡겨졌다. 마리아와 그리스도에게 "세례를 받고 기쁘게 잠든 아기를 도우시며, 감싸 안고, 보호하시도록" 구하는 로리카 기도에서도 같은 흐름을 발견할 수 있다. 그러나 또 다른 관습도 있다. "아기가 태어나면 그를 안고는 불을 세 차례 가로지르면서 웅얼거리듯 불의 신에게 몇 마디 건넵니다. 이어 태양이 도는 방향대로 불 주위를 세 번 돌면서 태양신에게 몇 마디 말을 중얼거립니다." 아기는 삼위일체의 보살핌을 받는 동시에 불과 물로 이루어진 원태고의 세계 속으로 들어가게 되며, 태양이 움직이는 방향으로 화로 주위를 돌 때 땅과 즉시 연결된다.

켈트인들은 태어나 죽음에 이르기까지, 새벽부터 태양이 지도록, 계절에서 계절을 지나는 매 순간 구술 전승된 시와 축복이라는 보물을 사용한다. 이런 시들을 발견하고 나의 기도에 접목하기 시작하면서, 나는 의례와 이미지와 상징을 따라 놀랍도록 풍성해졌다. 나는 한 여인이 아직 식구들이 잠든 틈에 일어나

2장 이미지와 노래

전날 밤 지피고 불씨만 남은 토탄을 다시 들어올리면서 매일 하루를 시작한다는 이야기를 읽었을 때 큰 감동을 받았다. 희미하게 깜빡이던 불꽃이 다시 피어나는 순간 그는 이를 자신과 가족, 온 세상을 위한 기도의 기회로 삼았다. 그들은 불의 기적을 결코 당연하게 여기지 않았다. 불은 빛과 열을 내어 삶을 움직이게 하는 중요한 역할을 할 뿐만 아니라 자신들도 불처럼 끊임없이 새로워져야 함을 일깨워 주었기 때문이다.

> 아침에 나의 불꽃을 지피네.
> 하늘의 거룩한 천사들 안에서,
> 가장 사랑스러운 형상 아리엘 안에서,
> 무수히 많은 매력의 우리엘 안에서,
> 악의도 없고, 질투도 없고, 부러움도 없이,
> 두려움도 없고, 해 아래 어떠한 공포도 없이,
> 그러나 하느님의 성자가 나를 보호하시네.
> 악의도 없고, 질투도 없고, 부러움도 없이,
> 두려움도 없고, 해 아래 어떠한 공포도 없이,
> 그러나 하느님의 거룩한 아들이 나를 보호하시네.

첫째 연은 천사들과 함께하는 문을 열어 준다. 천사들은 하느님의 거룩한 아들을 중심으로 작은 오두막을 가득 채운다. 그 다음에는 함께하는 하느님 안에서 하루를 시작하는 보호 기도 형태로 넘어간다. 여기에서 보호는 악의, 질투, 시샘 등의 충동과 사람의 연약한 마음과 의지 같은 내면에 깃들어 있는 어둠의 힘으로부터의 보호를 말한다. 이런 생각들은 파괴적이며 경쟁과 비교를 부추기고 생명을 주시는 하느님에 대한 감사와 감동을 무너뜨린다. 이어 둘 째 연은 온통 마음에 대해 다룬다.

> 하느님, 나의 마음에 불꽃을 피우소서.
>
> 이웃을 향한
>
> 나의 원수, 나의 친구,
>
> 내 모든 동족을 향한,
>
> 용감한 자, 거짓된 자,
>
> 속박된 자를 향한
>
> 사랑의 불꽃을.
>
> 놀라운 사랑인 마리아의 아들이시여,
>
> 삶의 가장 비천한 것에서
>
> 지극히 높으신 이름에 이르기까지.
>
> 놀라운 사랑인 마리아의 아들이시여,
>
> 삶의 가장 비천한 것에서,
>
> 지극히 높으신 이름에 이르기까지.[2]

　　내면성의 주제는 여기서도 계속된다. 마음에 불을 피우는 것은 화로의 불을 반영하면서도 그 이미지를 초월한다. 매일 화로에 불을 붙이는 것처럼 외부의 불을 반영해 내면의 불을 지펴야 한다. 이런 불이나 사랑의 빛은 모든 이를 비춘다. '나의원수,

2장 이미지와 노래

나의 친구, 내 모든 동족을 향한' 빛이며, 나아가 켈트 그리스도교 특유의 표현을 빌려 자연 전체, 즉 '삶의 가장 비천한 것'을 향한 빛이다. 이것은 사랑이며, 인간과 비인간을 포함한 모든 살아 있는 것을 향한 사랑이다.

모든 켈트 **페레그리니** 가운데 가장 위대한 이들 중 한 사람인 성 콜룸바누스는 사실상 기도라 할 수 있는 자신의 설교에서 사랑, 먹이고 키우고 살리는 사랑의 불꽃을 피우라고 말한다.

주님은 그분의 사랑으로 우리를 일깨우십니다. 게으른 잠에서 우리의 눈을 뜨게 하시고, 우리 안에 거룩한 사랑의 불을 피우십니다. 그 사랑의 불꽃은 모든 별 위로 솟아오릅니다. 거룩한 불이 내 안에서 꺼질 줄 모르고 타오르기를! 내게 불을 돌보고 살리며 결코 꺼지지 않도록 불꽃을 피울 불쏘시개가 있다면, 그리하여 끄는 법을 모른 채 그저 불을 키울 수만 있다면 얼마나 좋을까!³

헤브리디즈^{Hebrides} 여인은 시의 리듬을 따라 삼위일체의 이름으로 세 개의 토탄을 들어 올려 불을 밝히며 낮은 소리로 읊조리거나 노래했다. 여기서 우리는 19세기 말 스코틀랜드와 아일랜드 켈트인들에게 구전된 전적으로 자연스러운 삶과 기도 방식을 엿볼 수 있다. 일상과 노동은 분리될 수 없고 노래와 기도도 분리될 수 없다. 카마이클은 몇 번이고 반복하여 소리를 내거나 숨죽여 부르는 기도에 관해 이야기한다. 종교와 세속의 분리는 찾아볼 수 없다. "기도와 주문, 노래와 찬미, 이야기와 음악과 춤…. 무슨 일을 하든, 무엇에 관계되었던 사람들의 입에서는 노래가 흘러나왔다…."⁴ 아이들은 부모로부터 신중하게 기도를 배웠으며, 기도를 지켜보고, 말하고, 엿듣는 동안 그들 삶에 자연스럽게 녹여 자기 자신의 기도 방식으로 빚었을 것이다.

이것은 모든 탄생의 순간부터 시작되었다. 카마이클은 다음의 노래를 들었을 때, 아이를 밴 여인의 말이 얼마나 사랑스럽고 그의 노래가 얼마나 아름다운지 알게 되었다.

작은 물방울이
사랑스러운 너의 이마에.
성부, 성자, 성령
삼위일체의 능력이 임하기를.

작은 물방울이
사랑하는 널 에워싸네.
성부, 성자, 성령
삼위일체의 능력이 임하기를.

작은 물방울이
은총으로 너를 채우네.
성부, 성자, 성령
삼위일체의 능력이 임하기를.

2장 이미지와 노래

이어 낭송하는 사람은 사람들이 어떻게 해 왔는지를 계속해서 읊었다.

항상 서로의 집에 모여 전설과 역사를 이야기하고, 주문과 기도를 드리고, 성가와 노래를 부르고, 룬rune 문자*와 구전을 나누었습니다. … 노인들은 세상 돌아가는 이야기와 날씨 변화, 달과 태양, 하늘의 별, 썰물과 밀물에 관해 이야기했습니다. … 우리 아이들은 예의 없이 집안 분위기를 망치지 않도록 한마디도 하지 않고 움직이지도 않고 맨바닥에 얌전히 앉아 있었습니다. 왕이여! 거기에 이야기가, 고귀한 이야기가 있지 않겠습니까!⁵

이들은 모든 전통 사회를 한데 묶는 핵심인 기억과 신화, 이야기로 구성된 세계, 시간을 벗어난 세계를 살았다. 이를 지속하는 일이 바로 시인의 역할이었다. 켈트 사회에서 시인들은 가장 중요한 것을 전달하는 매개자였다. 세상의 비밀을 누가 알까? 그건 학자가 아니라 바로 시인이었다. 초기 아일랜드 수도원에 들어간 한 시인은 말로만 하던 예술에서 벗어나 나무를 자르고 손수 노동하는 법을 배워야 했다. 그리스도교의 시인들, 특히 수도원 시인들은 이런 전통에서 자신감과 지위를 얻었다. '또렷하

• 기원후 1세기 경부터 사용된 게르만족의 고대 문자. 주로 돌, 나무, 뼈, 비문에서 발견되며 북유럽 신화와 관련된 문자라는 이미지와 함께 점술 도구로 사용되기도 했다.

켈트 기도의 길

게 이야기하는 시인의 노래를 듣는 일'의 중요성은 한 초기 시에 잘 나타나 있다. 시는 자연스러운 교육 수단이자 대중 연설의 주된 형태이다. 실제 초기 켈트 사회는 산문에 대한 관심이 별로 없었다. "고유한 전통을 따라 그들은 하느님을 찬미하고 그리스도의 신비를 말하는 목적에 가장 적합한 매체로 산문보다 운문을 선호했다."[6] 아일랜드 수도원의 규칙은 시의 형태로 작성되었으며, "후대의 시선으로 보면, 이는 규칙이라기보다 훌륭한 수도자에 대한 시에 가까웠다."[7] 680년경으로 거슬러 올라가는《방고의 대위법자*The Antiphonary of Bangor*》에는 옛 형태와 새로운 형태를 따른 성가는 물론이고 운율과 두운을 살린 짧은 리듬의 곡, 4음절로 된 일상적인 기도문이 많이 남아 있다. 또한 수도 생활에서 전례 전후나 식사 시간에 공동체가 교육용이나 오락용으로 부르는 성가도 많이 실려 있다. 시는 단순히 개인적 감정을 표현하는 것이 아니라 사회적 기능을 수행했다. 성 콜롬바누스는 '교훈적으로 유익하거나 노래로 적합한' 작품들을 많이 작곡했다. 이런 내용을 볼 때, 그가 노래와 시를 동일하게 여기며 노래가 신앙을 전달하는 자연스러운 방법임을 분명히 인지했던 것으로 보인다.

초기 아일랜드와 웨일즈에서 이교와 그리스도교 사이 일어난 사상의 교류와 혼합 덕분에, 이 두 나라는 그리스도교에 창조적으로 반응할 수 있었다. 그들은 토착 문화를 포기하거나 부정하지 않으면서 그리스도교의 틀을 받아들였다. 그 결과 구두로 전해진 고대 전승은 보존되었고 그리스도교 문학의 매체로서 세례받은 모국어가 사용되었다.[8] 6세기와 7세기에 이르러 수도원

2장 이미지와 노래

의 작가들은 글을 남길 때 토착 **필리디**^{filidi}, 시인들에게 의지하기 시작했다. "수도자들은 7세기가 지나도록 이교 전통을 받아들였고 교부들의 승인 아래 전해 내려온 역사적 자료와 동등한 수준으로 중요하게 여겼다."⁹

이 모든 것이 내가 그리스도교 신앙을 받아들이고 성장하는 동안 받은 교육과 얼마나 다른지 모르겠다. 나는 신조를 암송하는 법을 배웠다. 나는 교리공부를 하는 가운데 특정 신앙 조항에 동의하면서 견진성사를 준비했다. 내 머릿속은 쉴 새 없이 돌아갔고, 정보로 가득 찼다. 그러나 이것들은 내 자아와 감각, 감정과 느낌, 무엇보다 상상하는 힘 전체를 포함하지 못했다. 또한 내 세대가 과거의 위대한 유산과 연결되어 있다는 연속성이나 그 어떤 소속감도 느껴 보지 못했다. 과거로 거슬러 올라가 길게 연결된 가족과 친족의 일원이 되고, 모두 공유하는 공통의 저장고에서 기억과 이야기를 끌어올 수 있다는 느낌을 전혀 받지 못했다. 만일 다르게 기도하는 방법(다르게 생각하고 느끼는 방법)을 발견한다면, 그것은 지금 이곳에서 내 안에 깃들어 있는 온전함과 충만함에 더 잘 반응하도록 통합적인 방법을 찾고 있기 때문이다. 이는 물론 내가 원하는 사람이 되는 데도 도움을 준다.

무엇보다 켈트 전통은 이미지의 중요성을 다시 한번 알려주었다. 깊이와 보편성을 지닌 본질적인 이미지들은 그리스도교를 풍요롭게 이해하도록 도와주었다. 오늘날 대다수 사람들은 소비주의 세계에서 텔레비전과 광고 속 피상적으로 연속되는 이미지들에 끊임없이 시달리며 살고 있다. 그런 이미지들의 진정한 의미를 숙고할 시간도 없이 말이다. 이에 불, 바람, 빵, 물, 빛과 어둠, 마음의 근본 이미지를 회복하는 일이 그 어느 때보다 시급하다. 이런 이미지들은 특정인에게 국한되지 않고 그리스도인과 비그리스도인 모두가 이해할 수 있는 보편적인 상징들이다. 인도의 어느 사제는 이런 상징들은 그리스도가 전 세계와 역사를 가로질러 놓은 거대한 다리와 같다고 말한 적 있다. 모두가 그 다리를 건너 그분 안에서 서로 만나고 완성에 이른다.[10]

2장 이미지와 노래

3장

삼위일체

내면으로 향하는 켈트 여정은 홀로 걷는 길이 아니다. 켈트 영성은 대지와 자연의 원소들, 여러 세대를 거쳐 형성된 역사에 연결되어 있음을 느끼는 확장된 공동체적 영성이다. 오늘날 사회는 한 사람을 고립된 단위로 취급하며 개인주의적이고 경쟁적인 삶의 방식을 장려하지만, 켈트 영성은 다른 일련의 가치를 제시한다. 조화, 연합, 관계, 의존, 그리고 미처 그 깊은 의미에 도달하지 못했으나 찰스 윌리엄스가 너무나 사랑한 서로에 내재함이다.

켈트인들이 이해하는 하느님은 무엇보다 삼위일체의 신격, 위격들이 맺은 삼중의 연합을 본질로 삼는 신, 사랑으로 연합된 세 위격이다. 합리적인 설명이나 철학적 갈등 대신 하느님에 대한 심오한 체험이 이런 이해를 뒷받침한다. 성 패트릭이 삼위일체를 설명하기 위해 허리를 굽혀 토끼풀을 뽑았다는 전설은 우리가 생각하는 것보다 훨씬 중요한 의미를 지닌다. 이는 그가 초기 아일랜드 사람들에게 "셋으로 하나이신 너희 하느님은 가장 자연스럽고 세상 어디서든 다가갈 수 있는 하느님이다!"라고 말하는 것 같다. 우리는 앞서 19세기 말 헤브리디즈에 살던 한 어머니가 갓 태어난 아기의 일생에 삼위일체의 세 위격이 '우정과 사랑'으로 동행하기를 기도하는 장면을 보았다. 이것은 가정 안에서, 화로 주변에서, 가족과 이웃 가운데서 아주 자연스럽게 일어나는 일이다.

삼위일체는 멀리 떨어져 있지 않다. 늘 가까이에 있으며 언제든 다가갈 수 있다. 어릴 적, 어떤 이가 나에게 가장 좋아하는 성가가 무엇인지 물었다. 나는 "영원하시고, 보이지 않으시며, 홀로 지혜로우신 하느님, 우리 눈에 닿지 않는 빛 가운데 감추어 계시네"라고 답했다. 내 말이 그에게 어느 정도 감동을 준 것 같았지만, 실제로 내가 매주 일요일에 교회에서 만나고, 매일 기도를 올리던 하느님은 나에게 있어 아주 멀리 있고, 권위적이고 엄격하며, 알기 어려운 존재였다. 하지만 켈트 전통이 말하는 하느님은 완전히 달랐다. 그들은 아주 쉽게 삼위일체를 말한다. 아일랜드의 전통시들은 자연과 일상에서 찾아낸 비유로 삼위일체를 친숙하고 단순하게 노래한다.

> 세 번 접힌 주름, 다만 하나의 손수건.
> 세 개의 마디, 다만 하나의 손가락,
> 세 장의 잎사귀, 다만 하나의 토끼풀.
> 서리, 눈송이, 얼음,
> 모두 물로부터 나오네.
> 세 분이신 하느님,

3장 삼위일체

우리는 오직 한 분인 하느님께 기도하네.[1]

17세기 웨일즈 작가 모건 로이드^{Morgan Llwyd} 역시 이와 아주 유사한 결을 지닌 글을 남겼다. "삼위일체는 우리와 함께 계신다. 땅에 묻힌 광물, 집에 거하는 자, 엄마 배 속의 아이, 난로 속의 불, 바닷물이 고인 웅덩이, 눈동자에 비친 영혼으로 경건한 자들의 삶에 머무신다."[2] 켈트인들은 전통적으로 사물의 관계를 공식처럼 표현하는 것을 좋아했고 숫자 '3'을 아주 특별한 의미의 수로 여겼다. 이들은 공통점을 지닌 물건, 사람, 어떤 특성이나 분위기, 때론 전혀 연결고리가 없는 것들을 삼중구조^{triad•}로 배치하여 하나로 잇는 방식을 특히 좋아했다. 언어유희나 역설도 이런 삼중구조 방식을 따르면 으뜸으로 여겼으니, 역설이 따로 없다.[3]

앞서 살펴본 시처럼 집에서 아기가 태어나자마자 세례를 주면서 부르던 기도는 매우 다정하면서도 간결하다. 어머니는 아기를 품에 안고 앞뒤로 흔들며 사랑스레 도닥이고 정성과 시간을 들여 같은 기도를 반복하여 부른다.

성부의 작은 물방울이

사랑하는 너의 작은 이마 위에.

• 삼제가(三題歌)라고도 한다. 웨일즈 신화에 주로 등장하는 서술로 '3대 무엇'으로 묶어 묘사하는 방식이다. 예를 들어 '쉬이 억누를 수 없는 세 가지, 거센 물살의 흐름, 날아가는 화살, 어리석은 이의 혓바닥이다.'

켈트 기도의 길

성자의 작은 물방울이
사랑하는 너의 작은 이마 위에.

성령의 작은 물방울이
사랑하는 너의 작은 이마 위에.

정령들의 장난에서 너를 도우시고
못된 저주에서 너를 구하시길.

요정들이 너를 데려가지 못하고
유령들이 너를 틈타지 못하도록.

삼위께서 너를 지키시고
보호하시고, 에워싸시기를.

삼위께서 너를 구하시고
은총으로 너를 채우시기를.

삼위의 작은 물방울로
네가 은총 안에 잠기기를.[4]

　2장에서도 같은 분위기의 기도가 소개되었다. 카마이클에 따르면 바라의 한 여인은 아기의 이마에 물방울을 세 번 떨어뜨리며 "영원하신 아버지의 품을 떠나 우리에게 온 가여운 아기"
라는 말과 함께 출산 세례의 기도를 낭송했다. 그리고 다음 세 구
절로 끝나는 기도를 드렸다.

삼위의 작은 물방울
그분들의 즐거움이 너를 채우네.

삼위의 작은 물방울
그분들의 선함이 너를 채우네.

오, 삼위의 작은 물방울
그분들의 선함이 너를 채우네.[5]

세 위격은 이제 아이 안에 거하며 각기 다른 복을 아기에게
가져다주고 아이의 인생에서 다른 역할을 수행할 것이다. 어머
니는 갓 태어난 아기의 귀에 아이가 태어나며 지니게 된 복을 조
용히 속삭여 준다.

성삼위의 작은 사랑, 그 은총이
너와 함께하기를.
지혜, 평화, 순전함이.

이 축복은 삼위일체의 각 위격에 고유하고 특별한 속성을

부여한다.

> 나는 아버지를 증거하네,
>
> 모든 육체를 지으신 분.
>
> 나는 그리스도를 증거하네,
>
> 조롱과 고통을 견디신 분.
>
> 나는 성령을 증거하네,
>
> 나의 상처를 치유하실 분.
>
> 황무지에 핀 목화처럼
>
> 나를 하얗게 만드실 그분을.[6]

이런 기도는 그들 삶의 궤적에 따라 도움을 줄 수 있는 성인들을 부르면서 시작된다. 성 브리짓은 어린 양을 돌보는 다정한 간호사, 성 미카엘St Michael은 승리를 이끄는 고귀한 전사, 성 콜룸바는 해안과 바다의 사도, 지극히 인간적인 성 베드로는 두려움과 잠의 사도이다.

더글러스 하이드Douglas Hyde가 수집한 동시대의 아일랜드에서 드려진 또 다른 기도는 아주 짧고 간결하다.

> 나를 찾으시는 성부여
>
> 나를 대속하신 성자여
>
> 나를 가르치신 성령이여.[7]

3장 삼위일체

나는 이런 태도와 방식을 받아들이고 나의 기도 여정의 일부로 삼았다. 만드시고 창조하시는 아버지를 생각하고, 내 삶에서 얼마나 많은 일이 그 역할과 함께 일어나는지 떠올린다. 내 주변 환경의 틀을 조성하고 형태를 잡으며 나 또한 아버지처럼 새로운 생명을 창조하고, 일깨우고, 삶을 소중히 여기게 되었다. 방치된 텃밭 구석에서 멋대로 엉키며 자란 들장미의 가지를 쳐내어 그 밑에서 자라던 새싹의 숨통을 틔워 주고 가시덤불로 엉망이 된 울타리를 내 손으로 깔끔하게 정비한다. 이런 모든 일은 내 자궁에 생명을 품어 자라게 하고 내 아이들의 어린 시절을 소중하게 간직하는 일만큼이나 심오한 가치를 지닌다. 최근엔 새로운 표현을 창조하고 만들거나 단어들을 다듬고 바로잡아 신중하게 사용하기를 즐긴다. 주방에서 식사를 준비하고 설거지하는 일만큼 지극히 일상적인 만족을 느낀다. 사람들과 함께 일하고 가르치며 듣기 위해 애쓰는 모든 순간을 나에게 참 자유를 주신 성자 하느님에게 맡긴다. 나는 토머스 머튼, 시토 교부들이나 켈트 전통에 대한 연구에서 얻은 통찰을 타인과 나누면서, 내면의 시야를 확장하고 마음과 상상력의 지평을 넓히는 노력을 멈추지 않는다. 마지막으로 연민과 용서, 치유, 고치고 다시 온전하게 만드는 나의 은사가 평생 끊임없이 일어나도록 성령의 특별한 역할에 기댄다.

그러나 기도는 언제나 한 분이신 삼위를 향한다. 우주의 맥락에서 삼위일체를 바라보는 기도이다.

삼위께서 내 위에 계시네,

삼위께서 내 아래에 계시네,

여기, 삼위께서 내 아래에

저기, 삼위께서 내 아래에.

삼위께서 계시네,

이 땅에,

공중에,

하늘에,

일렁이는 대양에.[8]

　　그리스도가 창조 세계의 머리이자 중심이라는 동방의 생각은 아일랜드에 그리스도교가 처음 전파될 때 자연스럽게 자리를 잡았다. 삼위일체를 이야기하는 초기 수도원 문헌들 중 680년에서 691년 사이에 기록된 방고Bangor 수도자들의 위대한 성가 모음집《하느님께 올리는 기도의 노래Hymnus Dicat》에는 삼위일체 삶의 중심에 있는 그리스도의 왕되심에 대한 찬미가 많이 실려 있다.[9] 삼위일체와 창조를 연관지어 노래하는 많은 성가와 기념 예식들이 있다. 성 콜룸바의 〈**위대한 창조자**Altus Prostor〉는 그 안에서 가장 찬연한 작품일 것이다. 16세기 전기 작가 마누스 오도넬 Manus O'Donnell은 이 작품에 대해 이렇게 말했다. "고귀하고 장대한 흐름을 지닌 이 위대한 찬미의 노래를 이해하기란 여간 어려운 일이 아니다. 이는 그가 하느님으로부터 받은 비밀스러운 지식을 그 안에 담고 있기 때문이다. 특히 그는 삼위일체의 의미를 주로 말한다."[10] 이 찬미가는 시작부터 삼위일체에 주안점을 두고 이를 눈부시게 드러낸다. 이를 직접 확인해 보자.

> 아무것도 태어난 적 없는 태고의 시간에
> 위대한 창조주께서
> 시작의 기원도 없이 무한히 계셨나이다.
> 그분에게서 나신 유일한 아들과 성령과 함께
> 지금도 계시고 대대로 영원히 계시며
> 끝없는 신성의 영광 안에서 함께 계시나이다.
> 영화로우신 삼위 안에서 우리 신앙을 지키며
> 셋이 아닌 오직 한 분 하느님만을 고백하나이다.[11]

이 글은 뜨거운 믿음의 진술이자 신앙 고백이며, 정통 교리의 선언이자 가장 영화로운 하느님을 높이는 이야기이다. 내 어린 시절의 신앙을 형성해 온 신조를 외우듯 이런 글을 대하고 싶지 않다. 매주 사람들 앞에서 신앙을 고백하듯 읽고 싶지 않다. 사제관의 긴 좌석에 어머니, 여동생과 어깨를 나란히 하고 서서 굳은 몸과 마음으로 국가를 부르듯 부를 수 없다. 내가 이해한 삼위일체를 일상과 기도 안에 적용하길 바란다. 기도의 말 가운데 머무르고 묵상할 수 있길 바라며, 기도의 말이 나의 머리뿐만 아니라 마음까지 안아 주기를 바란다. 켈트 기도는 이런 내 소망을 돕는다. 《성 이데의 일생 *Life of St Ide*》에는 성 이데가 지나온 삶에 대해 어떻게 그렇게 할 수 있었냐는 질문을 받은 후, 질문자의 말을 그대로 인용하여 대답하는 멋진 장면이 나온다. '당신 질문에 당신 스스로 대답했습니다. 당신은 제게 이렇게 말했습니다. "당신은 거룩한 삼위일체에 대해 끊임없이 매일 기도하고 묵상합니다"라고 말입니다. 누구든지 그렇게 하면 하느님께서 언제나 그와 함께하실 것입니다. 저는 어린 시절부터 그렇게 해 왔기에 그 일이 그대로 제게 벌어진 것일 뿐입니다.'[12]

6세기 수도원 시인 블라마크Blathmac는 성서에 나온 창조와 구속 이야기를 긴 시의 형태로 다시 기록했다. 매우 생생하고 독창적인 이미지가 가득한 이 시는 나로 하여금 새로운 시선으로 사물을 바라볼 수 있게 해 주었다. 이 시에서 그는 마리아에게 삼위의 한 위격이자 세상의 창조자인 그 아들에 대해 이야기한다.

분명 당신의 아들 그리스도는
신이신 세 위격 중 하나이시며
만유가 참으로 그에게서 창조되었습니다.

그는 성부와 함께, 성령과 함께
연합을 이루시고 그들과 동등하십니다.
성부와 성자로부터,
그들과 함께, 성령께서 나오십니다.

그가 세상을 다스리는 통치자로 그리스도를 묘사하는 시 구절은 나에게 무한한 기쁨을 선사한다.

3장 삼위일체

이는 나의 확고한 선언, 당신의 아들은
태양으로 옷을 입고 빛나는 달을 두르신
하늘의 왕이십니다.

그의 뜻을 따라 땅이 움직이고 바다가 넘나들며
그의 마음을 따라 풀과 나무, 바다의 생물이
우리에게 내려왔습니다.

그는 존재하는 가장 너그러우신 분,
그는 소유한 모든 것을 돌보시는 분,
야생 동물과 길들여진 모든 무리를 살피시는 분.

모든 이름 위에 뛰어난 당신의 아들은
새와 날개 달린 모든 것을 다스리시며
나무 위, 대지와 맑은 물에서
기쁨을 주시는 분이십니다.

《카르미나 가델리카》나 《코노트의 종교 노래*Religious Songs of Connacht*》를 보면 삼위일체가 자연스럽게 녹아 있는 일상 노동요 혹은 계절에 따른 노동요를 만나게 된다. 삼위일체의 각 이름을 부르며 얼굴에 세 번, 손바닥 가득 물을 끼얹는 행위와 함께 하루

• 더글러스 하이드가 아일랜드에서 1906년 출간한 시, 이야기, 기도문 등의 모음집

켈트 기도의 길

가 시작되며, 삼위일체는 이 순간부터 결코 멀리 떠나지 않으신다. 밤이 되면 불을 지피는 의식으로 하루를 마친다. 카마이클은 한 여인이 보여 준 다음과 같은 행위에 대해 "예술적이고 상징적이며, 애정을 담아 정성스럽게 행해지는 의식"이라고 말했다. 여인은 중앙에 놓인 화로에 아직 꺼지지 않은 불씨를 고루 펼치고 화로 가운데 볼록한 중앙을 두르는 원을 만든다. 원을 세 부분으로 동일하게 나누고 그 경계에 토탄을 놓아 구획을 구분한다. 각 토탄은 중앙에 쌓아 놓은 잿더미나 볼록한 부분에 닿아 있다. 불씨와 토탄으로 이뤄진 이 원을 공통의 중심을 가진 세 개의 난로라고 불렀다. 생명의 하느님의 이름으로 첫 번째 토탄을 원의 구획에 내려놓는다. 다음으로 평화의 하느님, 마지막 세 번째는 은총의 하느님의 이름으로 토탄을 내려놓는다. 점차 원은 불씨를 완전히 태운 재로 덮이지만 빛이신 세 분의 이름으로 불이 완전히 꺼지지는 않는다. 이어 여인은 눈을 감고 손을 뻗어 부드러운 목소리로 다음의 기도를 읊조린다.

성삼위께서
구하시기를
지키시기를
에워싸시기를,
이 화로를,
이 집을,
이 가정을,

이 저녁과,

이 밤에,

오! 이 저녁과,

이 밤에,

그리고 모든 밤과,

매일 밤에.

아멘.[14]

삼위일체의 속성이 뚜렷하게 반영된 노래는 특히 운율에 맞춰 이뤄지는 온갖 노동에 적합하다. 모직물을 짜는 과정 중 두드리는 단계에 부르는 노래를 예로 들 수 있다. 모직물을 두껍게 하거나 윤기가 돌게 하려고 틀 위에 올려놓고, 틀 양옆에 여성들이 마주 앉아 모직물을 두드리며 부르는 노래이다. 작업이 마무리되어 갈 즈음 축성*하는 관례가 있었는데 (축성을 주도하는 여성은 축성자 또는 집전자라고 불렸다) 여성들은 그 식구 한 사람 한 사람 이름을 부르며 축복했다. 여성들은 직물에 침을 뱉은 후 끝자락을 붙들고 느리게 뒤집으며 성부와 성자와 성령의 이름으로 한목소

• 축성은 '봉헌하여 성스럽게 만든다'는 의미의 콘세크라시오(consecratio)로, 성격상 서품 받은 정규 집전자만 할 수 있다. 축성은 사람과 사물에 할 수 있으며, 그 성질을 변화시켜 하느님께 봉헌하고 전례적 용도로 사용할 수 있게 한다. 흔히 볼 수 있는 축성은 성체성혈성사 포함한 일곱 성사(세례, 성체, 고백, 견진, 혼인, 성품, 병자성사), 성당 축성 등이 있다. 축복은 '좋은 말을 하다'는 의미의 베네딕시오(benedictio)를 가리킨다. 세례받은 모든 이들은 그리스도를 통하여 하느님께서 베푸시는 "온갖 영적인 복"(엡 1,3)을 받기 때문에 일반 신자도 할 수 있다. 사람과 사물 모두에 할 수 있으며, 사람에게 안수를 하든지, 성물 등에 십자성호를 그으며 하느님께서 은총과 복을 내려 주시기를 청한다. 식사 기도, 반려동물 축복식이 대표적이다.

켈트 기도의 길

리로 노래를 불렀다.[15]

　12세기 후반 삼위일체를 다룬 시는 초기 수도원 문헌이나 구전된 가정 노래보다 훨씬 형식적이고 관행적이다.

　　삼위일체여 나를 가르치소서
　　모든 이가 당신을 찬미할 때
　　나로 뒷걸음질 치지 않게 하소서,
　　나를 가르치소서, 삼위일체여.

　　오셔서 내 안에 거하소서,
　　거룩한 이들의 주님.
　　이곳을 당신의 안식처로 삼으소서,
　　나를 들으소서, 삼위일체여.

　　당신 사랑을 내게 드러내시어
　　친히 나의 마음과 손을 가르치소서.
　　당신의 명을 따라 신속히 움직이도록.

　　썩어가는 나무처럼
　　내 마음 이토록 지독하오니,
　　나로 당신의 치유를 보게 하소서,
　　나를 도우소서, 삼위일체여.[16]

이 장에서 살펴본 다른 작품들에 비해 간결함과 참신함은 다소 부족하지만, "이곳을 당신의 안식처로 삼으소서"라는 너무나 사랑스러운 구절이 등장한다. 이 한 구절이 모든 걸 말해 준다. 삼위일체의 세 위격 간의 관계에 대한 섬세한 감각과 이를 나 자신과 연결하는 일, 이것이 바로 삼위일체에 대한 켈트의 이해이다. 이런 삼위일체 안에서 나는 이제 고통 가운데 있지 않고 어떤 위협에도 시달리지 않으며, 나를 지지하고 다시 살리며 강하게 하는 신비를 누린다.

4장

시간

켈트인들의 고유한 시간 개념을 이해하고, 그들이 삶에서 인식한 시간의 흐름, 리듬, 반복되는 형식을 더 깊이 느낄 수 있도록 도와주는 이미지가 있다. 바로 아일랜드의 종탑이다. 이는 켈트의 독특한 유물로, 최근 아일랜드를 방문한 덕분에 지금도 그 모습이 생생하게 떠오른다. 많은 종탑은 글렌달록의 강과 언덕 너머, 폐허가 된 수도원 유적지 위로 우뚝 솟은 종탑처럼 매우 높고 그 위에 정교한 원뿔형 지붕이 덮여 있다. 파괴되어 방치되거나 담쟁이로 뒤덮이고 까마귀 떼의 서식지가 되어버린 종탑도 있지만, 오래 터를 지킨 수도원 성당의 오래된 벽과 무수한 시간에 닳은 높은 십자가를 지키며 서 있는 종탑도 있다. 기단이 무너진 채로 그저 들판 한가운데 터만 남은 곳도 있고, 킬데어, 켈스, 킬케니처럼 여전히 시장이 붐비는 마을에서 가장 높이 솟아 있는 곳도 있다. 나는 탑의 돌을 만지며 놀라우리만큼 우아한 아름다움에 감탄했고, 무엇보다 돌들이 들려주는 함께하는 하느님에 대한 켈트의 감각에 깊이 빠져들었다. 켈트 건축 양식과 기술, 시기에 대한 글은 많지만, 최종적으로 탑이 지어진 목적을 묻는 질문에 학자들이 들려주는 답은 단일하다. "종탑은 하늘을 향해 뻗은 상징적 구조물로 하느님의 더 큰 영광을 드높이기 위해 세워졌다. 이는 새로운 믿음의 성채라는 명백한 표현 양식이다."[1]

이런 종탑은 오로지 켈트 지역들에서만 발견된다. 주로 아일랜드에 분포되어 있으며 스코틀랜드에 두 곳, 만 섬에 한 곳 있다. 모두 길쭉하고 아름다운 형태를 띠며 나름 중요한 역할을 했다. 30미터가 넘는 높이로 주변에서 가장 높았고 수 킬로미터를 아우르는 경관의 기준점이 되었다. 항상 수도원 공동체와 연결되어 있었고, 훗날 바이킹의 습격 때 피난처로 유용하게 사용되기도 했지만 본디 아일랜드어 이름인 **클로이그-해흐***cloig-theach*가 가리키는 대로 종을 위한 집이었다. 그 종은 당연히 오늘날 우리가 흔히 생각하는 본교회*parish church*의 탑에 달린 밧줄로 당기는 종과 다르다. 철이나 청동으로 된 금속 종으로 추로 때려서 소리를 내는 종이 아니었다. 초기 한 시인은 이 종을 "고동치는 종"이라고 부르며, 종이 울려 퍼지면서 내는 금속음에 대한 감상을 이야기하기도 했다.[2] 높은 탑 꼭대기에는 동서남북으로 난 네 개의 열린 창이 있어 소리는 그곳을 통해 수 킬로미터를 지나 변방에 이르도록 널리 퍼졌다. 종소리는 지역 수도 공동체원들이 사람들에게 기도 시간을 일깨우는 소리였다. 농장이나 가정에서 일을 하던 사람들은 그 소리를 듣고 성무일과*聖務日課**, '하느님의 일'을 의미하는 **오푸스 데이***Opus Dei*를 지키기 위해 일상 노동을 잠시 멈추고 기도를 드렸다. 우리도 종탑의 이미지를 상상할 수 있다면 기도의 순간을 알리는 종소리를 여전히 들을 수 있다. 들을 귀 있는 사람은 알아들으리라. (많은 무슬림 국가에서 미나레트를 통해 소리를 울리고 있긴 하지만.) 삶은 기도로 흘러야 하고, 매일은 기도의 시간으로 쪼개져야 한다. 기도와 삶은 분리될 수 없다.

초기 켈트 그리스도교는 무엇보다 수도원의 방식을 따랐다. 사람들은 수도 공동체를 통해 끊임없는 기도라는 수도적 이상에 입각한 그들의 신앙과 실천을 배웠다. 일상을 살아가는 신도의 영성이 곧 수도원 영성이었다. 사람들도 일상 속에서 성무일과를 드리길 원했다. 이는 한 해, 한 계절, 하루를 규칙적이고 질서정연한 리듬을 따라 전례적 삶으로 살아가는 것을 의미했다. 우리는 리듬을 상실한 채 밀려드는 압박에 시달리며 살고 있다. 비즈니스 세계에 속하든 속하지 않든 많은 이들이 해야만 할 일들과 마감 기한에 쫓겨 산다. 수도원적인 생활에는 절기와 연도에 맞춰 지키는 전례의 양식이 있다. 이는 기념, 안식, 축제를 통해 규칙성을 지키는 것과 깨뜨리는 것 둘 다를 중요하게 여긴다. 여기에는 자연스러움, 치유, 신성함이 깃들어 있다. 하루는 일곱 번의 성무일과로 나뉜다. 고요한 밤, 새벽, 노동의 시작, 정오, 일몰, 저녁, 그리고 하루를 마치며 기도로 주요 순간을 지난다. 해마다 계절이 변화하는 양상을 감지하고, 겨울과 봄의 축일을 교회의 절기로 삼아 지킨다. 1년 365일 언제든 대형 마트에서 과일을 살 수 있는 요즘은 때를 따라 열매를 맺는 땅의 규칙을 의

• 하루 정해진 시간에 하느님을 찬미하는 수도원의 공적이고 공통적인 기도

식할 필요가 없다. 전기로 불을 밝혀 밤을 부정하고, 나의 필요나 관심사에 따라 하루를 완전히 연장하기도 한다. 어둠이 찾아오고 빛이 서서히 밝아 오는 일, 태양이 뜨고 지며 달이 차오르고 기우는 일도 더는 중요하지 않다.

수도원의 성무일과를 따르는 전례적 일상은 "짜임새 있고, 반복적이며, 지극히 질서정연한, 수련의" 삶을 살게 한다. 오늘날 시토 수도회에서 널리 사용하는 현대 시편은 "그리스도의 전례력에 속한 전례일이 지닌 엄격하고 정교한 질서"를 통해 기도의 체계가 얼마나 견고하고 섬세한지를 보여 준다.[3] 일상의 전례를 잃어버리면 삶의 리듬과 규칙이 전반적으로 깨지기 때문에 몸과 마음, 영혼이 필요로 하는 바를 제대로 인식하지 못하고 엄청난 빈곤을 겪게 된다. 전례적 일상은 노동을 위한 시간을 확보하고 마음의 생기를 유지해 주며 무엇보다 기도를 위한 충분한 여유를 갖게 한다. 이를 잃으면 나는 아마 점점 고갈되고 무기력해지다가 정신에 혼란이 오고 질병에 시달리게 될 것이다.

켈트인들에게 삶의 리듬감은 보다 넓은 의미를 갖는다. 그들은 빛과 어둠의 관계를 날마다, 해마다 생생하게 인식했다. 켈트의 한 해는 11월 1일 삼하인 축제로 시작한다. 11월이 되면 북반구 사람들은 곧 겨울, 어둠이 온다고 생각하기 시작한다. 겨울은 한 해 중 가장 빛이 흐릿한 시기이다. 시간과 영원을 가르는 경계가 더욱 투명해지고, 어둠이 빛을 따라잡는다. 시골 사람들은 이 기간을 '한 해의 선회, 한 해의 소멸'로 여겼다. 그리스도교가 처음 전해진 5-6세기 시골 사람들의 삶을 상상해 보았다. 그들은 땅을 가까이하며 시간의 흐름을 몸으로 느끼던 사람들이었다. 이들에게 겨울을 기다리는 것은 고통과 소멸, 곧 죽음을 가져오는 계절을 맞는 일이었을 것이다. 스코틀랜드, 콘월, 브리타니에서 11월은 겨울의 첫 번째 달로 어두운 달 혹은 검은 달로 불렸다. 겨울을 나기 위해 양 떼를 여름 목초지에서 농가로 몰고 내려왔다. 11월 초에 피우는 모닥불^{bonfires}은 글자 그대로 뼈를 태우는 불^{bone-fires}이었다. 겨우내 보관하기 어려운 동물의 사체 중 음식으로 먹을 수 없는 부분을 떼어 불을 피웠다. 그러다가 양 떼가 다시 높은 지대의 목초지로 돌아가는 5월 1일 벨테인 축제, 여름 축제에 이르면 한 해는 크게 선회한다. 낮은 길어지고, 밤은 짧아지는 빛의 약속, 여름의 약속이 찾아온 것이다. 메이폴^{Maypole}•에서 추는 춤은 두 가지의 의미를 지닌다. 하나는 매해 반복하는 연례 축제를 의미하며, 두 번째는 한 해의 절반을 가르며 나머지 절반을 맞이하는 기쁨을 드러낸다. 웨일즈에서 찾아볼 수 있는 헨드레^{bendre}••와 하포드^{bafod}•••는 겨울과 여름에 거주하는 농가이다. 이를 통해 사람과 동물이 늘 시간을 따라 움직였음을 알 수 있다. (스코틀랜드 역시 여름에는 목초지에 임시 거주지를 지어 두고 가축을 방목했다. 이를 쉴링^{shieling}이라 부른다.)

초기 켈트 그리스도교는 이런 삶의 관습을 모두 받아들였

• 여름맞이 축제를 기념하기 위해 꽃과 리본으로 장식해서 세운 기둥으로 사람들이 이 주위를 돌며 춤을 춘다.
•• 웨일즈어로 오래된 농가, 농장, 거주지를 일컫는다.
••• 웨일즈어로 산악 지역에서 여름철에 사용하는 임시 거주지를 의미한다. 사람들은 여름철 헨드레에서 하포드로 이동해 높은 지대의 목초지에 가축을 방목하고 여름 농업 활동을 했다.

켈트 기도의 길

고 그대로 하느님에게 돌려드렸다. 그리스도교의 전례력 역시 한 해에 걸쳐 어둠과 두려움에서 떠나 빛과 온기로 나아가는 양식을 지녔으며, 시간은 빛과 어둠, 따뜻함과 차가움, 삶과 죽음 등 대조쌍으로 구성된다. 그리스도인들은 사회의 관습과 종교적 요소를 그리스도교의 방식으로 다시 빚어 가는 작업을 두려워하지 않았다. 그리하여 타인을 이해하고 기꺼이 받아들이는 그리스도인들의 믿음과 삶은 선주민들의 전통적 삶의 방식에 자연스럽게 스며들었다.

초기 켈트 자연시는 계절의 대조를 강렬하게 드러낸다. 그중 한겨울을 보여 주는 시를 살펴보자.

깊은 겨울의 어둠 속
거친 대양이 울부짖고
만방을 따라
모든 들판의 새들 슬피 우는데
검붉은 피의 큰까마귀만 입을 다무네
사나운 겨울의 소란 앞에서.[4]

다음은 9세기 말 혹은 10세기 초 아일랜드에서 기록된 5월제를 노래하는 시이다.

계절을 뛰어넘는 5월제여!
모든 빛깔이 찬연하고

낮이 저물도록
검은 지빠귀 깊이 노래하네.

어서 와요, 눈부신 여름이여!
연갈색 뻐꾸기 외쳐 부르네.
혹독한 날은 지나고
나무의 굵은 가지가 무성하도다.

강을 가르며 흐르는 여름을 보라.
말들은 쏜살같이 물가를 향하고
기다란 헤더* 꽃 흐드러진 들판에
보드랍고 하얀 솜털들 날리네.

놀란 사슴의 다급한 심장
덧없이 흐르는 매끄러운 물결
깊은 잠에 빠진 대양
대지를 덮은 꽃송이…

장엄한 계절이 기뻐 뛰노는구나
고약한 겨울은 사라지고
물오른 나무마다 하얀 꽃 피우는

• 영국 일대의 낮은 산지와 황야에서 많이 피는 야생화. 보라색·분홍색·흰색의 꽃이 핀다.

켈트 기도의 길

여름의 평화를 노래하네.

맹렬한 야성이 경주마에 깃들어
앞다투어 산맥을 내달리고
땅으로 쏟아져 내리는 빛살 아래
금빛에 물드는 붓꽃을 보라.[5]

끝에서 두 번째 행은 햇살 혹은 여름 태양의 빛줄기에 대해 말하고 있다.

계절의 변화는 낮을 일컫는 '태양'과 깊이 연관이 있다. 초기 예배에서 태양은 분명한 의미를 지니고 있었다. 우리에게 거석megaliths문화는 여전히 신비롭지만, 이것이 태양과 연관되어 있음은 잘 알고 있다. 거대한 돌들은 바로 태양의 이동에 맞추어 놓였다. 한 해의 절기는 태양의 움직임을 따라 나뉜다. 낮의 길이를 기준으로 하지와 동지 사이를 4개의 분기일로 나누어 1년을 총 8분기로 나눈다. 이와 같은 태양력에 의한 계절의 구분은 농경의 시기를 결정한다. 이 절기들이 고스란히 그리스도교의 축제가 되었다. 동지는 성 토마스St Thomas 축일, 하지는 세례자 요한John the Baptist의 탄생일, 춘분인 3월 25일은 성모 수태고지 축일*, 가을은 성 미카엘 축일Michaelmas이다.

켈트 전통은 빛, 불, 따뜻함은 하느님이 주신 선물이므로 태

• 천사 가브리엘이 성모 마리아에게 예수의 잉태를 알린 날

양을 기리라고 권장한다. 벨테인은 '태양의 불'의 축제였다. 현대 아일랜드어의 뜻 그대로, 새벽은 '동틀 무렵 하늘과 맞닿은 빛 무리'이다. 수도원 전통에서 매일 하루를 시작하며 부르는 노래 〈베네딕투스^{Benedictus}(즈가리야 송가)〉에는 "이것은 우리 하느님의 지극한 자비라 하늘 높은 곳에서 구원의 태양을 뜨게 하시어"라는 노랫말이 있다. 새벽을 기리고 태양이 뜨고 지는 것을 즐거워하는 사람들이 부르기에 전혀 어색함이 없는 표현이다. 알렉산더 카마이클은 아우터 섬들(현재 스코틀랜드 외곽 서부의 군도 지역)의 노인들이 매일 아침 집을 나와 처음 마주하는 태양에 고개를 숙이는 것을 발견했다. 그의 말에 따르면 그들은 "쉽게 얻을 수 없고, 쉽게 따라잡을 수 없는" 노래를 흥얼거렸다.

> 위대한 하느님의 눈이,
> 영광의 하느님의 눈이,
> 만왕의 왕의 눈이,
> 만유의 주의 눈이,
> 우리 위에 넘치나이다,
> 때마다 계절마다.
> 우리 위에 넘치나이다,
> 다정하고 아낌없이.
> 눈부신 태양이신
> 당신께 영광을 돌리나이다.
> 생명이신 하느님의 얼굴,

태양, 당신께 영광을 돌리나이다.[6]

카마이클은 아리삭^{Arisaig}(스코틀랜드 고원의 서쪽 해안 일대)의 노인에게서 발견한 태양과 관련한 관습과 기도를 기록으로 남겼다. 노인은 태양이 동쪽 산봉우리에 오르면 모자를 벗고 머리를 숙였다. 이어 생명되신 하느님께 영광을 돌리며 세상의 모든 동물과 인간 자녀들에게 빛의 선함과 환희를 주심에 감사드렸다. 노인은 서편 바다로 태양이 질 때 다시 모자를 벗고 땅으로 머리를 숙이며 이렇게 말한다.

참된 시간, 소망 안에 거하리라.
이 밤 당신이 나를 홀로 두실지라도
크고 은혜로운 하느님은
나를 위한 은총의 빛을 끄지 않으시리라.[7]

노인은 카마이클에게 어린 시절 아버지와 마을의 어른들에게서 기도를 배웠다고 말했다. 여기에서 우리는 기도의 양식이 전수되는 데 남성이 담당한 역할을 엿볼 수 있으며, 가족 내 여성과 함께 남성도 아이의 기도를 도왔음을 알 수 있다.

아침에 뜨는 태양에 인사를 드리던 사람들은 초승달 또한 기쁘게 맞이했다. 그들에게 태양은 고국으로 돌아오는 위인과 같았고, 즐거운 환호로 맞는 초승달은 '은총의 큰 등불'이었다. 태양이 경외의 대상이라면, 달은 땅과 바다 어디에서건 밤의 길을 밝혀 주는 든든한 사랑의 친구였다. 항해자들에게 달은 빛과 방향을 알려 주었으며, 이는 그들의 삶과 죽음을 가르는 중요한 문제였다. 달이 뜨지 않은 밤, 구불구불한 바위와 암초, 해협을 지나려면 목숨을 걸어야 했다. 태양과 달은 결코 가벼이 여길 수 없는 각자 지닌 의미와 역할이 있다. "금빛으로 반짝이는 태양이 빛과 열을 주는 너그러운 낮과 하얗게 빛나는 달이 길을 안내하고 이끄는 밤, 모두 감사할 따름입니다."[8]

나는 바라의 한 노인처럼 "생명의 위대하신 하느님께서 나의 유익을 위해 창조하셨다"라고 말하면서 별과 함께 태양과 달을 끊임없이 맞이하는 사람들에게서 많은 것을 배운다.[9] 카마이클은 초승달이 처음 뜰 때 습관적으로 행하는 의례들을 찾아냈다. 주머니 안에서 동전을 세 번 돌리거나 손바닥에 침을 뱉어 그리스도의 십자 성호를 긋는 것이 가장 흔히 볼 수 있는 행동이었다. 초승달이 뜰 때면 사람들은 달을 보기 위해 가장 높은 고개나 가까운 언덕에 올랐다. 누가 제일 먼저 초승달을 볼지를 두고 경쟁하기도 했다. 이 같은 찬미 의식에는 인간뿐 아니라 모든 창조물이 포함되었다. 소를 치는 소년과 소녀들은 소의 귀에 조용히 속삭였다. "소들 가운데서 가장 사랑받는 소야, 저기, 초승달이 떴어."

초승달을 보고 있노라면
달은 나의 신비를 말하게 합니다.
달은 생명으로 존재하시는 이를 찬미하게 합니다.

그의 선함과 인자하심을.[10]

혹은 이런 시도 있다.

내 손을 당신께 올립니다.
내 머리를 당신께 숙입니다.
내 사랑을 당신께 드립니다.
모든 세대의 영광스러운 보화이신
당신께.

내 눈을 당신께 들어 올립니다.
내 머리를 숙입니다.
내 사랑을 당신께 바칩니다.
모든 세대의 초승달이신
당신께.[11]

농사를 짓는 이들은 사계절의 변화를 몸으로 알았다. 바다와 가까이 살며 바닷물이 빠질 때와 들어올 때를 지켜본 사람들, 무엇보다 태양의 일일 주기와 달의 위상변화를 관찰해 온 사람들은 이 모든 것을 기도 안으로 끌어들인다. 이는 본질적으로 통합의 기도 양식이다. 나는 이 지구에서 태양이 뜨고 지는 일과 달이 차고 기우는 일, 빛과 어둠, 낮과 밤에 한 부분으로 속해 있다. 나의 존재 전체가 자연의 리듬 안에 들어가 있다. 나는 이 리듬

안에서 시간의 밀물과 썰물을, 그리고 그것이 곧 삶 자체임을 배울 수 있다.

어둠과 빛, 추위와 온기의 결합은 모든 생을 다해 죽음과 부활을 드러내는 이들에게 자연스럽게 다가왔다. 소멸과 새 생명은 그들의 실존에 있어 자연스럽고 당연한 일이었다. 자연을 전혀 모르는 이들은 땅과 가까이 사는 삶을 낭만으로 여긴다. 창조에는 고통이 따른다. 땅을 일구어 파종하고 잘 익은 열매를 추수하기까지 쉬이 마음을 놓을 수 없다. 불안 속의 기다림, 이 모든 것이 사람들이 응당 겪는 고된 삶의 방식이다. 그러나 일련의 의례는 삶에 안정을 주고 거룩하게 변화시킨다. 해마다 파종과 수확 시기에 부르는 많은 의식과 노래, 기도들이 있었다. 씨 뿌리기 3일 전이면 성부와 성자와 성령의 이름으로 씨앗에 물을 뿌리는 의식을 드렸다. 태양이 움직이는 방향으로 돌며 사람들은 엄숙하고 경건하게 맑고 차가운 물을 뿌렸다. 씨앗을 땅에 심기 전 물을 뿌려 두면 성장이 촉진되기 때문이었다. 사람들은 주로 금요일을 파종 의식을 위한 길일로 삼았다. 이는 그리스도교가 전파되기 이전부터 행해지던 의식이었다. 하지만 그리스도교의 맥락에서 금요일은 그리스도가 죽으시고 묻히신 날이다. 자연과 사람을 구원하실 새로운 세상의 씨앗으로 묻히신 그리스도는 금요일의 왕이시다.

아일랜드 남서부에서 성장기를 보낸 신학자 노엘 더모트 오도나휴Noel Dermott O'Donoghue는 어린 시절 자신이 보았던 노동에 앞서 드리던 의식과 기도들을 떠올렸다. 모든 작업의 단계와 절기마다 그에 맞는 의식과 기도가 있었고, 해마다 같은 일이 반복되었다. 그는 자신이 무의식적으로 경험한 이런 일상이 삶의 질에 있어 얼마나 중요한지를 깨달았다. 파종하는 농부에 대한 그의 기록이다.

씨를 뿌리는 자 또한 사제이다. 씨를 뿌리는 일과 전례는 동일한 의미를 지닌다. … 그는 작은 들판, 언덕, 골짜기 어디든 가리지 않고 알맞은 시간과 공간에 정확히 자리한다. 그는 사계절과 이를 구분한 모든 절기에 대해 정확히 파악하고 있다. 씨를 뿌리는 일은 고유성을 가지며, 인간의 독립성과도 연관되어 있다.[12]

카마이클이 찾은 긴 기도를 살펴보자. 주로 스코틀랜드에서 불렸던 기도이다.

씨를 뿌리러 나가리라.
생명을 자라게 할 그분의 이름으로.
내 앞의 바람 속에서도 자리를 지키며,
한 줌 가득 은총을 높이 뿌리겠나이다.
자라날 토양 하나 없는
척박한 바위에 떨어질지라도.
대지 깊숙이 뿌리를 내리고
이슬이 그 안을 가득 메우리라.

복된 금요일,
자비 없는 추위가 찾아오기 전
잠들어 있는 모든 씨앗을 맞이하러
이슬이 내려오리라.
만물에 깃드신 주인의 부름으로
모든 씨앗은 땅에 뿌리를 내리고
이슬과 더불어 새순이 돋으며
순한 포도주로부터
생기를 들이마시리라.

태양과 함께 바른길로 나아가
내 걸음으로 다시 돌아오리라.
아리엘과 아홉 천사의 이름으로
가브리엘과 사도들의 이름으로.
성부, 성자, 성령이여,
기쁨의 날이 올 때까지
이 땅에 있는 모든 것들에게
자나날 힘과 쓸모 있는 양분을 주소서.

미카엘의 축일, 은혜로운 날이 오면,
곡식의 아래 둘레에 낫을 대리라.
처음 낫질은 재빠르게 위로 친 후,
세 번 둥글게 돌리리라.

머리 속으로 기도하며,

등은 북쪽을 향하고,

얼굴은 공의로운 태양을 향하리라.[13]

수확을 시작하고 난 후에도 날마다 의식은 계속되었다. 온 식구가 가장 좋은 옷을 입고 함께 들판으로 나가 수확을 허락하신 하느님께 환호했다. 집안의 가장이 모자를 벗어 땅에 내린 후 낫을 든다. 태양을 마주 보며 곡식을 한 움큼 잡아 벤 후에 자기 머리 위로 들어 올리고, 태양이 움직이는 방향대로 세 차례 내둘렀다. 그가 드리는 수확의 감사가 끝나면 이제 나머지 식구의 차례였다. 그들은 자신들에게 곡식과 빵, 음식과 가축, 양털과 입을 옷, 건강과 힘, 평화와 풍요를 주신 하느님을 온 힘을 다해 찬미하였다.

하느님, 내가 거둔 것을 축복하소서.

모든 이랑마다 평야와 들판마다,

구부러지고 날을 벼린 단단한 낫마다,

모든 이삭과 묶어 놓은 곡식 단마다 축복하소서.[14]

요일에도 고유한 의미가 있었다. 금요일에 파종은 하더라도 철을 사용하는 일은 어떤 작업이든 멈추었다. 그리스도를 십자가에 매달은 쇠못에 대한 기억 때문이었다. 그로 인해 대장장이도 금요일엔 대장간을 결코 열지 않았다. 한 대장장이는 이를

두고 "나의 주님을 경배하기 위해 할 수 있는 최소한의 일"이라
고 카마이클에게 말했다.[15] 목요일은 성 콜룸바의 날이었다. 작
업장마다 목요일을 행운의 날로 여겨 실을 꿰고, 양을 분류하는
등 많은 생산 작업을 이날 시행했다.

> 다정한 콜룸바의 목요일,
> 털이 풍성한 양을 보내는 날,
> 송아지를 낳으러 암소를 보내는 날,
> 실을 꿰어 직물을 짜는 날.

> 쪽배를 바다에 띄우는 날,
> 깃발을 장대에 매다는 날,
> 참는 날, 죽는 날,
> 높이 올라 사냥하는 날.

> 말에 마구를 채우는 날,
> 가축 떼를 목초지로 모는 날,
> 기도가 절로 나오는 날,
> 내가 사랑하는 날, 목요일,
> 내가 사랑하는 날, 목요일.[16]

물론 일요일은 안식의 날이었다. 카마이클은 사우스 유이
스트의 여인에게 다음 시를 받아 적었다. 그는 이와 비슷한 시들

켈트 기도의 길

은 8세기까지 거슬러 올라야 찾을 수 있다고 말한다. 그의 단호한 주장은 켈트 유산이 그들의 가정 안에서 세대와 세대를 거쳐 전해졌고 이어져 왔음을 보여 준다.

> 광명한 하느님께
> 주님의 날을 높여 부르는 노래,
> 진리는 항상 그리스도의 권능 아래에.

> 주님의 날에
> 황금빛 눈부신 머리의 그리스도를 낳은
> 어머니 마리아가 나셨네.
> 주님의 날에
> 사람을 영화롭게 하시려고
> 그리스도가 나셨네.

> 주님의 날, 그 일곱째 날에
> 하느님은 안식을 명하셨네.
> 생명을 영원토록 보전하기 위하여,
> 마리아의 원願대로
> 황소나 사람,
> 그 어떤 창조물도 쓰이지 않고,
> 비단과 공단 실을 찾지 않고,
> 씨를 뿌리거나

흙을 고르거나

수확하지 않고,

노를 젓거나

겨루거나

낚시하지 않고,

사냥을 위해 언덕을 오르거나

화살을 깎아 다듬지 않고,

주님의 날에.

외양간을 치우거나

곡식을 타작하지 않고,

가마에 불을 지피거나

곡식을 갈지 않고,

주님의 날에.

누구든 주의 날을 지키도록,

주님이 주님 되시며 영원하시도록,

토요일의 태양이 저물고,

월요일의 다시 떠오를 때까지.[17]

빛의 계절이며 성장의 시기에 열리는 벨테인은 농경과 목축이 이루어지는 연례 의식에서 중심 축제로 자리 잡았다. 이때가 되면 양과 소 떼는 여름 임시 거주지인 스코틀랜드의 쉴링, 웨일즈의 하포드로 이동했다. 약 10-13킬로미터에서 멀게는 20-23킬로미터를 이동하는 먼 거리였기에 이동이 아니라 이

주에 가까웠다. 거칠고 험한 길과 늪이 즐비한 땅을 지나야 했고 수로와 강을 헤엄쳐 건너야 할 때도 있었다. 남성들은 삽, 밧줄 및 여름 농장을 수리하는 필요한 장비를 챙기고 여성들은 침구와 조리도구, 유제품을 만드는 장비를 운반했다. 이들은 길을 가는 동안 삼위일체께 봉헌 찬미를 드렸다. 가축과 낙농의 수호자이며 보호자인 미카엘과 브리짓, 콜룸바를 위한 노래와 순백의 어린 양의 어머니로 불리던 마리아를 위한 찬미 또한 빼놓지 않았다.

> 피 묻은 용을 다스린
> 백마 탄 용맹한 미카엘이시여,
> 하느님의 사랑과 마리아의 아들의 고통을 기억하여,
> 당신의 날개를 우리 위에 펼치사 우리를 보호하소서,
> 당신의 날개를 우리 위에 펼치사 우리를 보호하소서.

> 사랑하는 마리아! 순백의 어린양의 어머니여!
> 보호하소서, 우리를 보호하소서,
> 고귀한 동정녀시여,
> 아름다운 브리짓, 양 떼의 목자여.
> 우리의 가축을 보호하소서, 우리 모두를 에워싸소서.
> 우리의 가축을 보호하소서, 우리 모두를 에워싸소서.
> 그리고 콜룸바, 선을 베푸시는, 다정한 이여,
> 성부와 성자와 성령의 이름으로,
> 오직 한 분이신 세 위격을 통해, 삼위일체를 통해,

우리를 품으소서, 우리의 행렬을 보호하소서,
우리를 품으소서, 우리의 행렬을 보호하소서.

성부여! 성자여! 성령이여!
삼위일체로 낮이나 밤이나 우리와 함께하소서.
드넓은 초원이나 산마루에서,
삼위일체로 우리와 함께하시며,
주님의 팔로 우리의 머리를 두르소서,
삼위일체로 우리와 함께하시며,
주님의 팔로 우리의 머리를 두르소서.[18]

이런 시들은 변방 먼 지역에서 시작되었다. 이들에게는 양식과 규율에 대한 감각이 자연스럽게 배어 있었다. 이로 인해 이들의 삶과 노래를 낭만적이고 도피적으로 이용하거나 21세기를 살아가는 우리와 상관없다고 무시할 위험이 매우 크다. 하지만 이 시들이 분명하게 전달하는 숨겨진 의미를 되찾고 싶다. 남자와 여자 그리고 땅의 연결을, 빛이 깃들고 어둠이 물러나는 하루의 규칙, 한 해 동안 일어나는 계절의 변화, 죽음과 탄생과 부활의 관계를 통해 시간의 순환을 느끼고 싶다. 일상과 기도를 아우르는 통합적인 삶의 방식을 회복하고 싶다.

하느님의 현존

지금까지 여러 장에 걸쳐 하느님의 현존을 마음 깊이 느끼는 것에 관해 이야기했다. 이는 지금 여기 나와 함께하시며 손 내밀면 닿을 듯 가까이 계시는 하느님, 일상과 노동 중에 함께하는 하느님에 대한 감각을 말한다. 이는 신앙고백을 외우거나 적당히 추상적인 이론을 배운다고 생기는 감각이 아니다. 시와 기도, 축복이라는 보물은 아침부터 밤까지 일상에 적용되고 실천될 수 있는 언어로 주어진다. 삶에 이런 언어가 자연스레 녹아들면 비로소 하느님에 대한 감각이 내게 주어진다. 19세기 말 더글러스 하이드와 알렉산더 카마이클이 수집한 글에 등장하는 남자와 여자, 그리고 초창기 켈트 교회의 수도자들 사이에는 공통점이 있다. 그들은 제자리에 그들 자신으로 거주했고, 머무는 곳을 곧 자기 자신이 되는 자리로 여겼다. 수도적 소명은 안정에 대한 깊은 이해에서 비롯된다. 많은 켈트 수사와 수녀들은 **페레그리니**, 곧 여러 공동체를 옮겨 다니고 때론 나라와 나라를 건너 이동하는 방랑자였다. 그러나 그들은 자신과 하느님에게서 벗어나지 않았다.

반면 19세기 농부들은 대개 태어나 세상을 떠날 때까지 한 지역에 머물렀고, 태어난 땅에서 노동했으며, 주변의 작은 언덕과 들판까지 훤히 꿰고 있었다. 아마 그들은 수도자들보다 지리적 안정이 어떤 것인지 훨씬 더 깊이 이해했을 것이다. 하지만 나는 두 집단 모두에게 온 마음과 힘을 다하는 것과 벗어나려 하지 않고 그저 머물며 자신의 가장 깊은 곳에 뿌리를 내리는 것의 의미를 배웠다.

이를 중심에 두고 지킨 켈트인들은 아주 가까이에서 그들을 알고 사랑하며 돕는 하느님을 선명하게 경험하였다. (모순되지만 자기 이해와 관련된 기술과 기법이 발전했음에도 켈트인들은 오늘날 우리보다 자기 자신에 대해 더 잘 아는 것 같다!) 교회의 역사 곳곳에서 하느님의 현존과 보호를 찾을 수 있지만 이만큼 강렬하게 드러나는 경우는 아무 데도 없다. 이는 켈트 전통이 우리에게 주는 많은 선물 중 하나이며, 가장 귀중한 선물이다. 하이드는 "게일족은 모든 장소, 모든 시간, 모든 사물에서 하느님의 손길을 본다"라고 말한다.[1] "그들은 삶 전체가 하느님으로 둘러싸였다고 느낀다." 그들은 하느님이 그의 나라에, 우리 삶에 거하신다고 말한다. 임마누엘, 우리와 함께하는 하느님은 곧 실재이다. 성 패트릭의 흉갑 기도가 이를 잘 드러낸다. "내 안에 계신 그리스도"로 시작하는 이 기도는 사실상 내주하는 하느님을 부르며, 실제 하느님이 실재하는 방식을 보여 준다. 나와 나란히, 내 옆과 앞, 뒤와 아래에 계시며 손을 내밀어 만질 수 있는 하느님, 나의 동지, 손님, 길동무, 동료, 벗되신 하느님이다. 이런 기도에서는 '감싸다', '포함하다',

'지키다', '에워싸다' 같은 표현이 가장 많이 사용된다. 이는 그들이 삶에서 이해한 바에서 흘러나온 표현으로, 성육신의 핵심을 가리킨다. '우리와 함께하시는 하느님'은 진리이다! 물론 그들도 하느님을 초월적 존재로 이해했으며, 창조주이자 전지전능한 하느님을 탁월하게 묘사했다. 그러나 그들은 하느님이 지금 여기에, 그가 지으신 세상에 현존하신다는 것 또한 알고 있다.

그들의 기도는 단순하다. 하지만 그렇다고 오독해서는 안 된다. 그들은 충만한 감사와 감격을 마음 다해 기도한다. 그들은 하느님께 이것이 필요하다고 저것을 허락해 달라고 애원하지 않는다. 복을 쏟아부으시는 하느님을 알고 그분이 주시는 것에 감사드린다. 물론 하느님은 행하시고 주시는 분이므로 이렇게 값없이 내어 주시는 분에게 복을 구하는 일은 매우 중요하며, 이는 히브리 전통에서 많이 발견된다. 켈트인들의 기도는 모든 좋은 걸 우리만 누리려는 게 아니라 함께 나누기를 바라는 너그러운 기도이다. 그들은 우리가 기도하며 쉽게 놓치는 두 가지를 일깨워 준다. 바로 감사의 영성과 공유와 나눔의 영성이다.

이런 점은 북미 선주민 이로쿼이Iroquois의 기도와 같은 결을 지닌다. 그들에게도 축복은 이미 존재하는 것에 대한 감사였다.

우리 믿음은 창조주에 대한 감사로 가득하네.
그것이 바로 우리가 기도하는 이유.
우리는 그분께 요구하지 않네.
그저 감사드릴 뿐.

이 세상, 모든 동물과 식물을 감사하네.

존재하는 모든 걸 주신 그분께 감사하네.
저기 저 한 그루의 나무도 당연히 여기지 않네.
나무를 창조하신 이에게 감사하네.
감사가 사라지면 창조주가 나무를 앗아 가시리.

우리 모든 제사는 이것을 위함이니.
백인들조차 제사를 중히 여기네.
온 세상의 조화를 기도하네.
창조주의 원함은 우리의 감사뿐…[2]

"기도는 넓게 던져야 한다"는 아일랜드 전통 속담이 있다. 이는 자신에게로 매몰되지 않고 바깥으로 원을 계속해서 그려 나가는 기도를 말한다. 이런 기도는 언제나 외부를 향한다. 개인이 아닌 가족, 확장된 식구, 공동체 대한 인식에서 시작되었다. 켈트 전통은 처음 시작부터 공동체 안에서 서로 사랑하기를 강조하는 수도원 생활과 무엇보다 친족과 혈연을 중시하는 사람들 안에서 형성되었기에 그리 놀라운 일도 아니다.

더글러스 하이드와 알렉산더 카마이클이 모은 기도문 중에서 신자가 지닌 영성의 본질을 보여 주는 구두 전승을 찾을 수 있다. 기도는 교회 출석과 관련이 없다. 기도와 삶은 별개가 아니다. 아일랜드 전통을 이해하게 된 도미닉 데일리Dominic Daly는 다음과 같이 말한다.

살아 숨 쉬는 신앙으로 매일을 살아가는 이들이 드린 기도였
다. 기도하면서 그들은 삶의 긍정을 찾았다. 쉬지 않고 기도하
는 이들에게 기도는 격식이 아니라 마음의 상태였으며, 삶은
하느님께서 넓게 드리우신 팔 그늘 아래 거하는 것이었다. 그
들은 언제나 하느님의 보호와 돌봄, 도움을 구하였다. … 그들
의 기도는 시편 기도의 깊이와 품을 지니고 있었다. 그들은 죄
에 분노하시는 하느님을 두려워하면서도 그분의 권능을 흠모
하였다. 그들의 경외는 하느님의 사랑과 자비에 대한 믿음 안
에서 균형을 이루었다.[3]

더글러스 하이드가 수집한 기록 중에는 카마이클이 모은
것보다 덜 알려진 기도문이 많다. 그래서 이번 장에는 더글러스
하이드의 선집에 담긴 기도문을 주로 소개하고자 한다.[4] 하이드
는 아일랜드의 곳곳을 여행하며 모든 지역마다 오랜 시간에 걸
쳐 전해 내려온 짧은 탄원문이나 시와 비슷한 형태의 기도들이
엄청나게 많다는 것을 알게 되었다. 그의 말에 따르면 "주술, 축
복, 시, 기도, 저주 등 일일이 분류하기 어려운 기록들이 이 책에
두루 실려 있었다."[5] 모든 기록은 살아 있는 신앙으로 가치를 지
녔으며 삶에 활기를 더하는 역할도 겸하였다. 무엇보다 중요한
사실은 카마이클이 발견한 대로 사람들은 그 기록 안에서 자신
들의 신앙을 설명해 왔다.[6] 노래의 측면에서 기도와 시, 둘은 하

나이다. 켈트인들은 하루를 시작해 마치기까지 항상 노래하는 사람들이었다. 그들은 조용히 말로 기도하지 않고 울부짖거나 흥얼거리거나 긴 호흡의 노래로 기도하였다. 아이들은 태어나면서부터 부모의 기도를 보고 들으며 자랐고, 말로 다 할 수 없는 영향을 받았다. 아이들은 기도를 삶의 일부로 삼았으며 부모가 드리는 기도의 말들을 자연스레 자기 것으로 받아들였다. 카마이클은 사람들이 점점 **자기 할 말이 많아지면서**_talkative_ 이 모든 모습이 사라졌다고 넌지시 말한다. 그는 우리가 놓치고 있는 중요한 의미를 지적한다. 어떤 형태이든 기도는 본질적으로 관상이어야 한다. 켈트인들도 우리처럼 매우 바쁘고 정신없이 살아가는 평범한 사람이었다. 그럼에도 그들 삶의 저변에는 언제나 기도가 흘렀다. 남의 눈을 신경 쓰거나 자신을 뽐내지 않는 태도는 기도에 힘을 불어넣었다. 무게를 잡거나 경건한 척하지 않는 삶에는 춤과 축하할 일이 넘쳐났으며 하느님과의 친밀한 삶은 이웃, 자연과도 가까이 살게 해 주었다. 이 모든 삶의 형태는 켈트 기도 여정이 나에게 주는 가장 귀중한 선물이다.

아침에 눈 뜬 순간부터 기도를 반복하는 성무일과처럼 켈트 기도의 또 다른 힘은 규칙성에 있다. 하루는 반드시 해야 하는 지루한 일투성이다. 빨래, 침구 정리, 불 피우기, 소젖 짜기, 버터 만들기, 길쌈이 끝없이 이어진다. 우리는 기계와 전기 없는 삶을 전혀 상상할 수 없으므로 이런 하루를 낭만스럽게 여길지 모른다. 하지만 얼마나 힘들고 따분하며 버겁고 지루한 삶이었을지 잊지 말아야 한다. 켈트인들은 이런 일상에 충분히 몰두했고 육체와 물질세계를 근본적으로 진지하게 여겼기 때문에 성육신 역시 신중하게 받아들였으리라 생각한다.

그들은 언제나 모든 물건과 도구를 존중과 경외하는 마음으로 만지고 대했다. 하느님의 현존을 느끼며, 하느님과 협력하는 자세로 모든 일을 진지하게 수행했다. 곧 삶은 두 층위로 이루어졌다. 진지하고 신중하게, 주의를 기울여 노동을 이어가는 동시에, 그 과정에서 삼위일체이신 세 위격의 현존을 멈추지 않고 계속해서 찾았다. 이로써 그들은 노동이 반복되는 일상에서 성부, 성자, 성령의 이름을 따르는 삶의 리듬을 지켜 냈다. 작가 엘리너 헐Eleanor Hull은 이런 기도에 대해 "새벽부터 늦은 밤까지 해야 할 일이 너무나 많은 이들의 기도"라고 표현했다. 아일랜드를 잘 아는 또 다른 작가는 이렇게도 말한다. "형식을 갖춘 긴 기도를 드릴 시간이 좀처럼 나지 않았다. 대신 그들은 온종일 순차적으로 이어지는 노동의 순간을 기도의 기회로 삼았다. 그들은 진지한 자세로 일에 임하는 동시에 기도하였다. 노동이 있는 곳이라면 어디든 기도의 자리가 되었다. 그들은 하찮고 대수롭지 않은 것까지도 하느님께 맡기며 삼위일체와 성인들, 천사들과 함께 일하였다."[7] 더글러스 하이드는 아일랜드를 여행하며 사람들이 지닌 하느님에 대한 인식을 확인할 수 있었다. 그들에게 하느님은 "확실하고 참된 분, 쉽게 이해할 수 있는" 분이었다. 그들은 낮이고 밤이고 그들의 앞과 옆, 등 뒤에서 보이지 않지만 존재하는 힘을 느꼈다.[8]

켈트인들은 특히 삼위일체의 세 위격을 강렬하게 인지하

였다. 2장에서 살펴보았듯 이들은 각 위격에 맞게 도움을 구하고 찬미하였다. 아기는 태어난 순간부터 앞으로의 모든 삶이 삼위일체의 '우정과 사랑' 안에 놓였다. 다음은 하루를 시작하면서 기도하기 전 주문처럼 부르는 노래이다.

> 내 무릎을 꿇습니다.
> 나를 창조하신 성부의 시선 안에서
> 나를 대속하신 성자의 시선 안에서
> 나를 정결케 하신 성령의 시선 안에서
> 삼위의 우정과 사랑 안에서.[9]

삼위일체의 현존과 보호를 구하며 부르는 또 다른 노래이다.

> 하느님께서 나와 함께
> 내가 누을 때,
> 내가 일어날 때,
> 모든 빛줄기마다,
> 하느님께서 나와 함께
> 당신 없이는 한 줄기에도
> 기쁨이 없네.
> 당신 없이는 한 줄기에도.

> 그리스도께서 나와 함께

내가 잠잘 때,

내가 깨어날 때,

내가 바라볼 때,

그리스도께서 나와 함께

모든 낮과 밤에,

모든 낮과 밤에.

보호하시는 하느님께서 나와 함께,

인도하시는 주님께서 나와 함께,

강건케하시는 성령께서 나와 함께

이제로부터 영원히

이제로부터 영원히, 아멘

왕중의 왕께, 아멘.[10]

다음 기도는 잠에서 깨어나 하루의 복을 하느님께 구하다
가 마지막 연에서 아름다운 세 어절로 짧게 삼위일체를 언급한
다. "내 마음이 찾는 삼위일체여."

복 주소서, 하느님

내 눈이 보는 것마다

복 주소서, 하느님

내 귀가 듣는 소리마다

복 주소서, 하느님

내 코로 맡는 향기마다

복 주소서, 하느님

내 입술이 닿는 맛마다

내 노래가 부르는 음표마다

내 길을 비추는 빛줄기마다

내가 구하는 것마다

내 의지를 이끄는 갈망마다

내 살아있는 혼이 간구하는 정열이여

내 마음이 찾는 삼위일체여

내 살아 있는 혼이 간구하는 정열이여

내 마음이 찾는 삼위일체여.[11]

어머니들은 자녀의 옷을 갈아입히며 자녀를 축복했다. 그들은 옷을 천천히 입히며 말했다. "우리 몸이 옷 입는 동안 우리 영혼에도 은총의 옷이 입혀지길."

내 몸에 털옷을 걸치는 순간

당신 날개로 내 영혼을 덮으소서.[12]

세수할 때 이들은 경건한 마음으로 손바닥에 물을 담아 얼굴에 끼얹으며 삼위일체의 이름을 기억하였다.

손바닥 가득 하느님의 생명,

손바닥 가득 그리스도의 사랑,

손바닥 가득 성령의 평화,

삼위일체의 은총이 가득하기를.[13]

아침에 잠자리를 정돈할 때마다 나를 향한 하느님의 복을 묵상한다. 다음 기도를 읽은 후 나는 일상에서 내가 잉태된 과정을 감사한 적이 있는지 생각하게 되었다. 아일랜드 이니시먼의 피터 오콜코런Peter O'Corcoran의 글이다.

이불을 폅니다

성부, 성자, 성령의 이름으로,

우리가 잉태된 밤의 이름으로,

우리가 태어난 밤의 이름으로,

우리가 세례 받은 낮의 이름으로,

모든 밤과 낮의 이름으로,

하늘에 있는 모든 천사의 이름으로.[14]

2장에서 토탄으로 불을 지필 때 하는 기도를 살펴보았다. 스코틀랜드와 아일랜드에 이와 같은 기도가 매우 많다. 켈트인들은 매일 하루를 시작하며 새 날을 알리는 기도를 드렸다. 그들은 화로와 인간을 상징적으로 담은 기도를 읊으면서 지난 밤 지핀 불이 꺼지지 않도록 되살렸고, 이런 일이 회복과 재건의 의례임을 분명히 인식했다.

켈트 기도에서 누리는 즐거움 중 하나는 잊어버릴 뻔했던 이들, 매일 홀로 기도를 읊조렸을 평범한 이들의 이름을 알게 된 점이다. 자신의 믿음을 삶의 원동력으로 삼고 자녀들에게 믿음을 전수하였던, 소박하고 바쁘게 살았던 평범한 여성들에게 마음 다해 경의를 표할 수 있게 된 점이다. 켈트인의 삶과 믿음이 오늘의 우리에게까지 이르게 된 것은 그들 덕이다. 소농이었던 캐서린 매클레넌은 어머니에게 기도를 배웠고, 매클레넌의 어머니도 그 어머니에게 들었으며 '그 어머니도 이전부터 내려온 기도를 그의 어머니에게 들었다.' 켈트 여성들은 쉼 없이 일했다. 낮에는 남성들의 농사일을 돕고 밤에는 가족들의 옷을 지었다. 그들의 노동에는 밤낮이 없었다. "내 어머니는 매사에 신중하기를 우리에게 당부하셨어요." 매클레넌은 카마이클에게 말했다. 나는 매클레넌이 하루를 시작하며 언제나 자녀의 마음을 챙기는 모습에 크게 감동했다. 다음에서 우리는 다시 한번 초창기 켈트 그리스도교가 그 시작부터 우주의 일치에 대해 매우 단순하지만 심오하게 인식했음을 알 수 있다.

어머니는 매일 아침 오두막 뒤편 부엌으로 가시며 우리에게 하느님께 노래를 부르게 하셨어요. 마리아의 종달새가 구름 위에서 노래하는 것처럼, 그리스도의 개똥지빠귀가 저기 저 나무 위에서 노래하는 것처럼 말이에요. 기쁨이 넘치는 삶, 밝은 낮과 편안한 밤을 주신 하느님께 영광을 돌려야 한다고 말이죠. 어머니는 땅 위와 아래 모든 생물과 바다 아래, 공중에 나는 모

든 생물이 위대한 하느님을 높인다고 하셨어요. 모든 창조물과
세상이 하느님의 선하심과 복에 겨워 노래하는데 **우리**만 어리
석을 수 없지! 말씀하셨지요.[15]

다음 아침 기도는 짧지만 자기 내면의 조화로부터 시작해
만유의 온전함으로 나아간다.

> 나를 축복하소서, 하느님,
> 내 몸과 영혼에.
> 나를 축복하소서, 하느님,
> 내 믿음과 삶에.

> 나를 축복하소서, 하느님
> 내 마음과 말에,
> 또한 축복하소서, 하느님,
> 내 손이 행하는 일에.

> 아침의 활력과 분주함에,
> 겸손한 마음가짐과 성품에,
> 생각하는 힘과 지혜에,
> 또한 당신의 길로 이끄소서, 선하신 하느님,
> 밤에 잠들 때까지.
> 당신의 길로 이끄소서, 선하신 하느님,

오늘 밤 잠들 때까지.[16]

손에 복 주시길 구하는 것은 온종일 무슨 일이든 하느님의 현존을 의식하며 노동하고자 함을 의미한다. 이를 매우 구체적으로 보여 주는 소젖을 짜며 드리는 기도를 살펴보자. 이들은 소의 젖꼭지와 자기 손가락 하나하나 하느님이 도우시길 구한다.

내 작은 소에게, 하느님의 복이,
내 소망에, 하느님의 복이,
하느님과 나, 우리의 노동에,
내 손이 하는 일에 하느님의 복이.

젖꼭지마다, 하느님의 복이,
손가락마다, 하느님의 복이,
통에 떨어지는 방울 방울마다,
하느님의 복이![17]

태양과 달을 부르는 매우 오래된 기도도 있다. 이 기도를 수집한 더글러스는 여기에서 '사람들'이 누구인지 전혀 알 수 없다고 밝히기도 했다!

마리아의 축복과 하느님의 축복이,
성모님이 가는 길의 달과

태양의 축복이.

동쪽 사람의 축복과 서쪽 사람의 축복이.

또한 나의 축복이 당신과 함께하기를.

또한 당신이 복되기를.[18]

낙농과 부엌일을 하는 여성들은 당연히 성 브리짓을 매우 잘 알고 있었다. 전해져 내려오는 이야기에 따르면 성 브리짓은 버터를 만들 때 그리스도의 사도들을 기리며 열두 번에 걸쳐 교반 작업*을 하였다. 그리고 그리스도를 기리기 위해 열세 번째 버터는 다른 것보다 훨씬 크게 만들어 가난한 이들과 나그네들에게 나눠 주었다. 다음은 그가 작업을 하며 부른 노래이다.

나의 왕, 누가 이 모든 할 수 있으리,

도무지 참을 수 없는 외침, 하느님,

당신 오른손으로 내 부엌을 축복하소서.

내 부엌은

깨끗한 밀가루 같은 하느님의 부엌,

나의 왕이 축복한 부엌,

버터가 나오는 부엌,

마리아의 아들, 나의 벗이 찾아와,

---

* 우유를 휘저어 지방과 수분을 분리하는 일

내 부엌을 축복하네.[19]

제자들은 성 브리짓의 집 바깥에서 버터가 다 만들어지기를 기다렸다가 브리짓이 만든 버터와 빵을 즐겁게 나누어 먹었고, 브리짓은 이런 모습을 보며 버터를 만들었다. 아일랜드 여성들은 버터를 만들 때마다 성 브리짓의 도움을 구했다. 오늘의 우리는 남들보다 뛰어나기 위해, 자기 능력을 뽐내기 위해, 경쟁에서 이기기 위해 힘들여 일을 한다. 하지만 브리짓은 그렇지 않았다. 선물을 나누듯, 가난한 이들뿐 아니라 예수 그리스도와 그의 어머니 마리아, 사도들을 위해 일했다. 그의 작업은 언제나 순조로웠다. 다음의 기도를 보자.

오소서, 다정한 성 콜룸바여,
어서 크림에 윤기를 더하소서.
누구도 돌보지 않는 어미 잃은 송아지,
암소의 흐르는 젖에 깃든 복을 기다리나이다.

오소서, 차분한 손의 성 브리짓이여,
어서 크림을 저어 버터를 만드소서.
저기 안달 난 베드로,
잘 구워진 빵에 버터 바르기만 기다리나이다.

오소서, 온화한 어머니 마리아여,

어서 크림을 버터로 만드소서.

저기 예수와 요한과 바울로,

은총이 가득 담긴 버터를 기다리나이다.[20]

아일랜드 남서부에서 자란 노엘 더모트 오도나휴는 집에서 버터를 만들고 있을 때 집에 들른 누군가 건넨 말과 행동을 기억했다. 손님은 "바일 오 디아^{Bail o Dhia}, 하느님의 축복이 그 노동 위에"라는 인사를 빠뜨리는 법이 없었다. 그러고 난 후 그들은 우유를 젓는 막대기를 잡고 크림을 여러 번 치대었다. 이는 좋은 버터를 만들기 위해 꼭 해야 할 일이었다. 크림을 버터로 만드는 이 지극히 단순하고도 중요한 작업에는 여러 의미가 담겨 있었다. 서로의 일을 나눔으로 공동체가 되는 행위였으며, 무엇보다 여성과 남성이 함께 참여하는 창조의 과정이었다.

식사 전 감사 기도는 오병이어 사건을 근간으로 했으며, 그러므로 식탁 기도의 주제는 언제나 복을 나누는 것과 관련 있었다. "하느님께서 빵 다섯 덩이와 물고기 두 마리를 나누어 오천 명을 먹이셨습니다. 몫을 나누시는 왕의 운이 우리 몫과 나누는 행위에 임하기를."[21] 미스와 마요, 도네갈, 워터포드에 이르기까지 아일랜드에서 이 기도의 다양한 변형이 발견된다. 형태는 조금 달라도 기원은 하나다.[22] 식사 기도는 모든 이를 환영하고 모두와 나눌 준비가 된 환대의 고백이다.

하느님, 우리가 먹을 이 음식을 축복하소서.

당신께 기도하오니,

우리 몸과 영혼에 유익이 되게 하소서.

굶주리고 목마른

길 위의 나그네들을 우리에게 보내사,

그들과 더불어 좋은 것 나누게 하소서.

주님께서 당신의 선물을 우리 모두에게 나누신 것처럼.

훨씬 간결한 기도도 있다.

후하게 베푸시는 위대한 주님,

우리가 얻은 이 고기를

당신께 감사하고자 섰나이다.

그리스도여, 수백의 찬미 드리나이다.

우리가 먹고 마시는 것에 대하여.[23]

여성은 음식을 준비하는 일 다음으로 옷감 짜는 일에 많은 시간을 들였다. 토요일 밤이 되어 옷감 짜는 일을 마치고 나면 여성은 악령과 저주가 가까이하지 못하도록 베틀을 단단히 묶고 그 위에 십자가를 매달았다. 그리고 자투리 천, 발판, 톱니, 날실 같은 기계나 기술과 관련된 용어를 사용해 아주 구체적으로 기도하였다. 켈트 여성들은 이런 기도가 부적절하다거나 하느님을 욕되게 한다고 여기지 않았다. 여기에서 나는 기도하는 법을 배웠다. 좋게 보이게 꾸미거나 공손하려고 노력할 필요가 없었다.

5장 하느님의 현존

나는 이 무명의 여성을 나의 스승으로 삼았다. 그가 베틀과 실 꾸러미에 축복을 구했으니 나 역시 지금 내가 일하고 있는 컴퓨터 위에, 모니터, 키보드, 소프트웨어, 하드웨어, 전류에 이르기까지 모든 데 복이 임하기를 기도드린다.

> 축복하소서, 너그러우신 왕 중의 왕이여,
> 나의 베틀과 주변의 모든 것에,
> 내 모든 움직임을 축복하소서.
> 내가 사는 동안 안전케 하소서.

> 브라우니Brownie*와 요정으로부터,
> 모든 사악한 소원과 슬픔으로부터,
> 나를 도우소서.
> 내가 산 자의 땅에 거하는 동안
> 당신의 도움이 내게 있게 하소서.

> 온유한 마리아의 이름으로,
> 공정하고 강한 콜룸바의 이름으로,
> 월요일, 다시 그 앞에 앉을 때까지,
> 베틀의 네 기둥을 축성하나이다.

---

* 스코틀랜드 민담에 나오는 작은 요정

켈트 기도의 길

성모의 발판, 성모의 바디[*], 성모의 북,[**]

성모의 바디살[***], 성모의 날실, 성모의 톱니,

성모의 옷감대, 성모의 실대,

자투리 천, 여러 가닥을 꼬아 만든 실.

검고 하얗고 연한 빛깔의 온갖 짜임들,

붉은 색의 격자무늬, 회갈색의 조화,

날실 아래를 지나는 북의 모든 움직임,

이 모든 것에 축복이 임하기를.

내 베틀은 해를 입지 않으리,

월요일에 눈을 뜰 때까지.

아름다운 마리아께서 나에게 사랑을 더하시리.

나를 가로막을 것은 하나도 없으리.[24]

완성된 직물은 축융[waulking][****] 처리를 거쳤다. 축융 처리는

-     베틀, 가마니틀, 방직기 따위에 딸린 기구의 하나. 베틀의 경우는 가늘고 얇은 대오리를 참빗 살같이 세워, 두 끝을 앞뒤로 대오리를 대고 단단하게 실로 얽어 만든다. 살의 틈마다 날실을 꿰어서 베의 날을 고르며 북의 통로를 만들어 주고 씨실을 쳐서 베를 짜는 구실을 한다(표준 국어대사전).
- ••   베틀에서, 날실의 틈으로 왔다 갔다 하면서 씨실을 푸는 기구. 베를 짜는 데 중요한 역할을 하며, 배 모양으로 생겼다(표준국어대사전).
- ••• 바디를 이루는 하나하나의 살. 천을 짤 때 이 살과 살 사이 마디에 날실이 꿰어진다(표준국어 대사전).
- •••• 모직물에 약품과 수분, 열을 가하면서 두드리거나 비비는 작업으로, 폭과 길이가 수축하면서 두께가 두꺼워져 모직물의 조직이 조밀하게 되고 촉감이 향상된다.

5장 하느님의 현존

직물을 두껍고 탄탄하게 만드는 작업으로, 버팀 다리 위에 축융틀을 설치하고 그 위에 직물을 걸쳐 놓은 다음, 버팀 다리 양쪽에 여성들이 60센티미터 간격으로 자리를 잡고 축융 작업을 수행했다. 여성들은 잿물에 직물을 적신 후 힘차게 좌우로 흔든 다음 항상 태양이 움직이는 오른쪽으로 천천히 뒤집었다. 축융 처리를 거친 직물은 말아서 틀 중앙에 두고, 다시 천천히 조심스럽게 오른쪽으로 회전시켰다. 이어 직물을 회전시킨 사람 중 세 명이 집전자가 되어 축성 의식을 행하였다. 첫 번째 집전자가 "태양을 따라 돌립니다"라고 말을 한 후 "성부께 맡깁니다"라는 말과 함께 원을 그리며 옷감을 돌린다. 두 번째, 세 번째 집전자도 성자와 성령의 이름으로 똑같이 행하고 나면 마지막으로 다 같이 노래를 부르며 축성을 마쳤다.

삼위께 의지하여
태양과 같은 방향으로.[25]

축성식에서는 옷을 입을 식구들의 이름이 구체적으로 언급되었다.

이는 사제나 성직자를 위한 옷이 아닌,
사랑하는 어린 도날드를 위함이오,
내 사랑하는 벗, 존을 위한 기쁨이며,
어여쁜 낯빛의 뮤리엘을 위함이네.[26]

여성들의 작업은 자연스레 공동 기도로 이어졌다. 각 순서는 섬세하게 진행되었고, 날실과 씨실, 옷을 입게 될 사람까지 각 요소는 전부 하느님께 의탁되었다. 마지막 축성에서 이 전체 과정을 잘 볼 수 있다. 이 모든 과정이 마지막 축성에 잘 드러나 있다.

모든 과정은 하느님의 현존을 생생하고 즉각적으로 느끼며 진행되었다. 여성들은 일을 하는 내내 하느님의 팔 안에서 거하며 하느님을 노동에 함께 참여하는 존재로 받아들였다.

이 시간 일하고 있는 모든 여성을
당신의 팔로 둘러 안으시고,
그들의 필요와 때를 따라
그들을 도우소서.[27]

남성들 역시 그들의 일상 노동에서 사용한 기도를 남겼다. 그들 대다수는 목동이었다. 양 떼를 목초지로 데려가거나 언덕에서 양을 돌볼 때 주로 기도했다. 기도의 관습은 지역마다 차이가 있지만 오래전부터 지금까지 목자들의 왕께서 양 떼와 사람들을 돌보신다는 소박한 믿음을 공유했다. 아침에 양 떼를 초원으로 몰고 간 목동은 부드러운 인사와 함께 두 손을 흔들며 양들을 풀어 주었다. 이때 부르던 노래를 카마이클은 '가장家長의 축도'라고 이름 붙였다.

하느님과 주님의 보호가 너희에게,

그리스도의 보호가 너희에게,

코맥Carmac과 콜룸바의 보호가 너희에게,

카이브레Caibre의 보호가 너희가 들고날 때,

황금같이 빛나는 아리엘의 보호가 너희에게,

황금같이 빛나는 아리엘의 보호가 너희에게.

어머니 되어 주는 브리드의 보호가 너희에게,

해같이 빛나는 마리아의 보호가 너희에게,

평화의 아들, 예수 그리스도의 보호가,

바다와 땅을 다스리는 왕 중 왕의 보호가,

평화를 주시는 성령이 언제나 너희를 편들고,

평화를 주시는 성령이 언제나 너희를 지키네.[28]

모든 기도에는 하느님과 성인들, 천사들이 인간과 동행한
다는 생각, 사람뿐 아니라 자신이 돌보는 동물을 위해 자연스럽
게 그들의 도움과 동행을 구하고 의지해야 한다는 생각이 담겨
있다. 다음 기도에는 자기 소를 위한 "성자 하느님의 우정"이라
는 매우 인상적인 말이 나온다.

길고 고르게 펼쳐진 초원,

풀로 덮인 땅에 놓인 너희의 발,

성자 하느님의 우정이

너희를 집으로부터 데려오네.

물이 가득한 들판으로,

물이 가득한 들판으로.

너희 가는 길의 모든 웅덩이가 메워지고,

너희 가는 길의 모든 둔덕이 평탄해지며,

너희에게 펼쳐지는 모든 경관이 아늑하리.

차가운 산들은 저 멀리에,

차가운 산들은 저 멀리에.

베드로와 바울로의 돌봄이,

야고보와 요한의 돌봄이,

동정녀 마리아의 돌봄과,

어여쁜 브리짓의 돌봄이,

너희를 충족하고 너희를 편안케 하기를.

모두의 보살핌이

너희를 보호하고 너희를 강건케 하기를.[29]

바닷가에 살던 이들도 그들만의 기도와 찬송이 있었다. 카마이클은 이 기도의 시작이 켈트 그리스도교의 초창기까지 거슬러 올라간다고 생각했다. 당시 수도자들은 부서지기 쉬운 쪽배에 몸을 맡기고 바다를 건넜다. 그들은 언제 어떻게 들이닥칠지 모를 바다의 공포에서 자신들을 보호해 달라고 기도드렸다. 카마이클은 스코틀랜드 서부 해안 곳곳 바다를 바라보는 구조로

간소하게 지어진 작은 예배당들을 많이 발견했는데, 사람들은
항해 전후 그곳에서 기도드리곤 했다. 다음은 항해를 앞두고 드
리던 기도이다. 이들은 하느님을 항해에 꼭 필요한 것들에 빗대
어 기도했다.

왕 중의 왕이여, 우리와 함께하소서.
당신께서 우리와 함께하시기를,
당신께서 우리와 나침반이 되시고,
당신 손으로 우리의 키를 붙드시기를.
만물에 깃드신 하느님, 당신의 손으로,
이를 때나 늦을 때나 그리 하소서,
이를 때나 늦을 때나 그리 하소서.

여성들처럼 남성들 역시 사람과 사물을 구체적으로 언급하
는 데 주저하지 않는다.

우리 배와 뱃사람들을 축복하소서
우리 닻과 노를 축복하소서
버팀줄과 닻줄, 나그네와…[30]

모든 여행에는 많은 시간이 든다. 그 여정이 길든 짧든, 바
다와 땅 어느 곳의 여정이든, 우리는 하느님과 동행하게 된다. 소
농 듀걸 맥컬리는 집을 떠날 때마다 다음 짧은 노래를 불렀고 항

상 위로받았다고 카마이클에게 말했다.

> 하느님, 이 낮을 축복하소서,
> 하느님, 이 밤을 축복하소서.
> 축복하소서, 축복하소서.
> 은총의 하느님,
> 내 삶의 모든 날과 시간마다,
> 축복하소서, 축복하소서.
> 내 삶의 모든 날과 시간마다.

> 하느님, 내 가는 길을 축복하소서,
> 하느님, 내 발이 닿는 땅을 축복하소서.
> 축복하소서, 하느님, 당신 사랑을 내게 주소서.
> 신들 중의 신이신 하느님, 내 쉼과 잠을 축복하소서.
> 축복하소서, 하느님, 당신 사랑을 내게 주소서.
> 신들 중의 신이신 하느님, 내 잠을 축복하소서.[31]

맥컬리는 짧은 여정과 간단한 노동 중에 부르는 또 다른 노래도 카마이클에게 들려주었다. 나는 땅 자체와 땅과 사람의 관계를 이야기하는 기도의 첫 두 줄을 매우 좋아한다. 기도는 우리가 세상을 바라보는 방식과 태도, 소망을 이야기하며 끝을 맺는다.

> 나를 축복하소서, 하느님,

내 발이 딛는 땅과,

내가 가는 길과,

내가 바라는 것들을 축복하소서,

영원 중의 영원이신 하느님,

나의 안식을 축복하소서.

나를 축복하소서

내 마음을 둔 곳마다,

내 사랑이 흐르는 곳마다,

내 소망이 향하는 곳마다 축복하소서,

만왕의 왕이시여,

나의 두 눈을 축복하소서![32]

켈트 기도의 힘은 수도자들이 삶 속에서 드리는 기도와 같이 규칙성을 가지고 있다는 데서 나온다. 켈트인들은 일상의 모든 활동에 기도를 드렸다. 수도자들이 기도로 하루를 시작하고 '저녁기도Compline'라 부르는 기도와 함께 하루를 마무리하듯 켈트인들도 눈을 뜨면 기도했고 기도와 함께 눈을 감았다. 전날 밤 불 기운을 잠재우고 가라앉히는 일은 밤에 불을 끄더라도 다음 날 아침이면 다시 살아나는 불을 보리라는 믿음에서 나온 행위였다(관련 의례는 3장 참고). 하이드가 발견한 이 노래는 아일랜드와 스코틀랜드의 각지에서 부르던 노래이다.

오늘 밤 내가 이 불을 남기듯
그리스도께서 나를 구하소서,
이 집의 머리에 마리아를 두시고
한가운데에 브리짓을 두소서,
여덟 천사의 권능으로
삼위일체의 보좌를 두르사
이 집과 그 식구들을 보호하소서
동틀 무렵의 빛이 이를 때까지.[33]

다음은 아일랜드에서 불린 또 다른 형태의 멋진 저녁 불 기도이다.

'마르 스무아이림 안 테니네 세오 Mar smuairim an tenine seo'
내가 재를 들추어 불을 남기듯,
마리아의 아들이 재를 들추시네.
이 집과 불을 축복하시기를!
지붕 아래 거하는 이들을 축복하시기를!
천사로 하여금 문 앞을 지키게 하소서,
동녘의 빛이 둥글게 떠오를 때까지.[34]

그 결과 켈트인들은 밤이 내려앉았을 때도 하느님의 현존을 확신하며 잠들 수 있었다. 종일토록 동행하신 하느님을 어둠의 시간에 머무는 동안 더 가까이 느꼈다. 이들에게는 엄청나게 많은 밤 기도가 있으며, 밤 기도는 모든 켈트 기도들 중에서 가장 기쁨에 겨운 기도이다. 켈트인들은 잠과 죽음을 따로 생각하기 어려웠고, 그렇기에 하느님과 성인들, 천사와 마리아가 그들 곁에 없는 것은 아예 생각할 수 없는 일이었다. 밤 기도들에는 하느님이 언제나 깊은 친근감과 사랑으로 함께하신다는 특유의 다정함이 담겨 있다. 카마이클은 켈트인들은 하루를 마무리할 때 "생명의 위대한 하느님, 모든 생명의 아버지"에게 마지막 기도를 드렸으며, 그들이 하는 기도의 말들은 "매우 따뜻하면서도 유려하고, 단순하면서도 위엄으로 가득했다"라고 말한다.[35]

이 밤 자리에 눕습니다.
곱슬머리 동정녀의 아들, 그리스도와의 사귐 안에서,
자비로운 영광의 하느님과의 사귐 안에서,
강한 능력으로 도우시는 성령님과의 사귐 안에서.

이 밤 하느님과 함께 자리에 눕습니다.
또한 하느님이 나와 함께 누으십니다.
이 밤 죄는 나와 함께 눕지 못할 것입니다.
죄의 그림자도 나와 함께 눕지 못할 것입니다.

이 밤 성령님과 함께 자리에 눕습니다.
또한 성령님이 나와 함께 누우십니다.

이 밤 내 사랑하는 삼위와 함께 눕습니다.

또한 내 사랑하는 삼위께서 나와 함께 누우십니다.[36]

5장 하느님의 현존

6장

홀로 거함

아일랜드 켈트 십자가 최상단에 새겨져 있는 형상을 처음 보았을 때 나는 순식간에 상상에 사로잡혀 그 안으로 빠져들었다. 두 은수자가 새겨져 있는데, 이집트의 성 안토니오와 테베의 성 바울로이다. 이 둘은 이집트의 사막에서 만났다. 매일 성 바울로에게 빵 반 덩이만 가져다주던 까마귀가 어느 날 성 안토니오가 그를 찾아오자 빵 한 덩이를 가져다주었다는 이야기에 따라 두 사람의 머리 위에는 까마귀도 새겨져 있다. 광야에서 빵을 떼어 나누는 두 은수자와 그들의 머리 위를 맴도는 새, 그리고 둥그런 형태로 표현되는 빵은 성찬의 의미를 선명하게 보여 준다. 이 두 은수자는 은둔 전통을 상징하기 때문에 매우 중요하다. 아일랜드 켈트 십자가 상당수가 수도원이 은둔을 강조했던 8세기 컬디 culdees* 운동이 절정에 달했을 때 세워졌다. 하지만 수도원은 그

---

* 고대 아일랜드어로 Ceile De, '하느님을 공경하는 이들'이라는 의미. 8세기 아일랜드 수도자들로, 처음에는 독거 수도로 시작했다가 나중에는 열두 제자와 예수의 수를 따서 13명씩 한 조를 이루어 공동생활을 했다.

켈트 기도의 길

시작부터 은둔을 강조하였다. 내 기도 여정에서 은둔 전통을 중요하게 여기는 이유는 하나이다. 이제 내 삶에서 떼어 낼 수 없는 은둔 전통은 켈트 그리스도교의 필수 요소였기 때문이다.

콘스탄티누스 시대 이후, 교회가 부유해지고 재산과 명성을 쌓기 시작하면서 이에 경각심을 느낀 사람들이 하나둘 교회를 떠났다. 그들은 이집트의 사막으로 들어가 자신들만의 영성을 빚어 가기 시작했다. 이들이 사람들에게서 떨어져 광야에 머문 까닭은 그리스도인으로서 삶의 중심이라 할 수 있는 것들을 찾기 위함이었다. 그것은 기도와 침묵, 몸과 마음의 고독을 위한 충분한 시간, 그리고 생계를 유지할 정도의 육체노동이었다. 이들은 작은 공간에 홀로 머물며 마음의 동굴로 들어가는 것을 가장 중요하게 생각했다. 한 형제가 스케테Skete의 수도원장 모세를 찾아가 좋은 말씀을 요청하였다. 그러자 원로가 그에게 말했다. '가서 골방에 앉아 있으시오. 그러면 골방이 모든 걸 알려줄 것이오.'[1] 이 말에는 우리가 귀담아듣고 스스로에게 던져야 할 질문이 담겨 있다. 나 자신과 함께 사는 법을 배우지 않고 어떻게 타인과 함께 살 수 있을까? 자기 자신을 알고, 정직하게 수용하며, 용서하지 않고 어떻게 우리가 타인을 알고 수용할 수 있을까? 성숙은 가만히 자기 안에 머무르는 것에서부터 시작한다. 스스로를 대면하며 자신의 안팎에서 자신을 위협하는 힘과 분투할 때 비로소 우리는 성숙에 이른다. 하지만 어른이 되기까지 가족, 학교 어디에서도 나 자신과 더불어 살도록 돕는 이와 그 길을 가르쳐 주는 교회를 만나지 못했다. 그래서 몇 년 전부터 실제적인 도움과 경험, 지혜를 주는 책과 피정 모임을 찾기 시작했다.

웨일즈와 아일랜드에는 마음의 사막을 떠오르게 하는 디세르트Disserth(웨일즈) 혹은 디사르트Dysart(아일랜드)라는 이름의 지역이 500곳 정도 있다. 실제로 이곳의 경관을 살펴보면, 이곳에서 은수자들이 어떻게 지냈을지 그려진다. 이집트의 사막과는 모든 부분에서 다른 환경이지만 은수자의 삶의 방식은 어디서든 동일하기 때문이다. 지금 내가 살고 있는 지역에서 멀지 않은 곳에도 있어 종종 그곳을 찾는다. 숲이 우거진 곳의 작은 계곡가에 머물던 6세기 은수자의 삶을 상상하다 보면 생경한 감정이 피어오른다. 간혹 북 웨일즈 린 반도의 바드시 섬처럼 외딴 해안이나 섬에도 은수자가 머물던 장소가 남아 있다. 이 섬은 지금도 너무 외딴곳이어서 초기 은수자의 삶을 경험해 볼 수 있을 정도이다. (전기나 전화를 사용할 수 없으며 날씨가 나쁠 때는 아예 외부와 단절된다.)

초창기 켈트 은수자들은 침묵과 고독이라는 소명을 자신의 운명으로 받아들여 자신만의 특별한 장소를 찾았고, 그들이 거하는 아름다운 자연의 모습을 시에 훌륭하게 담았다. 덕분에 우리는 그들이 남긴 시를 읽으며 그들의 시선으로 자연을 볼 수 있다. 그들이 남긴 자연시들은 여느 자연시들과 달랐다. 끊임없는 영적 훈련은 은수자들의 눈을 맑게 '씻어 주었다.'[2] 놀랍도록 깨끗해진 눈을 갖게 된 은수자들은 사색과 성찰의 시선으로 세상을 더욱 선명하게 바라보았다. 이들의 시는 섬세하며 직관적이고 독특하며 생생하다. 얄팍하고 피상적인 부분을 찾아볼 수 없다. 상투적이지도 감상에 치우치거나 낭만에 그치지도 않는다.

상상을 불러일으키고 서정적 통찰과 느낌이 충분히 표현되어 있는 이들의 시를 읽고 있으면 짜릿한 기쁨에 사로잡힌다.[3] 특히 색채 감성이 돋보이는 이들의 시를 보고 있으면 《켈스의 서》에 나오는 공교하고 다채로운 색과 장식들이 떠오른다. 그리스의 서정시나 앵글로 색슨 초기 문학을 보면 '밝은', '반짝이는', '희미한' 등등 색을 수식하는 형용사들이 주로 사용된다. 반면 켈트 문학은 '흙먼지 빛 뻐꾸기가 소리 내어 우네', '토탄 가루 고인 늪은 큰 까마귀의 털 같구나'처럼 색 자체에 대한 독창적인 표현들을 쉴 새 없이 사용하며, '빨강, 녹슨 빨강, 핏빛 빨강, 하늘색, 회갈색'처럼 색 하나를 다양하게 변형해 보다 섬세하게 표현하기도 한다. 시인은 세상을 새롭게 다시 발견하는 사람이다. 마치 더께가 걷힌 수정 구슬 안이 깨끗하게 보이는 것처럼 시인이 포착한 순간은 투명하게 드러난다.[4]

　어느 문화와 전통이든 수도 생활은 자각과 마음챙김, 하느님에게 온전히 귀 기울이는 삶을 중요하게 여긴다. 수도 생활에 몸 담은 이는 현재에 충실하게 머물고, 주변 세상에 민감하며, 보이는 세계에 반영된 보이지 않는 세계를 깊이 성찰한다. 이는 시인이 세상을 보는 방식과도 일치한다. 그러니 수도 생활자가 탁월한 시를 남겼다는 사실은 너무 자연스럽고 당연하다.

　아일랜드의 자연시는 모든 언어권 가운데 가장 이른 시기 새롭게 창작되었으며, 고대 헬라어와 라틴어 작품과도 매우 다르다. 자연을 있는 그대로, 구체적이고 세밀하게 바라본다. 간결하고 본질적이며 생생한 묘사는 섬세함의 극치를 이룬다. 관념

적 표현을 장황하게 늘어놓거나 지루하게 나열하지 않는다. 오히려 고유한 아름다움, 무게 있으면서도 힘 있는 간결함이 눈에 띈다. 다음은 10세기에 쓰인 긴 시 가운데 일부이다.

> 매끄럽게 뻗은 짙푸른 주목의
> 영광스러운 징조,
> 우뚝 선 떡갈나무의 찬란함은
> 환희로 가득한 복.
>
> 마법에 걸린 사과나무는
> 위대한 은총이 주렁주렁,
> 우거진 개암나무 가지마다
> 푸릇한 아람이 조랑조랑.
>
> 반짝이는 우물과 날 듯이 흐르는 시내는
> 목을 축이기에 더할 나위 없고,
> 쥐똥나무와 귀룽나무의 알알이 맺힌 까만 열매는
> 빠알간 주목 열매와 벗하네.[5]

이성과 감성이 조화를 이루고 놀라우리만큼 경쾌하고 즐거운 시이다. 일본의 하이쿠*나 인상파 화가의 붓질도 선명하게 느껴진다. 정보를 많이 주지도 않는다. 말하지 않음으로 들리고, 가려졌기에 보이는 신비로운 방식으로 켈트인들의 체험을 전달한다. 이는 시 문학이 지닌 보편적 특성이다. 도쿄에서 일본 시인들과 만날 기회가 닿아 켈트 자연시를 함께 읽은 적이 있다. 켈트 시를 접한 일본 시인들은 마치 일본 시를 읽고 있는 것 같다고 입을 모았다.

> 나무가 빼곡한 숲속,
> 내 작은 오두막.
> 물푸레나무와
> 커다란 개암나무가
> 양옆을 지키는
> 오직 내 주님만 아시는 곳.
>
> 정겨운 오솔길에 잇닿은
> 작지만, 작지 않은 나의 오두막.
> 박공지붕 위 개똥지빠귀
> 날개를 펴고 앉아
> 달콤한 노래 부르네.
>
> 아름드리나무에 사과가 풍성하고,
> 안개처럼 펴진 작은 덤불.

• 일본 특유의 단시(短詩). 5-7-5의 17음(音) 형식으로, 소리 내 읽을 때 음율을 확연하게 느낄 수 있다.

151

딱딱한 주먹같은 개암나무 열매,
굵은 가지에는 초록 잎사귀들.

왜가리, 갈매기,
어여쁜 하얀 새들 날아와,
들려주는 바다의 노래.
슬픔이 가시니
빛바랜 헤더 들판 지나
갈색 들꿩이 돌아오네.

가지 많은 나무에 스치는 바람 소리
잿빛 구름, 떨어지며 흐르는 강물,
백조의 노래, 즐거운 선율이 가득!

누구도 방해하지 않는
소나무의 아름다운 노래.
나를 향하고
그리스도 안에 머무는 모든 순간
나는 그대보다 풍족하네.

비록 그대는 온갖 부를 누림으로
즐거울지 모르나,
나는 온유한 그리스도와 더불어

내게 주신 모든 것으로 족하네.

그대를 괴롭히는
다투는 순간도 전투의 소음도 없네,
모든 선한 것들을 내게 주신 왕께 감사드리네
내 작은 오두막에서.⁶

시인들은 자연과 조화를 이룰수록 하느님에게 가까이 다가
간다. 자신을 창조 세계의 일부로 바라보며 모든 것과 연결되어
있다고 여긴다. 이런 진심이 가득 담긴 10세기 성 마나칸^{Manchan}
의 시를 살펴보자.

바라옵기는,
살아 계신 하느님의 아들이시며,
옛적부터 영원한 왕이시여,
외딴곳 은밀한 오두막으로,
나의 거처 삼게 하소서.

성령의 은총으로 죄를 씻을
맑은 웅덩이,
깊지 않은 푸른 샘이 곁에 흐르는 곳.

아름다운 나무들이

사방을 두르고

둥지에 몸을 숨긴 새들이 노래하고

앉아 쉬며 숨는 곳.

따뜻한 남쪽을 향하고

작은 시내가 흘러

심는 것마다 잘되는

넉넉하고 풍요로운

선택의 땅.

이것이야말로 내가 구하는

형편, 얻게 될 삶,

내가 바라는 것들을

숨기지 않겠나이다.

향기롭고 신선한 리크leek*와 암탉

연어, 송어, 꿀벌.

명성 자자한 왕의 음식과 옷이

나를 가득 채우고,

어디서나 잠시 앉아

• 대파와 비슷하게 생긴 부추과 식물로 쉽게 재배할 수 있고, 유럽, 중동, 북미 등지에서 대중적
인 식재료로 사용된다.

켈트 기도의 길

하느님께 기도할 수 있는 곳.[7]

한번쯤 세상에서 벗어나고 싶은 심정을 말하는 것이 아니다. "시인의 심리 상태나 사람의 생애에 대한 은유"로 자연을 이용하는 것도 아니다.[8] 이는 세상에 대한 **생각**을 멈추고 직접 느끼며 깊이 들여다보라고 권유하는 것이다. 나는 이따금 조심조심 느리게 걸으며 순간을 의식하는 훈련을 한다. 돋보기를 들고 아주 작은 나뭇잎이나 이끼 뭉치, 돌멩이를 유심히 관찰하며 상상하지 못했던 숨어 있던 신비한 무늬를 발견하기도 한다. 그러다 어느 순간 내가 관찰하는 사물의 형상 근간에 놓인 통일성이 보이기 시작한다. 곧 관찰과 기도, 찬미는 한 곳으로 향한다.

은수자들은 하느님의 자비와 은총, 선하심에 압도될 때 그 느낌을 시로 써 내려갔다. 창조물에게 복을 부으시는 하느님에게 응답할 길은 오직 찬미뿐이었다. 동시에 그들은 조지 맥클레오드George MacLeod가 "오래전 죽은 죄의 마른 이끼"라고 표현한 대상, 죄를 잊지 않았다. 새들의 노랫소리, 나무를 스치는 바람 소리, 파도의 낙차로 발생하는 소리에 힘입어 날마다 시편으로 찬미하면서도 쉬지 않고 참회하였다.

8세기 은수자의 수도 규칙은 홀로 거하는 삶의 고단함을 아무런 꾸밈 없이 단순하게 보여 준다.

사람의 온기라곤 전혀 없는 내 작은 오두막에서,
나 홀로 죽음을 향한 순례의 길을 걷네.

죄 사함을 좇아 온 외딴곳에 숨겨진 작은 오두막,
하늘 나라 앞에서 티끌 하나 없이 곧은 양심이기를.

선한 행실로 몸을 선하게 갖추고 과감히 바닥까지 낮추네,
나의 격정을 받을 수 있기를 가여운 힘없는 눈물만 흘리네.

흐린 하늘 아래 간곡히 울부짖는 진실하고 성실한 마음,
신실한 고백으로 뜨거운 눈물만 하염없이 떨어지네.

차가운 침대에 죽은 듯 누워 까무룩 잠이 들었다가,
불안한 눈을 뜨면 다시, 또다시 흐르는 새벽의 눈물.

내 입에 맞는 음식은 상냥하게 속박만 할 뿐,
어떤 끼니도 결코 나를 순전하게 바꿀 수 없네.

마른 빵을 나누면서 우리는 머리를 조아리네,
밝게 빛나는 산비탈의 물을 흠뻑 들이키네.

매시간 시편을 노래하며 복음의 길을 따라 걷다가,
긴 이야기, 대화의 끝에선 언제나 무릎을 꿇네.

나의 창조주, 나의 주님, 나의 왕께서 나를 계속 부르시네,
내 영혼은 저 영원한 나라에 계시는 그분을 찾네.

큰 집들 사이 악이 끝을 다한 곳,

많은 무덤 사이 작고 어여쁜 독방에 나 홀로 있네.

내 작은 오두막에 홀로, 너나없이 홀로,

홀로 세상에 왔다가 홀로 이곳을 떠나리라.

세상의 교만 가운데 내가 더한 잘못이 있다면

하느님, 홀로 울부짖는 이 소리를 들어 주소서!⁹

나는 이 시를 매우 좋아한다. 특히 현대생활에서 지배적인 자기홍보, 이야기하기storytelling가 끝나면 그 자리에 복음을 듣고 시편을 노래하는 삶이 대신한다는 깨우침이 마음에 든다.

은수자의 삶은 가혹했으며 전혀 매력적이지 않았다. 어둡고 축축한 독방에서 자연이 키득대며 가하는 위협을 마주해야 했다. 여기에 안락한 낙원은 없다! 자연은 대체로 잔인하다!

회색 나뭇가지가 나를 할퀴어,

내 손을 찢어 놓았네.

들장미는 내버려져

내 발을 옭아매네.¹⁰

우리는 독방으로, 마음의 동굴로 들어가 하느님을 만나고 우리 자신과 만난다. 모든 만남은 빛이며 어둠이다. 어둠의 힘은 폭풍우와 바람, 들장미와 야생 산딸기의 가시덤불같이 섬뜻한 힘, 파괴하고 위협하며 숨 쉬기 어렵게 만드는 힘이다. 글렌달록의 성 케빈St Kevin은 오랫동안 '괴물의 호수'라고 불린 호숫가에 머물다가 한 해 절반은 해가 들지 않는 독방으로, 실제 그림자속으로 들어가곤 했다. 아일랜드 시인 시머스 히니Seamus Heaney는아일랜드 서부 해안에 있는 작은 예배당 중 한 곳을 방문했고 그건물 전체에 스민 홀로 거하는 삶의 이미지를 발견했다. '안으로들어가 어둠이 깔린 돌에 발을 딛는 순간 엄청난 압박이 내리누르는 것을 느꼈다. 차가운 돌바닥에 앉아 명상하고 참회하며 몸을 숙였을 수많은 수도자처럼 나도 몸을 굽혀야 할 것 같았다.'여기에서 히니가 느낀 바는 우리가 익히 경험해 알고 있는 것이기도 하다.

견책, 자기 부인과 자기 거부, 교만한 육신과 거만한 정신을 겸손하게 낮추는 일 모두 그리스도교가 지닌 무게이다. 그러나돌의 차가운 심장에서 나와 햇살에 비친 눈부신 초원에서 바다를 보는 순간 내 심장이 요동치는 것을 느꼈다. 수 세기 전 수도자들이 같은 문턱을 셀 수 없이 넘을 때마다 반복해서 경험했을 행복이 순식간에 내 몸을 휘감았다.[11]

얼어붙은 독방,
무릎 꿇은 여위고 창백한 수도자들,
금욕적인 의례들로 낡고 해진 몸,

켈트 기도의 길

떨어지는 눈물,

하늘의 왕께서 사랑하시는 것들.[12]

눈물로부터 달아날 수 없다! 독방에 들어간 은수자들은 여전히 상처와 좌절, 고통과 어둠을 안고 있다. 떠나온 듯 보였던 세상과 자신의 아픔이 마음 깊이 자리한다. 은수자의 삶은 우리 모두에게 진실을 이야기한다. 수도적 삶은 소우주와 대우주의 관계, 내면과 외면이 서로를 비추는 삶이다. 어려운 일은 직면해야 한다. 한 번에 모든 게 끝나는 싸움도 아니다. 해마다 들장미가 번지듯 열린 공간, 숨돌릴 틈을 아무리 열어 두어도 시간이 흐르면 그것은 원래대로 돌아가고 만다. 들러붙는 잡초와 공격하는 가시덤불은 죄와 연약함, 계속되는 실패를 떠올린다. 양쪽 모두 내가 항상 경계하는 것들이다. 다음 장에서는 켈트 전통이 어둠의 힘을 얼마나 잘 이해했는지 그리고 우리는 어둠의 힘에 어떻게 접근해야 할지 살펴볼 것이다. 이제 자연스럽게 보호를 구하는 기도로 가 보자. 9세기의 것으로 추정되는 성 생탄St Sanctan의 노래이다.

그리스도가 모든 피비린내 나는 죽음과

화마와 성난 바다로부터 우리를 구원하시길….

주님이 매시간 바람과 빠른 물살을 거슬러

내게 오시길.[13]

최근 폭풍우가 몰아치던 날 작은 배를 타고 스켈리그 마이클*에 방문한 적이 있다. 바다는 예측할 수 없는 힘과 공포를 드러내었고, 사람의 기술력은 글자 그대로든 은유로든 연약하기 짝이 없었다. 사방에서 들이닥치는 파도와 거친 바람에 모든 신경을 집중했을 때 나는 은수자들이 목적지에 이르기 위해 내린 결단과 스스로를 봉헌한 마음을 어렴풋이 느낄 수 있었다. 나는 그들이 날마다 개례송*Venite* 시편 95편을 부르며 하루를 시작한 것을 기억해 냈다. '우리의 반석이신' 하느님을 높이는 노래이다. 이렇게 한번 생각해 보자. 시편으로 매일 삶을 일구며 산다면, 시편의 이미지를 재생할 수 있는 실제 장소를 찾았을 것 같지 않은가? 이집트 사막은 이스라엘이 광야에서 보낸 세월을 계속해서 보여 주는 장소일 것이다. 그렇다면 서방세계에서 삶의 일부인 시편을 보다 분명한 현실로 만들어 주는 장소는 어디일까? 바드시 섬이나 스켈리그 마이클에서 시편을 읽는 기도자는 주변 바위를 보며 다양한 층위의 의미를 생각했을 것이다. 또한 바닷새가 머리 위로 지나갈 때 '당신의 날개 그림자 아래' 같은 표현을 떠올렸을 것이며 수평선 너머로 떠오르는 태양을 바라보며 '저 높은 곳에서 새벽이 우리를 차지하네'에 담긴 영광스러운 의미를 되새겼을 수도 있다.

은수자의 일상에서 성무일과 낭독, 성서 읽기, 시편 낭송의

• 아일랜드 케리(Kerry)주 남서해안에서 약 13킬로미터 떨어진 바다에 있는 217미터에 달하는 바위섬. 초기 켈트 그리스도교 유적지

리듬을 제외하면 확실하고 지속적인 것은 하나도 없었다. 은수자의 삶은 변화의 연속이었다. 동이 트고, 황혼이 내려앉고, 해가 넘어가고, 낮이 길어지고, 씨를 뿌리고 거두며, 철새가 왔다가 다시 날아가는 모든 변화를 은수자는 삶으로 받아들였고, 이런 양상을 따라 전례도 달라졌다. 은수자에게 있어 규칙적인 시편 낭독은 북반구의 계절의 흐름과 궤를 같이했을 것이다. 성 콜롬바의 기도에 이런 특징이 매우 잘 드러나 있다. 그는 아이오나 곶에 앉아 바다 건너 자신이 가장 사랑했으나 스스로 영원히 떠나온 아일랜드 땅을 바라보며 하늘과 땅, 밀물과 썰물, 천사와 자신을 포함한 인간, 이 모든 것이 하나의 중심으로 회전하는 축제라고 생각했다.

> 즐겁도다, 섬의 품에 안겨 꿈을 꾸는 일,
> 바위 끝에 앉아 고요한 바다를 자주 볼 수 있다면.

> 반짝이는 대양의 거센 물결을 볼 수 있다면,
> 영원한 곡조로 아버지께 부르는 바다의 노래를 들을 수 있다면.

> 우울함도 없이 깨끗한 곳의 유려한 해안선을 볼 수 있다면,
> 기쁨에 겨워 노래하는 경이로운 새들의 목소리를 들을 수 있다면.

> 바위에 부딪히는 얕은 파도의 소리를 들을 수 있다면,
> 바다의 소음과 무덤가의 곡소리를 들을 수 있다면.

넘실대는 대양 위를 멋지게 날아가는 새들을 볼 수 있다면,
가장 위엄있고 놀라운, 장대한 고래를 볼 수 있다면.

썰물과 밀물이 만드는 흐름을 볼 수 있다면,
내 비밀이 나의 이름이 될 수 있다면,
'그는 아일랜드에서 등을 돌린 자.'

만유를 다스리는 권능의 주님을 찬미할 수 있기를,
정결한 천사들과 대지와 밀물과 썰물이 함께 하늘 나라에서.[14]

모질고 가혹한 삶일지언정 이들은 홀로 거하는 곳이 가장 바라는 삶의 자리임을 확신했다. 모든 은수자의 시 가운데 가장 친숙한 시를 소개하려 한다. 형제가 주고받는 이야기이다. 형제 중 한 명은 전사이자 왕이고, 다른 한 명은 궁정의 화려한 삶과 축제를 뒤로하고 양털 그대로의 소박한 옷을 지어 입고 숲속 오두막에서 금욕적으로 살고 있다. 시는 두 형제의 대화로 진행되며, 왕의 질문으로 첫 연을 연다.

은수자 마르반,
왜 깃털 이불을 덮고 자지 않는가?

이 질문은 혼자 거하는 삶에서 얻는 깊은 만족을 드러내기 위한 문학적 장치에 지나지 않는다. 겉으론 포기한 삶처럼 보일

켈트 기도의 길

지 모르지만, 사실은 족한 삶이었다.

누구도 방해하지 않는
소나무의 아름다운 노래.
나를 향하고
어느 때나 그리스도 안에서
나는 그대보다 부유하네.

비록 그대는 온갖 부를 누림으로
즐거울지 모르나,
나는 온유한 그리스도와 더불어
내게 주신 모든 것으로 족하네.
그대를 괴롭히는
다투는 순간도 전투의 소음도 없네.
모든 선한 것을 내게 주신 왕께 감사드리네,
내 작은 오두막에서.[15]

이집트 사막의 은수자들은 균형 잡힌 지혜를 지니고 있었
다. 이들은 바구니를 짜는 일 같이 가벼운 일이라도 날마다 일정
한 육체노동을 해야 한다고 생각했다. 사막 교부와 교모들은 성
베네딕트처럼 단순한 육체노동은 영성을 돌보는 데 바람직한 정
도를 넘어 절대적으로 필요하다고 여겼다. 켈트 은수자들은 언
제나 땅을 살피고, 물고기를 잡거나 열매를 따는 등의 단순한 육

체노동을 통해 홀로 공상이나 동경, 환상에 빠지는 위험에서 스스로를 지켜 왔다.

"내면의 성벽을 힘써서 튼튼하게 쌓으십시오. 이를 위해 무엇이 필요한지 진지하게 고민하고 연구하십시오. 하느님께 부지런히 기도하고 마음을 다해 하느님을 사랑하십시오. 하느님께서 여러분을 도우사 여러분이 쌓는 성벽을 강하게 하실 것입니다. 그 성벽은 여러분의 힘입니다. 여러분에게 베푸시는 하느님의 도움입니다."[16] 내면의 성벽을 익히 알고 잘 가꾸어야 한다. 규칙적으로 낭독한 시편이 혼자 거하는 삶을 채웠고 은수자를 먹이고 안심시켰다는 맥락에서 시편 48:13*에 달린 주석의 일부를 인용했다는 사실은 무척 중요하다.

홀로 거하는 삶에서 자칫하면 게으름, 어수선함, 무기력, 우울감으로 고독한 상태가 무너지기 쉽다. 이를 막기 위해선 삶의 구조, 틀, 질서가 중요하다. 도망치지 않고, 포기하지 않은 상태에 머물러 하느님과 자기 자신, 장소 안에 온전히 존재해야 한다. 이를 통해 우리는 안정감과 진리와 함께 사는 법을 터득한다. 가혹한 현실을 제대로 직면하지 않고 홀로 거하는 삶, 침묵과 은둔의 아름다움을 이야기하기란 매우 쉽다. (오늘날 고독에 대한 글이 점점 대중화되고 있는 것이 내심 불안하기도 하고 기쁘기도 하다.)

켈트 은수자들 상당수는 새와 동물과 소통했고 그들과 삶

• "그 성벽 익히 보고, 그 성루 유심히 보았다가 후손들에게 일러 주어라"(시 48:13, 공동번역개정).

을 향유했다. 이를 빼놓고는 켈트 은수자들의 삶을 온전히 이해할 수 없다. 헬렌 와델Helen Waddell의 《짐승과 성인들Beasts and Saints》을 읽은 이라면 누구나 느끼듯 은수자가 야생 동물과 우정을 나누는 이야기는 언제 읽어도 흥미롭다.[17] 그 이야기들은 이상적인 수도 생활이란 새로운 창조세계에 거하는 삶임을 우리에게 분명하게 말한다. 1967년 3월, 토머스 머튼은 자신의 독방에서 로즈매리 래드퍼드 류터Rosemary Radford Reuther에게 다음 편지를 적어 보낸다.

> 나는 수도원 철학에 있어 낙원 전통을 따릅니다. 이런 사상은 사막 전통과도 밀접하게 연결되어 있으며 종말론적이기도 합니다. 수도자는 지금 여기에서 새로운 창조물들과 함께 새로운 창조적 삶을 살아야 하기 때문입니다. 이는 하느님이 만드신 모든 창조물의 관계가 온전히 회복된 삶을 향합니다. 사막 교부들의 이야기 중 길들여진 사자 이야기가 종종 등장하는 이유가 여기 있습니다.[18]

머튼은 특유의 느긋한 방식으로 시리아의 은수자 성 게라시모스Gerasimos[성 제롬St Jerome (히에로니무스)과 혼동하는 경우가 있다]를 이야기한다. 성 게라시모스는 발가락에 갈대가 박혀 고통스러워하는 사자를 발견하고 치료해 준 후 수도원으로 데려왔다. 성인과 사자는 깊은 우정을 나누었다. 시간이 흘러 성 게라시모스가 죽자 사자도 그의 무덤가에 엎드려 슬피 울다가 죽었다.[19] 성인들은 어려움에 빠진 동물들을 자주 돌보았고, 여러 동물과 새들이 성인의 애정 어린 돌봄과 보호에 기대어 살았다.

최근 몇 년 성 멜란젤St Melangell의 이야기가 알려지면서 웨일즈 중부 협소한 작은 골짜기에 숨어 있던 그의 은둔처가 복원되었고 날로 많은 순례자가 찾고 있다. 젊은 아일랜드 여성 멜란젤은 6세기경 아일랜드를 떠나 버윈의 외딴 계곡에서 기도와 고독의 삶을 살았다. 어느 날 기도하고 있는 멜란젤의 품으로 토끼가 숨어들었다. 잠시 후 토끼를 사냥하고 있던 왕자가 나타났다. 왕자는 가서 토끼를 잡아 오라고 사냥개들을 다그쳤지만, 개들은 겁에 질려 물러났다. 보다 못한 왕자의 사냥꾼이 뿔 나팔을 들어 올렸고, 그러자 손과 뿔 나팔이 그대로 굳어 버렸다. 이를 본 왕자는 멜란젤과 이야기를 나누었고 멜란젤에게 계곡 근처의 땅을 마련해 주며 언제나 그곳에선 토끼들이 보호받을 수 있게 하겠다고 약속했다.[20]

동물과 은수자는 서로에게 선한 관계였다. 은수자의 도움을 받은 동물들은 은수자가 적당한 장소를 찾고 통나무를 자르거나 독방을 짓는 데 실질적인 도움을 주었고, 덕분에 은수자는 자신의 일상을 지키며 은둔 생활을 이어갈 수 있었다. 성 케빈은 수달이 호수에서 잡아 온 연어를 받았다. 수탉은 아침 식사 시간에 맞추어 모 추아Mo Chua를 깨웠으며, 그가 시편을 읽을 때마다 파리가 줄을 따라 움직여 주었다. 모 추아는 잠시 멈추었다가도 그 자리에 머물러 있는 파리의 도움으로 바로 뒤를 이어 읽곤 했다. (이와 관련된 상세한 내용은 9장 참조.) 성 케빈이 호수에 빠졌을

켈트 기도의 길

때 수달이 그의 시편을 건져 주었다는 엄청난 이야기도 있다. 은수자의 삶에서 차지하는 시편의 가치, 기도와 찬미의 삶에 동물들이 참여했다는 이야기들은 다시 한번 우리의 마음을 사로잡는다. 금욕적인 삶을 추구한 성인들이 야생 동물과 새들과 우정을 나누며 서로 신뢰한 이야기는 시리아, 이집트, 아일랜드, 웨일즈, 노섬브리아 등 여러 지역에 걸쳐 등장한다. 우리는 이런 이야기에 단지 감탄만 할 게 아니라 이야기가 의도하는 지향점을 찾아야 한다. 은수자들은 천사들의 끝없는 찬미를 본받아 이 땅에서 구현하고자 했다. 아담이 잃어버린 하느님과의 친교, 다른 창조물에 대한 공감을 되찾기를 바랐다. 은수자들의 이야기는 산산조각 나 버린 창조세계의 조화와 질서가 재건되어야 한다는 뜻을 우리에게 전하고 있다.[21]

6장에서 살핀 모든 내용을 하나로 묶는 이야기가 있다. 북해의 얼음 바다에서 밤새도록 기도하던 성 커스버트St Cuthbert 이야기이다. 자주 언급되기에 익숙할 수 있지만, 여전히 가장 마음을 끄는 흥미로운 이야기 중 하나이다. 차갑게 얼어붙은 물속에서 기도를 마친 성인이 물 밖으로 나오자, 수달 두 마리가 다가와 성인의 몸을 핥아 주었다. 그들은 몸을 비비고 입김을 불어 성인을 따뜻하게 덥혀 주었다. 베니딕타 워드Benedicta Ward 수녀는 이 이야기를 바르게 이해하기 위해선 베다Bede처럼 성서의 시선으로 바라봐야 한다고 말했다. 베다는 가장 은밀한 시간에 기도하던 성 커스버트를 숨어서 보고 있었다. 베다는 물속에 혼자 있던 사람과 그의 몸 주위를 털북숭이 동물들이 부비는 장면을 본 것이 아니다. 베다는 물과 빛에 의한 하느님의 현현을, 환상의 순간을 보았다.

그는 동물들과 물가에 있던 한 남자를 지켜본 것이 아니다. 기도 중 변모된 그 남자를 통해 그리스도의 얼굴을 보았다. 창조의 질서는 그 안에서 회복되었다. 베다가 보기에 성 커스버트는 … 새로운 아담이었다. 다시 찾아온 평화가 깃든 창조세계에서 모든 동물의 이름을 지어 주는 첫 번째 종이자 첫 번째 벗이었다.[22]

자연과 어우러진 삶의 이야기에서 야생이 차지하는 생경한 위치를 확인할 때마다 아직 제대로 파악하고 이해하지 못한 상호내재성의 신비를 생각하곤 한다. 상호내재적 신비로 인해 창조주와 인간과 비인간을 아우르는 창조된 우주 전체는 하나이며 살아 있는 연합체로 서로 연결된다. 하늘과 땅, 인류와 지각 있는 모든 존재는 창조의 일부로 서로 이어져 있다.

사실 은수자의 고립은 실질적인 의미에서 잘 지켜지지 않았다. 은수자들은 언제나 공동체와 분명하게 연결되어 있었다. 이는 은수자들의 안전장치였다. 머튼의 삶에서 우리가 알 수 있는 것은 겟세마니 수도원의 형제들에게 머튼은 없어서는 안 될 존재였다는 점이다. 많은 은수자가 삶의 일정 기간 혼자 거하거나 대림절기나 사순절기처럼 특정 시기 동굴이나 오두막에서 수도하던 절기 은수자들이었다. 이들은 고독한 삶을 세상과의 관

켈트 기도의 길

계를 다지고 재충전하는 기회로 삼았다. 성 커스버트는 린디스
판Lindisfarne 수도원의 요구를 뒤로하고 그가 오랜 시간 바라고 추
구하였으며 노력해 온 은밀한 고독을 향해 매우 기쁘게 떠났다
고 전해진다. 그는 쉴 새 없이 바쁘게 돌아가는 생활을 마무리하
고 고요 가운데 숨 쉬고 하느님을 묵상하는 삶으로 뚜벅뚜벅 걸
어 들어갔다.[23] 켈트 은수자들의 삶의 방식은 내게 보다 실제적
으로 다가온다. 타인의 요구와 기대에서 물러나 마음의 동굴에
서 하느님과 단둘이 머무는 시간이 내게도 필요하다. 은수자들
의 삶은 일상과 물러남 사이의 욕구에서 균형을 유지하는 것이
마냥 어렵지 않은, 충분히 가능한 일이라는 확신을 심어 준다. 홀
로 거하는 시간이 마음챙김과 깨우침에 얼마나 중요한지 켈트
은수자들은 잘 알고 있었다. 이들은 자기 안의 빛뿐 아니라 어둠
에까지 나아가는 정직함, 일상의 틀과 구조의 중요성, 무엇보다
찬미의 가치를 우리에게 이야기한다. 그리고 시편이 그들의 삶
에 창조적 감각을 불어넣은 것처럼 우리 또한 창조적 삶으로 나
아갈 수 있다고 격려한다.

7장

어둠의 힘

독방에 스스로 갇힌 은수자들은 자신 안팎의 아름다움과 고통에 휘감기어 치열하게 존재했다. 이는 우리가 내면의 기쁨과 자기 긍정, 두려움과 슬픔을 찾아가는 여정의 귀감이 된다. '눈물 없는 영성'은 거들떠볼 가치도 없다. 이런 영성은 타인을 깔보거나 욕되게 한다. 극작가 데니스 포터 Dennis Potter는 암으로 세상을 떠나기 몇 달 전 "하느님께 감사하게도 신앙은 나에게 언제나 상처를 입혔다. 상처를 붕대로 감아 준 적이 없었다"고 말했다. 그의 말은 내 안에 깊은 여운을 남겼다.[1] 내 삶은 풍요로웠지만 오랜 시간 고립감과 우울에 시달렸다. 긴 터널을 지나도 빛이 없을 것 같은 절망 속에서 전부 잘될 거라는 친구들의 선한 마음과 격려조차 내게 조롱으로 들렸다. 오늘날 우리는 미디어를 통해 날마다 불의와 절망을 접하며 어둠의 힘이 잠식한 세계에 살고 있다. 우리는 이런 현실을 직시해야 한다. 이뿐 아니라 우리 내면을 갉아먹으며 군림하는 어둠의 힘과도 똑바로 마주해야 한다. 그 누구도 어둠을 피할 수 없다.

켈트 기도의 길

스코틀랜드와 웨일즈 출신인 두 명의 현대 켈트 작가의 글을 읽으며 깨달은 바가 있다. 모든 게 안성맞춤인 에덴동산에 머물겠다는 희망은 진정한 삶의 방식이 아니다. 조지 맥레오드의 (물론 기도임에 분명한) 시에는 "정원에는 언제나 가시가 있네"라는 구절이 나온다. 그는 죄의 힘과 우리가 그 힘에 얼마나 시달리며 사는지를 알았다. 그는 창조주를 찬미하는 것과 그가 지으신 아름다운 정원에서 사는 것이 얼마나 행복한지를 말하면서도 "창조만으로는 충분하지 않지"라고 밝힌다.

정원에는 언제나 가시가 있네.
창조만으로는 충분하지 않지.

전능하신 하느님, 나의 구세주
뼈와 골수, 피와 살 모두 당신의 것,
열락의 무아경에 이르러도
아름다움에는 언제나
싸늘한 죄의 기운이 도사리고 있으니…[2]

패트릭 토머스Patrick Thomas가 저술한 켈트 영성에 관한 소책자《열린 문*The Opened Door*》의 제목은 의미 있는 이미지를 보여 준다. 그는 책에서 (마비노기온Mabinogion•에서 가져온) 전설 하나를 들려

• 그리스도교가 들어오기 전부터 있던 웨일즈의 신화, 설화, 전설 등 산문 모음집

준다. 아일랜드 탐험에 나선 웨일즈인 중 생존한 일곱 명은 펨브로크셔 해안에서 조금 떨어진 그웨일즈 섬, 그라스홀름 섬에 표류했다. 그들은 근처 바다를 내려다보는 곳에 지어진 큰 궁전 안으로 들어갔다. 커다란 방에는 세 개의 문이 있었다. 두 개의 문은 열려 있었고, 나머지 문은 굳게 닫혀 있었는데 그 문은 절대 열어서는 안 된다는 조건이 붙어 있었다. 일곱 명은 이곳에서 80년 동안 "자신들이 겪었던 고통과 세상의 슬픔과 그와 관련된 모든 기억을 잊고" 행복하게 살았다. 그런데 그사이 절대 조건을 잊은 한 사람이 그만 문을 열었다. 그 순간 행복하고 즐거웠던 그들의 시간은 산산이 흩어졌다. "문을 연 사람이 돌아봤을 때, 그들은 지금껏 피해를 입은 모든 손실과 그들이 잊고 살았던 모든 친지와 친구, 그리고 그들이 앓던 모든 질병을 불현듯 기억하고 말았다." 패트릭 토머스는 위대한 웨일즈 현대 시인 데이비드 그웨날트 존스David Gwenallt Jones의 해석에 주시한다. 그웨날트는 문을 연 행위를 배반이 아니라 복을 가져온 행위로 본다. 그 열린 문은 도피하려는 쾌락주의를 끝내고, 대신 고통받는 인류의 괴로움을 마주하게 만든다. 절망과 아픔에 허덕이는 이들을 살리려면 '빵과 포도주, 십자가'의 도움이 절실한 현실을 직면해야 한다.

켈트 전통은 우리에게 구체적인 통찰로 도움을 준다. 켈트인들은 개인의 고통과 공동체의 고통, 고통 그 자체에 대해 누구보다 잘 알고 있기 때문이다. 웨일즈 교회의 사제에게 지금 찾아가 아일랜드, 스코틀랜드, 웨일즈 전통의 공통점이 무엇이냐고 갑자기 질문해도 그는 주저 없이 모두가 사라질 위협 속에서 기어이 생존했다고 대답할 것이다. 그들은 추방, 불안정, 경제적 박탈, 정치적 억압 등 거의 모든 형태의 사회, 경제, 정치, 문화적 고통을 겪었다. 아일랜드, 웨일즈, 스코틀랜드가 더는 재기할 수 없을 것처럼 보이던 시절도 있었다. 1282년 웨일즈에서 르웰린 Llewellyn이 전사한 사건이 그러하다. R. S. 토머스R. S. Thomas는 웨일즈와 영국 사이 벌어졌던 그 전투에 대해 간결하게 말했다. "우리는 후퇴하면서도 결코 싸움을 멈추지 않았다." 웨일즈 민속 음악 가수 다피드 아이완Dafydd Iwan은 웨일즈 역사 1,600년을 기념하며 "모든 일에도 불구하고 우리는 여전히 여기에 있네"라고 노래한다.[3]

웨일즈 현대 시인 질리안 클라크Gillian Clarke는 웨일즈 북서쪽에 있는 린 반도 끝에 앉아 바다 건너 아일랜드를 바라보며 다음과 같은 시를 썼다.

서쪽을 바라본다.
우리는 긴 시간에 걸쳐 이야기했다.
우리의 역사.
아일랜드, 상처 입은 도시들,
외로운 농장에 울리던 총성을…[4]

1848년엔 감자 기근*이 찾아와 아일랜드는 거의 사멸 직전까지 이르렀다. 이에 더해 아일랜드인들의 극심한 고통은 또 다

른 국면에 접어들었다. 윌리엄 드레넌^{William Drennan}은 다음 시에
서 아일랜드인들의 비통이 극에 달한 장면을 보여 준다.

찢기고 빼앗긴
이 기구한 나라를 어이할꼬,
600년의 전쟁은
피와 눈물로 시대를 적시는구나!

기구한 나라여! 불운한 대지여!
뭉쳐질 틈도 없이 외적의 발에
허물어지는 모래더미!
하나의 땅에서 서로를 미워하니
처참하기 짝이 없다.

여기 잠든 우리 형제를 보라.
함께 보되 울지는 말자.
밤의 죽음이 다하고 나면,
아침의 빛을 맞이하리니.[5]

• 대기근(the great hunger)이라고도 한다. 아일랜드에서는 영국의 지주들이 여러 농산물을 수출
했기 때문에 감자는 아일랜드인에게 유일한 식량이었다. 1840년대 북미에서 시작된 감자잎마
름병으로 아일랜드의 감자수확이 감소해 대기근을 맞았고, 아일랜드인들은 기아로 사망하거
나 이민을 떠났다. 한때 800만이 넘었던 아일랜드의 인구는 200만 명 수준으로 감소했다.

켈트 기도의 길

남아프리카공화국 그리스도인 연합의 초청을 받은 적이 있다. 당시 남아프리카공화국은 여전히 인종차별정책이 시행되고 있었다. 교회의 미래를 고민하는 남아공 모든 교파의 그리스도인들 앞에 섰을 때 나는 켈트 전통이야말로 그들에게 전해야 할 이야기라는 확신이 들었다. 짧은 강연으로 그들에게 확신을 주기 쉽지 않겠지만 켈트 전통에 깃들어 있는 희망의 약속, 절망 중의 희망을 전달하고 싶었다. 오랜 위협 아래 살아온 켈트인들은 자신들의 경험을 바탕으로 "아침의 빛을 기대하라"고 끊임없이 일깨운다. 어둠 속의 빛, 절망 중의 희망, 죽음 가운데 생명은 켈트 영성의 정수이다. 아래 구절은 여러 세대를 거쳐 온, 그 시작을 가늠하기 어려울 정도로 오래된 글이다. 켈트 전통에서 다소 생경한 방식의 글이지만, 모든 세대의 의식을 아우르는 공통된 유산이 선명하게 드러난다.

어둠을 저주하기보다
촛불을 밝히는 것이 이롭다네.[6]

초창기 켈트인들에게 창조와 고통의 연결은 그들 삶에 있어 지극히 당연한 흐름이었다. 씨앗이 썩어 없어져야 새로운 생명이 돋는 계절의 주기를 따라 농부는 쟁기로 땅을 갈아엎고 써레로 흙을 고른다. 파종이라는 단어 자체에도 고통이 담겨 있다. 모든 어머니가 증언하듯 인간의 생애 주기가 시작되는 해산에는 고통이 따른다. 켈트의 뿌리를 회복하려는 많은 이들은 자연을 이상화하려는 경향이 있다. 창조 중심의 영성을 추구한다는 명목하에 과거의 낭만적인 서사시를 제시하는 데 그치고 만다. 하지만 현실은 전혀 그렇지 않았으며 이를 분명하게 의식하는 것이 중요하다. 자연은 잔혹하고 불확실하며 위협적이다. 아름다운 여름날 아침, 기도를 드리기 위해 일찍 눈을 뜬 은수자가 독방 입구에 처진 거미줄을 얼마나 자주 발견할지 상상해 보라. 그 거미줄에는 거미의 포식 본능에 희생당한 파리가 매달려 있을 것이다. 성 케빈은 그의 벗 수달이 아무런 거리낌 없이 날마다 호수에서 연어를 잡아다 준다는 사실을 전혀 눈치 채지 못했을까? 자연은 서로를 먹이 삼는 생물들 사이의 거대한 사슬로 구성되어 있다. 수도원 시인은 단숨에 자연의 요소들이 보여 주는 창조주 하느님의 질서와 조화를 찬미하지만 한편 위협하고 파괴하는 세상에 존재한다는 사실을 곡해하지 않는다.

우리는 타락한 세상에 살고 있다. 대부분 아일랜드 켈트 십자가에는 아담과 하와가 에덴동산에서 열매를 나누는 모습이 새겨져 있다. 아담과 하와 이야기가 새겨진 십자가에 성 안토니오와 성 바울로가 이집트 사막에서 빵을 나누는 장면이 같이 새겨져 있는 것을 상상해 보자. 열매를 나누는 두 사람과 함께, 둥근 빵을 나누는 두 사람의 모습은 타락과 평행하는 구원의 이미지를 놀랍도록 선명하게 상징한다. 실제 십자가 상단에 띠 형태로 새겨진 전체 이야기는 하느님이 그의 백성을 구출하고 먹여 살리는 이야기이다. 십자가 중앙에는 **크리스투스 빅토르***Christus Victor*, 악의 힘과 싸워 승리한 그리스도의 형상이 있다. (고대 세계에서는 종종 악이 외부 힘으로 묘사되었다.) 악과 싸워 모든 힘을 물리친 그리스도는 상처가 가득한 승리의 손을 내밀어 세상을 축복한다. 그는 창조주이며 동시에 구세주이다. 이로써 궁극의 승리가 완성된다. 초기 켈트 문학들은 대부분 십자가의 승리를 영웅 설화와 같이 검으로 공동체를 지켜 내는 영웅적인 전사의 언어를 사용하고 있다. 그리스도를 정복 영웅으로 묘사한 10세기 시에는 세속적인 영웅 신화에 등장하는 단어들이 잔뜩 등장한다. "하느님이 우리를 수호하사 … 그가 육신을 입고 우리를 극심한 비탄에서 구원하시나니 … 피로 얼룩진 십자가를 통해 이 세상에 구원을 성취하시었다."[7]

초기 켈트 그리스도교의 문헌들에 등장하는 십자가는 낙관이 아닌 희망을 이야기한다. 모든 것이 괜찮다는 안일하고 건조한 확신이 아니라 타락한 세상을 구원하시는 하느님의 은총과 권능에 대한 신뢰이다.

그러나 세상의 타락을 부정할 수 없다.

한 여자와 한 나무가
세상에 첫 멸망을 가져왔네.[8]

간혹 십자가에서 아담과 하와가 가지를 길게 뻗은 나무 곁에 있는 장면을 발견한다. 열매들로 인해 무겁게 늘어진 가지가 그들을 감싸고 있는 듯 보인다. 나무 역시 타락의 한 부분으로 여겨 일부러 가지를 늘어뜨린 것일지도 모른다. 10세기 어느 시에

7장 어둠의 힘

서 하와는 온 인류의 대표자가 되어 동산에서 벌어진 일, 어떻게 죄와 파괴, 좌절이 세상에 들어오게 되었는지를 한탄한다.

나는 하와. 위대한 아담의 아내이며 오래전 예수를 분노케 한 사람. 내 자녀들에게서 하늘 나라를 훔치고, 나무에 올랐어야 마땅할 사람.

시는 이렇게 끝난다. "지옥도, 슬픔도, 두려움도 없었을 텐데. 내가 아니었다면."[9] 《란으로 된 시편 *Saltair na Rann*》•에서 아담은 타락의 책임이 자신에게 있음을 솔직하게 실토한다. 그는 하와에게 그들이 받은 복을 상실한 까닭, 사용할 불과 집, 먹고 마실 거리, 입을 옷이 없는 탓은 자기에게 있다고 말한다. 그리고 하와에게 함께 침묵으로 참회하자고 제안한다. 아담 자신은 요르단 강에 47일간 목까지 물이 차도록 서 있을 테니 하와에게는 티그리스강에 33일 서 있으라고 말한다. 이는 켈트 수도원의 수련 방식이 반영된 것으로 보인다.

성무일과에 맞춰 매시간 두 손을 들고,
아홉 층 하늘의 주님을 향해 용서를 구하옵나니.

• 10세기 아일랜드에서 기록된 150편의 켈트 그리스도교의 장편 시. 세상 창조부터 인류 마지막까지의 역사를 서술하고 있다. 란(Raan)은 아일랜드 고유의 시 형식이다.

켈트 기도의 길

간절히 바라옵기는
하느님의 정결한 신비로 말미암아
당신께 지음받은 모든 창조물이,
우리와 더불어 공의로우신 왕께 애원하기를
우리의 지은 죄가 사해지기를.[10]

인간의 배신이라는 주제는 또 다른 초기 시에서 유다의 입을 통해 등장한다.

나에게 화 있을진저, 나의 왕을 내가 버렸나니,
내 손의 악이 저지른 행실을 보라.
이제 나에겐 영원히
평화도 다정한 보살핌도 없으리.[11]

시의 마지막 행은 다음과 같이 말한다. "화 있을진저, 다시 화 있을진저, 슬프도다, 하느님이시여." 하느님의 사랑을 저버리고 신뢰와 사랑을 배반한 자신의 죗값을 이제야 깨달은 사람이 심중에서 비틀어 짜 올린 참회의 눈물, 심장에서 끌어올린 진실한 울부짖음이다.

켈트 세계에는 죄의식, 슬픔에의 침잠, 참회에 대한 깊은 감각이 살아 있다. 내 어린 시절을 괴롭게 한 것은 죄의식이 아니었다. 언제나 판단 받고 있다는 느낌, 무엇을 해도 충분하지 않다는 느낌, 아무리 노력해도 계속 실패할 것 같은 느낌이었다. 하지만 어떻게 해야 할지 몰랐다. 난 가부장적이었던 내 아버지와 이상하게 닮은 하느님, 모든 걸 감시하는 하느님의 마음을 가라앉힐 만한 온갖 의례와 비밀 의식에 나를 밀어 넣었다. 켈트 세계에서는 이런 일이 일어나지 않는다. 슬픔과 설움이 북받쳐 눈물과 탄식이 쏟아지더라도 내 안에 갇히지 않는다. 지난 일을 계속 곱씹고, 자기 파괴적인 죄책에 시달리고, 스스로를 갉아먹지 않는다. 켈트 전통에서 배운 눈물은 종종 내가 흘렸던 눈물과 다르다. 이런 눈물은 분노나 자기 연민, 좌절의 눈물이다. 자신을 모든 관계의 중심에 두고 마땅히 받아야 할 대우를 받지 못했다고 느끼기에 흘리는 눈물, "삶은 불공평해!"라고 투정부리는 미숙한 자의 눈물이다. 과거에 사로잡혀 있는 자신을 발견하고 이제 미래로 향하는 법을 배울 때 흘리는 상실의 눈물, 사별의 눈물도 있다. 다시 말하지만 이런 눈물은 슬픔을 정화하는 동안 자기 마음만 어르고 자신의 안정과 안녕에만 관심을 쏟을 위험을 안고 있다. 그러나 참된 눈물은 진실하며 깊고도 인격적인 슬픔의 눈물이다. 또한 뉘우침의 눈물이며, 변화를 결단하는 데까지 이르는 눈물이다. (이것이 수도원 전통에서 **메타노이아**_metanoia_와 회심이 의미하는 바이다.)

나로 울게 하소서. 주님, 내 죄를 완전히 덮을 수 있게.
눈물을 멈추지 않게 하소서. 하느님 내가 정화될 때까지.

구원의 불로 내 마음을 태우소서. 마리아와 이테를

켈트 기도의 길

정결케 한 눈물을 나로 울게 하소서.

내 죄에 깊이 잠길 때마다 울게 하소서.
뺨에 흐르는 눈물의 호소가 크나이다.
마리아의 아들, 당신의 사랑을 위한 당신의 모든 선물을 적시
도록
잠 깰 때 울게 하시고 잠들 때 울게 하소서.

침상에서 베개가 젖도록 울게 하소서.
그분의 사랑이 내 영혼을 고치시기를.

나로 수치를 겪지 않도록 참회하게 하소서.
주님, 나를 보호하사 나로 울게 하소서.

나를 거절하지 않는 여인들과 놀아났사오니,
나로 울게 하소서. 창조주시여, 내 눈물이 시내처럼 흐르게 하
소서.

나의 내밀한 웅덩이 안에 고인 분노와 질투,
자만, 어리석은 행실이 눈물을 낳게 하소서.

내 거짓과 속임수, 나의 탐욕 이 셋으로 인해 슬피 울며 탄식하
오니

내게서 물리칠 수 있도록, 마리아여, 나로 울게 하소서.[12]

12세기 어느 시는 하느님께 눈물의 은사와 "눈물의 샘", "격렬한 눈물의 홍수"를 구한다.[13] 바로 우리를 자유롭게 하고 깨끗하게 씻기는 눈물이며, 치유와 기쁨으로 이끄는 슬픔이다. 수도 생활에는 이런 슬픔과 눈물에 대한 이해가 깊이 스며들어 있기에 켈트 영성은 반드시 수도의 맥락에서 들여다봐야 한다. 통회痛悔, compunction라는 단어는 많은 힘과 용기를 주는 개념을 품고 있다.[14] 이 단어의 어근 풍티오punctio의 의미인 '만지다, 구멍뚫다, 찌르다'는 우리에게 여러 울림을 준다. 여기에는 모두 뚫리거나 쏘이는 등 날카로운 것에 찔리는 통증이 수반된다. 통회는 하느님 앞에서 내 진짜 상태를 알아차렸을 때 마음이 심하게 움직이는 경험, 꿰뚫리는 경험을 가리킨다. 우리는 깨달음에 비추어 부인하고 안주하려는 나, 무기력하고 표류하던 나를 뉘우치고 돌이킨다. 이제 우리는 하느님의 무조건적인 사랑과 용서 앞에서, 실망의 시선으로 자신의 결점과 실패, 무엇보다 그 사랑을 거절했던 스스로를 바라본다. 그러나 결코 내 안으로만 향하는 자기분석이나 자기성찰에 갇히지 않는다. 대신 참된 자신 앞에서 나는 거짓되었으며 모든 잘못은 내 탓임을 깨우친다. 다른 누구도 (부모, 환경, 제도 교회, 현대 사회 등 모든 유혹을 손가락질하며!) 탓하지 않는다. 쏟아지는 사랑에 타협적으로 반응해 온 자신의 모습을 직시한다. 마음이 요동치기 시작하고 마침내 정신이 깨어난다. 자리를 박차고 나와 행동에 옮긴다. 하느님의 자비를 신뢰하고, 그분의 은총에 의지하며, 무엇보다 그분의 사랑에 응답하기 위해 자신의 바깥으로 마음의 초점을 조정한다. 마음을 가득 채운 단어들은 모두 구체적인 행동을 제시하는 말들, 희망을 품은 말들이다. 사랑의 화살에 마음이 꿰뚫린 우리는 반응하지 않을 수 없다.

기쁨을 만드는 슬픔이란 이렇다. 우리는 죄와 죽음에서 돌아서고, 스스로를 가두었던 감옥에서 해방된다. 우리의 내면이 움직인다. 자신을 죽이고 새로운 삶, 새로운 시야, 더 많은 활력, 새로워진 창조성을 향해 나아간다. 속죄와 참회 문학으로 잘 알려져 있는 켈트 교회이지만 우울한 그리스도교를 말하지 않는다. 참회는 즐거운 삶을 만들어 준다. 진정한 참회는 우리 목을 조르던 죄의 줄을 끊고 우리를 해방시키고 자유함 속에 충만한 삶을 누리게 한다. 죄를 인식하고 냉철하게 수용하는 이면에는 살아 있다는 강렬한 기쁨이 있다. 참회의 기쁨을 아름답게 노래한 13세기 웨일즈의 시가 있다. 이 시는 중세 웨일즈 문학에서 가장 위대한 작품 중 하나로 불린다. 시의 중심은 통회, 뉘우치고자 하는 열망이며 영광의 가능성을 지닌 참회이다. 시의 첫머리이다.

영광을 위한 참회는 아름다운 덕행이요,
하느님 나를 구하실 때 더욱 빛나리.

감사와 기쁨을 노래한 시는 다시 참회로 돌아와 끝을 맺

7장 어둠의 힘

는다.

죄사함을 위한 참회 또한 빛나니,
그중 가장 눈부신 아름다움은
심판의 날 하느님과 함께하는
영예와 언약이라.

시의 첫머리와 끝머리 사이에 시인은 마구 터져 나오는 감
사와 기뻐서 어쩔 줄 모르는 환희로 가득 찬 창조세계를 노래한
다. 하느님의 세계 안에 살고 있다는 순수한 흥분과 그 세계의 선
함에 대한 감동이 시구마다 가득하다. 그중 인상적인 구절을 소
개한다.

긴 여름이 느릿느릿 흐르고
무성한 갈기를 드리운 한 떼의 말
삼위일체의 속삭임이 그윽하니
다가오는 늙음조차 아름다워라.[15]

슬픔을 아름답고 충만하게 표현하는 연도litany* 같은 기도
가 많아서 정말 감사하다. 연도는 슬픔에 겨워 가슴을 두드리듯

• 인도자가 읊는 기원에 회중이 응답하는 형식을 띠는 탄원 기도. 여기서는 인도자와 회중의 주
  고받음보다 주로 탄원에 초점을 두고 있다.

켈트 기도의 길

구절과 단어를 몇 번이고 반복한다. 초기 아일랜드의 연도는 대부분 개인적인 신앙의 산물이다. 공적 예배에서 사용되었거나 사용하기 위해 만들어졌다는 자료가 전혀 존재하지 않는다. 이들은 온갖 동사와 자기만의 호칭을 더해 가며 끊임없이 탄원에 탄원을 반복한다. 자신을 내려놓고 하느님께 간절히 호소한다.

> 인류의 구원자여,
> 온갖 질병의 치료자여,
> 긍휼히 여기시는 자요,
> 모든 고통을 돌보는 자여,
> 참된 지식과 순수의 원천이시여.

온갖 이름과 속성으로 하느님을 부른다.

> 참된 사제여, 오 참된 치료자여, 오 참된 예언자여,
> 참된 친구여,
> 용서하소서.
> 세 궁궐을 지키는 유일한 이여,
> 곧 하늘 나라, 지상, 지옥을.
> 창조된 모든 것의 유일한 생명이여,
> 칠층 하늘의 유일한 빛이여,
> 용서하소서.
> 말씀 묵상의 주체여,

대예언자들이 찾는 대상이여,
참된 지혜의 골수여,
생명의 아버지여,
백성의 목소리여,
용서하소서.[16]

예수에게 청원하는 연도는 놀랍도록 활기차다. 열, 불꽃, 태양, 물과 같은 자연 요소를 즐겨 사용하며 인격적인 따뜻함과 온유함까지 담고 있다.

거룩한 예수여.
다정한 친구여,
아침에 빛나는 별이여,
한낮을 꾸미는 태양이여,
의로운 자의 눈부신 불꽃이여,
정의와 영구한 생명,
영원의 찬란한 불꽃이여,
언제나 새롭고, 늘 살아 있으며,
영원한 샘이여
…
진실하고 사랑스러운 형제여,
온화하고 친절한 이여.[17]

6세기 (그 이후일 가능성이 높은) 성 키아란^{St Ciaran}의 기도로 추정되는 기도이다. 용서를 구하는 이 기도는 마음을 다해 수도하는 (넓은 의미에서 일반 신도까지 포함하기 위해 이 단어를 사용하여) 개인의 기도였던 것으로 보인다. 어쩌면 팔을 양옆 수평으로 뻗어 십자가 같은 자세로 서서 기도했을지도 모르겠다.

　　'당신의 넘치는 자비를 따라
　　나의 죄악을 깨끗하게 하소서.'

　　별과 같은 태양이여,
　　인도하는 빛이여,
　　행성들의 본향이여,
　　불로 일렁이는 갈기의 놀라운 이여,
　　풍성하게 너울대는 불타는 바다여,
　　용서하소서.

　　타오르는 빛이여,
　　심판의 맹렬한 불꽃이여,
　　용서하소서.

　　거룩한 이야기꾼이여, 거룩한 학자여,
　　거룩한 은총이, 거룩한 힘이 충만한 이여,
　　흘러넘치고, 사랑하고, 침묵하는 이여,

선물을 후히 우레같이 주시는 이여,

용서하소서.

수많은 군단을 거느린 바위같은 전사여,

전투에 능히 승리함으로 마땅한 왕관을 쓴 이여,

용서하소서.[18]

반복에는 힘이 있다. 우리는 반복하는 기도 속에서 단어가 지닌 비밀스런 깊이를 경험한다. 이는 마치 우리에게 밀려오는 파도와 같다. 물결에 다시 물결이 일 듯 계속해서 기도의 힘이 이어진다. 이 얼마나 광대한 작품인가! 그야말로 우주적 시야가 아닐 수 없다. 익히 아는 세계로는 충분하지 않다는 듯 창조세계 전체의 모든 요소가 기도 안으로 끌려 들어간다. 폭포수같이 뒤를 잇는 형용사들과 봇물 터지듯 쏟아져 내리는 단어들이 수많은 이미지를 만들어 낸다. 그리고 우리는 여전히 모든 것 너머에 하느님이 계심을 깨닫는다. "거룩한 이야기꾼"이나 "우레같이 주시는 이" 같은 표현은 깜짝 놀랄 만큼 독창적이다. 이런 하느님을 생각만 해도 가슴이 뛴다. 물론 시의 마지막 구절에서 만나는 "승리함으로", "전사"이신 하느님도 계시다. 그렇지만 반복 기도는 지극히 사적인 내면을 담고 있으며 언제나 시편의 한 구절에서 시작한다는 중요한 사실을 놓치지 말아야 한다. 이는 **렉시오** *lectio*로, 성경의 한 구절을 반복하여 읽고, 몸을 앞뒤로 흔들며, 말을 넘어 침묵과 관상에 이를 때까지 내면 깊숙이 들어가는 수도원의 기도 방식이다.

　내가 발견한 모든 아일랜드의 연도 중 가장 인상적인 기도는 964-980년 아이오나와 더로우 연합 수도원의 수도원장이었던 무그론Mugron의 기도이다. 이는 삼위일체께 청원하는 기도로, 나는 언제나 이 기도를 통해 삼위일체에 대한 강한 통찰을 얻는다.

> 우리에게 자비를 베푸소서, 하느님, 전능하신 아버지 하느님,
> 만군의 하느님
> 높으신 하느님,
> 세상의 주인,
> 형언할 수 없는 하느님,
> 원소의 창조주,
> 보이지 않는 하느님,
> 형태가 없으신 하느님,
> 모든 심판을 초월하신 하느님,
> 정념이 없으신 하느님.
> 썩지 않는 하느님,
> 불멸의 하느님
> 부동의 하느님
> 영원한 하느님
> 완전한 하느님
> 자비로운 하느님

경이로운 하느님

두려운 하느님

땅의 하느님,

불의 하느님,

절묘한 물의 하느님,

폭풍우와 돌진하는 공기의 하느님,

지구를 도는 수많은 언어의 하느님,

대양의 무한히 깊은 데서 바다를 만드시는 하느님

천체의 하느님, 모든 빛나는 별의 하느님,

자연의 규칙을 세우시고, 낮과 밤의 시작을 알리시는 하느님,

지옥과 그 무리를 다스리시는 하느님,

대천사들과 함께 통치하시는 하느님

황금빛 선하신 이여,

하늘에 계시는 하늘 아버지여,

우리에게 자비를 베푸소서.[19]

연도를 소리 내어 읽거나 노래하고 기도할 때 온 우주를 아우르는 광대한 영역이 내 안으로 흘러 들어와 내면의 경관이 무한히 펼쳐지는 것을 느낀다. 나의 죄와 약점을 하찮고 사소하게 여길 위험에서 벗어났다는 안도감도 올라온다. 이 놀라운 우주적 맥락에서 나는 장엄한 신의 현존을 마주하며 고양되고 또한 겸허해진다.

켈트 그리스도교를 관통하는 깊은 금욕의 정신을 온전히

수용하지 못하면 켈트 전통을 제대로 이해하기 어렵다. 붉은색, 흰색, 파란색 혹은 녹색, 이 세 가지 색은 순교를 상징한다. 붉은색은 신앙을 지키려다 목숨을 잃는, 우리가 일반적으로 알고 있는 순교의 의미를 담고 있다. 흰색은 세속을 포기하고 유배의 길을 떠나는, 즉 **페레그리니**를 의미하는 것으로 선택된 소수의 사람만이 여기에 속한다. 그러나 마지막, 파란색 혹은 녹색은 금욕에 이르고자 하는 헌신으로, 이는 누구나 추구할 수 있는 삶이다. 집을 떠나지 않고도 날마다 경험하는 부인하고 참회하는 삶, 감추어진 신비를 누리는 삶이다. 하느님을 온전하고 자유롭게 섬기기 위해 몸과 생각을 통제하고 감정의 흐름에 초점을 맞추는 삶이다.

켈트 교회에는 우리가 아는 사순절을 포함하여 성탄절 이전, 성령강림절 이후 이렇게 세 번의 사순절이 있었다. 겨울은 엘리야의 사순절, 봄은 예수의 사순절, 여름은 모세의 사순절로 지켰다. 게다가 참회의 금식을 금요일은 물론 수요일에도 수행해야 했다. 켈트 교회에서 비롯된 개인의 고백과 속죄의 방식은 교회를 보다 넓게 이해하는 데 색다르고 특별한 도움을 주었다. 유럽 본토의 교회의 참회는 고립과 굴욕, 비하를 불러일으키는 공개적인 참회였다. 참회자들은 교회의 중심에서 배제된 낮은 자들 가운데 가장 낮은 자였다. 이들에게는 시체를 운반하는 일과 같은 불쾌한 의무가 부과되었다. 그러나 켈트의 개인적인 참회의 목적은 처벌이나 보복이 아닌 치료였으며, 개인을 넘어 사회적인 상처까지 치유하는 '영혼의 약'이었다.

고해 신부는 아일랜드어로 **아남카라***anamchara*, 웨일즈어로 **페리글루어***periglour*로, '영혼의 친구'를 의미한다. 이들은 아픈 영혼에게 적절한 치료법을 적용하는 일을 했다. '죄의 다양함은 다양한 참회를 불러온다.' 영적인 치료는 영혼의 상처를 아물게 하고 약한 것을 완전하게 건강한 상태로 회복시키는 일이다. 물론 그리스도야말로 모든 영혼의 치료자이시지만, 죄를 고백한 자에게 적절한 참회를 부과하는 일은 '영혼의 친구'의 역할이다. 통회서는 죄에 상응하는 양형을 체계적으로 제시한 글로 시편 암송, 체벌, 빵과 물 금식 등으로 구성된 참회 방식들을 포함한다. 6세기 초 웨일즈어로 쓰인 네 개의 문서가 최초의 통회서이며, 아일랜드도 이를 따른다. 웨일즈어 본문 하나가 브리타니 지역으로 전파된 후 8세기, 혹은 9세기에 이르러 모든 본문이 유럽 전역으로 퍼졌다.[20]

특이한 사례를 무작위로 가져와 농담거리로 삼고 싶을지 모르겠다. "만일 어떤 사람이 성직자나 하느님의 사목자와 논쟁을 벌이면, 그는 빵과 물을 일주일 금식해야 할 것이다." "성직자가 양이나 돼지, 여타 동물을 한두 번 훔친 경우, 그는 1년 빵과 물을 금식하고, 훔친 것을 4배로 갚아야 한다." 그러나 이는 다 근본적인 의미가 담긴 양형들이었다. 인간 정신의 작용에 대한 켈트인들의 이해는 치료와 치유를 위해 8개 미덕과 8대 악덕을 대립시키는 방식에 잘 드러난다. 폭식과 술 취함은 절제로, 탐욕은 너그러움으로, 시기와 미움은 자비로, 겸손은 자만으로 서로 대립된다. 오늘날 우리가 정신 건강, 몸과 영혼의 건강에 필요하다고 말하는 성장과 변화가 끊이지 않고 일어난다.

통회서를 읽으면 실제적이면서도 솔직한 내용에 가슴이 울린다. 통회서는 분노에 대해 이렇게 설명한다. "칼날이 사람의 몸을 찌르는 것 같이 분노의 날카로운 끝은 영혼을 찌르고 영혼의 죽음을 초래한다." 탐욕, "탐욕은 그 범위와 용량에 있어 지옥에 비유할 수 있다. 그 안으로 던져진 어떤 것도 포기하지 않는 지옥처럼, 탐욕의 구덩이는 온 세상의 재물을 쏟아부어도 채울 수 없고 그 속에 빠진 어떤 것도 되돌려주지 않는다." 시기심, "악의를 품은 시기의 본성은 불에 비유할 수 있다. 시기심은 불의 방식을 따른다. 불이 위에서 내려오나 아래에서 위로 솟구치나 무정하게 모든 것을 태우듯…, 시기심도 마찬가지이다."

영혼의 친구는 영혼을 돕고, 영혼의 약을 챙겨 주고, 평생 지지하며 도전하기를 격려하는 사람이다. 이 개념은 사막 전통과 드루이드교의 관습에 일정 부분 빚을 지고 있지만 켈트 교회만의 고유한 개념으로 자리 잡았다. 노라 채드윅^{Nora Chadwick}에 따르면, 켈트 교회의 **아남카라**는 사막 전통의 '독방을 공유하는 이', **신첼루스**^{syncellus}에서 자연스레 발전된 개념으로, 자기 삶의 비밀스러운 면을 드러내고 고백할 수 있는 사람을 일컫는다. 이집트 사막이든 켈트 지역의 외딴곳이든 초기 교회에서 독방은 하느님과 참된 나, 그리고 세상과 만나는 곳이었다. 따라서 독방을 공유한다는 것은 자신의 가장 깊은 마음과 정신을 나누는 것이었다.[21] 여기에서 우리는 사막의 길라잡이들이 **엑사고레우시스** *exagoreusis*라고 부르는 가장 진실하고 깊은 형태의 우정을 확인할 수 있다. 이는 상대에게 마음을 열어 마음의 평온과 평화를 얻는 **헤시키아***besychia*로 인도하는 것을 말한다.

영혼의 친구는 성직자와 일반 신도를 가리지 않고 남자와 여자 할 것 없이 모두에게 있어야 한다. 영혼의 친구가 필요하다는 말은 누구나 화해와 치유를 경험해야 한다는 것, 영적 멘토의 고유한 역할이 있다는 것을 암시한다. 9세기의 《컬디 수도사 윙거스의 순교록*Martyrology of Oengus the Culdee*》에 자주 인용되는 성 브리짓의 이야기에서, 성 브리짓이 수양아들과 식사하는 장면이 영혼의 친구에 대해 잘 보여 준다. 수양아들이 성 브리짓에게 영혼의 친구가 있는지를 묻자, 브리짓은 당연히 있다고 대답한다.

'그를 위한 진혼곡을 부르자': 성인이 보기를, 청년은 죽었는데도 계속해서 음식을 먹고 있었습니다. 성인이 그를 바라보았을 때, 그가 먹는 음식은 머리가 없는 몸통으로 바로 들어가고 있었습니다. '영혼의 친구를 얻기 전까지는 아무것도 먹지 말고 친구 얻기에 힘쓰라. 영혼의 친구가 없는 자는 머리 없는 몸에 불과하나니. 영혼의 친구가 없는 자는 마시거나 씻을 수 없는 더러운 호수의 물과 같으니라.'

매우 극적인 장면이다. 모든 것이 성찬의 암시와 물의 이미지를 드러낸다. 영혼의 친구의 역할이 이렇게나 중요하다.[22]
당시 켈트인들이 영혼의 친구를 얼마나 진지하게 받아들였는지 《컬디 규칙서*Rule of the Ceile De*》에서 마엘루아인*Maelruain*의 경고에 명백히 드러난다. "영혼의 친구 역할을 믿고 따르지 않는 자는 하느님이나 사람과 어긋날 것이다…" 탈라흐트^{Tallaght} 수도 원의 설립자이자 수도원장인 마엘루아인은 금욕의 삶을 장려하고 수도원을 보다 엄격하고 금욕적인 곳으로 되돌리고자 했던 8세기 개혁 운동인 켈디 운동의 주요 인물이었다. 792년 사망 이후에는 그 자신이 영혼의 친구가 되어 세대를 거쳐 많은 영향을 끼쳤다. 특히 켈디 수도사인 윙구스(824년 사망)에게 그는 확실한 영혼의 친구였다. 윙구스는 탈라흐트에서 구성한 《순교록》에서 마엘루아인을 '게일 섬의 찬란한 태양'이라고 부른다. 윙구스는 그의 무덤을 찾아가면 "내 마음의 한숨이 치유된다"고 말하며 계속해서 그에게 자신을 인도해 달라고 기도했다. 이를 보면 영혼의 우정은 살아생전뿐 아니라 그 이후에도 지속되는 것이 분명하다.

조언자여, 나를 그리스도께 인도하소서
애정을 넘어선 사랑으로
그분의 순수한 축복에 기대어
그분 마음의 열정과 더불어.[23]

남성과 여성이, 여성과 여성이, 남성과 남성이, 성직자와 일반 신도가 영혼의 친구가 되었다. 영혼의 친구는 모든 이가 자신의 길을 찾도록 영적 길라잡이가 되어 그들을 돕고 인도하였다. 영혼의 친구를 정기적으로 만나는 수행은 영적인 관계를 맺고 있는 모든 이가 익히 예상하는 바였다. 마엘루아인은 이를 훨씬 분명히 했다. 상담은 적어도 일 년에 한 번은 이루어져야 하며, "그가 가까이 있다면 더욱 자주 상담하라"고 권고했다. 영혼의 친구는 온정과 친밀함, 정직으로 가득한 참된 우정을 나누고, 나이나 성별에 구분을 두지 않고 서로의 지혜를 깊이 존경하는 축복의 원천이 되는 관계였다. 그러나 모든 것이 긍정적이지만은 않았다. 오늘날 세상에서 흔히 일컫는 '여정을 함께하며 더불어 걷는' 누군가를 훨씬 뛰어넘는 관계를 의미했다. 그들은 협업 대신 서로 맞서야 할 때도 있었다. 마엘루아인은 다시 한번 강조한다. "너 자신이 다른 이의 판단이나 통제 아래 놓이거든, 네가 보건대 가장 맹렬하게 너를 태울 불을 찾으라. 너를 그대로 남겨 둘 리 없는 이를 찾으라." 이 사람, 저 사람 사이에서 방황해서는 안 된다. 피상적인 관계에 그치고 모순적인 조언만 주고받는 관계가 될 수 있다. 예술가나 기술 장인들은 "그의 구성원이 다른 곳으로 옮겨가는 것을 원하지 않는다." 그렇기에 도제들은 새로운 시작을 앞두고 이전의 관계를 종료해야만 한다. 이처럼 영혼의 친구 역시 새로운 관계를 맺게 될 때 이전의 관계가 깨끗이 정리되었는지 반드시 확인해야 한다. 충분한 고백과 솔직함이 관계를 원활하게 하는 동력이기 때문이다. 이는 헬레어 Helair라고 불리던 한 영혼의 친구에 대한 이야기에 잘 드러나 있다. '헬레어가 겪은 일이다. 그는 처음에 많은 참회자를 받아들였다. 하지만 그들은 참회에 열심히 임하지 않았고 헬레어는 그들을 모두 돌려보냈다.'[24]

참회에 대한 켈트식 접근은 서방의 라틴 사회가 개인의 죄에 공감하며 사목적으로 접근하는 방식으로 성장하는 데에 크게 이바지하였다. 참회는 죄를 인정하고 어둠을 부인하지 않으면서 진정으로 솔직하게 죄를 수용할 수 있도록 돕는다. 켈트 영성의 공동체적 본질을 다시 한번 떠올려 본다. 우리는 누군가를 필요로 하고 서로를 의지해 살아간다. 우리 모두에게 궁극적인 영혼의 친구이신 하느님도 여정 가운데 그의 조력자, 부관과 함께하신다. 켈트가 말한다. 우리 또한 서로가 필요하다고. 이렇게 우리는 서로 연결되고, 관계를 맺는 신비로 다시 한번 나아간다.

8장

십자가

웨일즈 현대 시인 데이비드 그웨날트 존스는 성 데이비드^{St David}에 대한 시를 썼다. 그는 성 데이비드가 지금도 우리 사이를 걸어다니며 학교, 광산, 공장, 가정에까지 찾아온다고 말한다. 그의 시에서 성 데이비드는 집으로 들어와 식탁에 성찬기를 올려 두고 팬트리와 와인셀러에서 빵과 포도주를 들고 와 성만찬을 행한다. 예식을 마친 성인이 벽난로 주위에 둘러앉아 사람들에게 이렇게 이야기한다.

성인이 우리에게 하느님의 자연 질서에 대해 말씀하시네.
사람, 가족, 민족, 사회
이중 무엇도 신이 되지 못하게 막는
십자가.[1]

그는 옛 성가들이 "말구유, 십자가, 빈 무덤, 성령강림을 다시 한번 불같이 새롭게" 불러와 그의 영성을 채운다고 말한다.

켈트 기도의 길

그의 시 〈문The Door〉에는 "우리는 빵과 포도주 그리고 십자가를 보았네"라는 구절이 나온다. 시인은 곧 문맥에서 그 의미를 보다 선명하게 드러낸다. "고통 속에 민족이 울부짖고, 공장의 먼지가 붉게 짖어대는데, 저기 빵과 포도주 그리고 십자가를 보았네."[2] 그는 성만찬과 십자가를 자신이 사는 시대의 고통, 자신이 잘 아는 웨일즈 남부의 계곡마다 편만한 사회적, 경제적 혼란 속으로 거칠게 가지고 들어온다. 그리고 무력과 절망뿐인 곳을 희망으로 변모시킨다.

그웨날트의 시는 현대 웨일즈 영성에서 십자가가 차지한 역할을 분명하게 보여 준다. 켈트가 신앙을 이해하는 중심에도 언제나 십자가가 있었다. 켈트 지역을 여행하는 이라면 누구나 켈트 전통에 미친 십자가의 힘을 바로 알아챌 수 있을 만큼 지역마다 독특한 형태의 십자가가 있다. 웨일즈 십자가는 아름다운 장식과 조각이 돋보이고, 만 섬의 십자가는 이교도인 바이킹의 영향을 받은 듯 다른 곳에서 보기 드문 독특한 장식이 새겨져 있다. 상대적으로 크기가 작은 콘월의 십자가는 수월하게 주변으로 퍼져 나갔고 주변 경관에 잘 어우러졌다. 아일랜드의 켈트 십자가high cross*는 그 시작이 8세기까지 거슬러 올라간다. 초기에는 추상적이고 기하학적인 형태가 전부였지만 기술과 상상력에 힘

---

* 하이 크로스 혹은 스탠딩 크로스(standing cross)라고도 한다. 야외에 세운 큰 돌 십자가로, 대개 십자가 교차 부위가 돌로 된 큰 원으로 둘러져 있고 십자가 표면에 성서 인물과 성인의 이야기, 켈트 매듭과 기하학적 무늬가 주로 새겨져 있다. 초기 십자가는 2-3미터 높이였고, 최고 8미터에 다다르는 십자가도 있다.

입어 정교한 조각과 이야기를 담은 놀라운 작품으로 발돋움하였다. 대표적으로 클론막노이즈, 문Moone, 모나스터보이스의 십자가를 꼽는다. 역사 내내 돌에는 종교적 의미와 상징이 부여되었다. 그리스도교 세계 이전부터 돌을 중요하게 여긴 켈트인들은 그들의 인식을 그리스도교 세계 안으로 잘 가져와 정착시켰다. 이들은 주변 경관의 가장 눈에 띄는 자리에 돌 십자가를 높이 세워 삶에서 십자가가 차지하는 위치를 계속해서 상기했다. 패트릭 토머스는 "켈트 그리스도교의 석조에는 그리스도의 십자가로 모든 것이 회복되고 온전해진다는 창조의 메시지가 담겨 있다"라고 말했다.[3]

처음 아일랜드의 높다란 돌 십자가 앞에 섰을 때를 기억한다. 켈트 전통이 아주 먼 곳에서부터 길어 온, 언어를 초월하는 힘에 압도되었다. 그 시간이 내게는 회심의 순간이었다. 정교하게 조각된 돌판을 이어 만든 모나스터보이스에 있는 켈트 십자(923년 죽은 수도원장, 무이레다흐Muiredach의 십자가)는 활기차고 생생한 기운을 세차게 내뿜는다. 켈트 십자가에는 꼬임, 나선, 소용돌이 문양과 함께 성 바울로와 성 안토니오가 광야에서 빵을 나누는 모습 등 신, 구약의 여러 장면이 새겨져 있다. 십자가에 달린 그리스도의 형상은 모든 것이 한데 모이는 중심이다. 그리스도는 십자가에서 악한 힘을 물리치시고 승리로 다스리신다. 정교회에서 부활절 전야에 외치는 "그분께서 죽음으로 죽음을 이기셨도다!"라는 아름다운 선포처럼 말이다.

십자가가 중심이라는 사실을 부인할 수는 없다. 나는 '창조 중심의 영성'이란 말을 잘 쓰지 않는다. 대신 '창조로 충만한 영성'이라고 말한다. 켈트인들에게 창조는 삶 그 자체였다. 일상에서 창조를 기리며, 하느님께 지음받은 우주 전체의 영광스러움을 기쁘게 만끽하였다. 이것은 켈트가 우리에게 선사한 가장 큰 선물 중 하나이다. 그러나 켈트 십자가에서 지구를 상징하는 커다랗고 둥근 원을 단단히 붙들고 있는 십자가의 두 팔은 각각 창조와 구속을 말한다. 오직 켈트 지역에서만 발견되는 이 독특한 형태의 십자가에 대해 학자마다 의견이 분분하다. 로마 스탠다드Roman standard•에 걸린 승리의 월계관에서 유래한 것일까? 아니면 예전의 행진procession에서 사용되는 나무 십자가, 십자가의 막대기가 직각으로 만나는 부분을 둥글게 연결하여 더 튼튼하게 만든 십자가를 원형으로 하는 것일까? 원과 드루이드교 숭배는 어떤 연관이 있는 것일까? 노엘 더모트 오도나휴는 원은 십자가 처형의 어두운 상징을 통해 빛을 밝히는 부활의 태양을 의미한다고 말한다.⁴ 십자가에 색을 입힌다면 둥근 호는 하느님의 약속을 상징하는 무지개의 일곱 빛깔로 채색되었을지 모른다. 혹은 십자가의 원은 그리스도의 영광을 나타내는 광륜光輪일 수도 있다. 이때 십자가 앞에 서는 것은 그리스도 그분의 현존 앞에 서는 것이다. 이럴 경우 켈트 십자가는 단순히 그리스도를 가리키는 사물이 아니다. 십자가 자체가 부활하시고 영광받으시는 그리스도이다. 지나친 분석과 해석은 내키지 않으니 이쯤에서 물러나야

• 로마 군대의 상징, 월계수로 두른 둥근 원이 가장 위에 달려 있다.

겠다. 사실 몰라서 더 행복하다.

그렇다면 켈트 십자가의 상당 부분을 차지하는 아름다운 장식, 나선과 꼬임으로 이어진 복잡한 디자인은 어떠한가? 무엇도 '묘사'하지 않는 추상 무늬가 시선을 끈다. 무엇을 의도하였을까? 만다라처럼 나름 명상으로 이끄는 추상 무늬인가? 원과 끝없는 꼬임은 하느님의 일치와 영원성을, 서로 맞물린 형태는 창조의 다양성을 이끄는 질서를 말하는 것 같다. 마름모꼴은 삼위일체의 두 번째 위격인 그리스도이자 로고스를 상징하는 것이 아닐까? 수도원 관습에는 **렉시오 디비나**_lectio divina_라는 일상 수련이 있다. 성서에서 한 구절을 골라 함께 머무르고 기도하며, 언어를 초월하는 수준에 이르도록 마음과 머리로 반복하여 되새기는 것을 말한다. 그 수련의 일환으로 십자가가 사용되었다면? 충분히 가능한 일이라고 생각한다. 십자가는 시편처럼 연속성, 영원, 질서, 성장, 다양함 속의 일치를 이야기한다.[5]

예를 들어 돋을새김(양각) 장식이 두드러지는 클론막노이즈의 남쪽 십자가를 살펴보자. 웅장한 돌 십자가 주축의 앞면(본당에서 보아 제대 쪽)에는 8개의 둥근 돋을새김이, 뒷면(제대와 반대 쪽)에는 십자가 처형 장면이 새겨져 있다. 십자가의 원이 십자가 처형 장면 또는 마지막 심판 장면을 둘러싼 형태도 있으며, 원에는 나침반의 바늘처럼 네 방향을 가리키는 징 모양의 돋을새김이 새겨져 있기도 하다. 이제 숫자가 상징하는 세계로 들어가 보자. 숫자 역시 하나의 언어이며, 이에 대한 이해가 없이는 십자가의 힘과 존재감, 십자가에 담겨 있는 풍성하고 신비로운 사상과 신학을 충분히 이해하기 어렵다. 켈트인들은 숫자와 글자의 어원을 상상하고 다양하게 해석하며 여러 층위의 의미를 찾아 즐기는 사람들이었다. 그들은 특히 사물을 계량하거나 측정한 숫자에 상징적인 의미를 즐겨 부여하였다.[6] 약 800년 전부터 이어져온 《스토우 미사*Stowe Missal*》 전례서는 그 말미에 상당 부분을 할애해 숫자의 의미를 설명한다. 9세기 아일랜드 철학자 존 스코투스 에리구에나John Scotus Eriguena는 그의 책 《자연의 분할에 관하여 *On the Division of Nature*》에서 신플라톤주의 저서들을 서방에 소개하고, 우주에 대한 신성한 계획을 숫자, 기하학, 측정 치수로 표현하는 등 성서 주해와 연계할 수 있는 천체 산술 체계를 확립했다. 그리스도의 오상을 상징하는 숫자 5는 제대 위에 있는 다섯 개의 축성 십자가에서도 찾을 수 있다. 또한 오천 명을 먹인 빵 다섯 덩이, 사람들의 영혼을 먹이는 모세 율법 다섯 권도 있다. 숫자 12는 당연히 열두 제자이며, 숫자 4는 복음서의 수이다. 보리빵 다섯 덩이뿐 아니라 두 마리의 물고기 또한 예언자와 제사장, 구약과 신약을 상징한다. 숫자 8은 인간의 오감과 삼위가 함께하는 완벽한 조화의 수이다. 육신의 눈 대신 마음의 눈으로 볼 때 얼마나 많은 의미를 찾을 수 있을까? 끝내 우리는 다 알 수 없을 것이다. 하지만 이를 깊이 연구한 힐러리 리처드슨Hilary Richardson은 '다양하고 모호한 해석, 잠깐 스치듯 감지한 통찰이 수 세기에 걸쳐 전통을 이루어 간다'고 말한다.[7]

아일랜드의 초기 그리스도교에 대해 살펴봤다. 당시 아일랜드에서는 어느 지역이든 교회 근처라면 십자가가 세워졌고,

사람들은 수도 규칙에 따라 날마다 십자가 주위에 모여 기도 드렸다. 그곳은 모두에게 전례의 장소였다. 8세기 〈아일베의 규칙서the Rule of Ailbe〉에는 '가장 높은 수도자(수도원장)가 십자가 앞에 서자 부드럽게 울리는 성가 합창과 함께 그의 의로운 뺨에는 굵은 눈물이 흘러내렸다'라는 기록이 있다. 사람들은 그들의 모임을 빛을 환영하는 의례(오늘날의 저녁 기도)라고 불렀다. 에오인 드 발드라이테Eoin de Bhaldraithe 수도사는 이런 관습이 예루살렘의 부활 교회에서 부르던 성무일과를 흉내낸 것이라고 말한다. 사람들은 먼저 교회에 모여 시편을 불렀다. 이어 또 다른 성가를 더해 부르면서 교회 바깥으로 나가 골고타의 장소로 이동했다. 그곳엔 금속으로 된 장식용 십자가가 바위 위에 세워져 있었다. (초기 아일랜드 십자가는 돌무더기 위에 세워지거나 커다란 돌 자체로 제작되었다. 사람들은 이렇게 십자가가 세워진 일대를 보며 골고다를 떠올렸다.) 사람들은 십자가 주위를 돌면서 십자가 앞뒤에서 더 많은 노래와 기도를 이어갔다. 십자가는 그 자체로 기도의 대상이었지만, 이몬 오코리건Eamonn O'Corrigan의 말처럼 "전례와 **렉시오 디비나**를 훈련 받은 조각가와 후원자가 사람들의 저마다 다른 교육 수준과 관심사를 고려하고 각기 추구하는 의미를 구현하기 위해 십자가를 설계했을" 가능성도 열어 두어야 한다.[8]

여러 가정에도 한 가지 분명한 점은 마을 한 가운데 십자가가 세워졌을 것이며, 십자가의 위치는 그 지역이 그리스도의 땅이라는 선언과 우주가 변모하리라는 믿음을 보여 주었다는 것이다. 만유의 중심은 십자가 가운데 못 박히신 그리스도이다. 이는 냉혹하지만 언제나 엄연한 사실이다. 켈트 십자가에서 우리는 고통 당하는 그리스도와 고통에 연루된 두 인물을 볼 수 있다. 언제나 그리스도의 오른편에는 자신의 창으로 그리스도의 옆구리를 찌른 롱기누스Longinus가, 왼편에는 스테파톤Stephaton이 쓸개즙이나 식초 같은 쓴 음료를 묻힌 긴 막대를 들고 있다. 두 사건은 동시에 일어나지 않았지만 요점은 거기에 있지 않다. 그 둘이 선택된 이유는 대칭적인 장면을 구성하기 위해서였고, 무엇보다 그들이 상징하는 의미 때문이었다. 긴 창을 든 사람은 교회를, 해면을 쥔 사람은 유대 회당을 의미한다. 전설에 따르면 그리스도의 옆구리에서 쏟아져 나온 물과 피가 롱기누스의 눈을 고쳤기에 이 장면이 교회의 성사들을 상징한다고 여겼다. 대조적으로 쓰디쓴 쓸개즙은 유대 신앙을 나타낸다고 생각했다. 켈트 십자가에서 마리아나 성 요한 같은 인물들은 보이지 않는다. 중세 시대의 작품이 주는 아주 감상적이거나 부드러운 느낌도 전혀 찾아볼 수 없다. 가끔 그리스도의 머리 주위에 천사들이 표현되는 것이 전부이다. 켈트 신화와 전설에 나오는 영웅의 고통 그 자체를 이야기할 따름이다. 그리스도는 오랜 전통에서 기다려 온 영웅, 자기 백성을 구하기 위해 자기 파멸에도 굴하지 않는 영웅이다.

십자가에 못 박힌 그리스도의 형상은 때론 부활하신, 길고 하얀 옷을 입은 주님의 모습과 동시에 나타난다. 죽으심과 부활, 성금요일과 부활절이 하나, 한 날이 된다. 이런 조각들은 틸리히Tillich의 말처럼 "객관적 지식은 아니나 참된 통찰"을 우리에게 준다. 십자가에 담긴 상징들은 우리로 하여금 원하는 만큼, 가능한 만큼 멀리 나아가게 한다. 십자가의 이미지에 오래 머물수록 그 의미가 우리 안에서 더 크고 무겁게 울려 퍼질 것이다. 감사하게도 내게 십자가는 이제 눈으로 보는 **렉시오 디비나**가 되었다. 나는 깊은 주시와 기도 가운데 십자가의 의미를 발견해 간다.

십자가의 반대 편에는 심판의 날에 다시 오시는 만군의 왕 그리스도가 생생하게 묘사되어 있다. 그리스도의 오른편에 축복과 구원받은 자들이 빽빽한 군중을 이루고, 그 왼편에는 지옥에 떨어진 사람들이 두 악마에 의해 빠르게 처리되고 있다. 삼지창을 휘두르는 악마와 책을 든 악마는 가까이에 있는 사람들을 걷어차기도 한다. 아래쪽 작은 판에는 성 미카엘이 저울을 들고 조그만 인간 형상의 무게를 재고 있다. 그리스도는 왼손에 십자가를, 오른손에 아직 채 피지 않은 꽃송이나 나뭇가지를 쥐고 있으며, 그리스도 앞에서 왼손과 오른손에 쥐어진 것들이 교차하고 있다. 이런 모티프는 분명 심판자 오시리스^Osiris에서 비롯된 것이며, 그리스도교가 전파되기 이전 이집트의 문서 《사자의 서^Books of the Dead》에도 동일하게 발견된다. 이런 장면은 켈트와 이집트, 동방의 관계를 생각하게 한다. 그리스도의 손에 있는 꽃송이가 달린 가지는 부활과 그리스도 안에서의 새 생명을 생생하게 상징한다.

"오 영원히 시들지 않는 꽃나무여!" 우리는 켈트의 시, 성가, 축복에서 위와 같은 십자가에 대한 시각적 표현을 쉽게 찾아볼 수 있다. 더글러스 하이드는 켈트인들이 매일 잠들기 전 세 번씩 암송하던 기도에서 이 구절을 찾아냈다.[9] 그는 19세기 말 아일랜드를 여행하며 그리스도의 수난이 켈트인들에게 신앙의 초석이었음을 깨달았다. 그는 이런 기도들을 모아 "소박하고, 겸손하며 희망찬 외침"이라 불렀다. 그중 그가 코크[Cork] 자치주의 한 교사에게 받은 기도를 살펴보자. 기도는 이렇게 시작한다.

성부의 이름으로 이제 내가 쉽니다.
당신의 이름으로 이제 내가 잠자리에 듭니다.
오 고귀한 왕이시여.

이 기도는 다음과 같이 끝난다.

그리스도가 못 박히신 곳에
이제 내가 나무를 올려 둡니다
나와 짙은 악몽 사이에
나와 모든 악함 사이에,

알렉산더 카마이클은 비슷한 시기 스코틀랜드에서 다음 구절을 포함하는 유사한 기도들을 많이 발견하였다.

당신, 나무의 그리스도여,
당신, 십자가의 그리스도여.[10]

8장 십자가

아일랜드의 밤 기도 중 하나는 이렇게 하느님을 부른다.

오 나무에 못 박히사
상처 입은 왕이시여.[11]

예루살렘 외곽 언덕에 서 있던 역사 속 십자가는 살아 있는 나무를 베어 만든 나무 십자가였다. 나무로 인해 타락한 인류는 나무에 의해 구원받았다. 사람들은 나무 열매로 타락한 사람들이 나무로 구원받는다는 생각을 여러 이야기로 만들었다. 중세 신학자 샤르트르의 폴베르트Fulbert of Chartres는 이렇게 바꾸어 말했다. "주님은 나무의 도움을 받아 십자가에 달리심으로 나무로 인해 세상에 퍼진 독을 지우시고 닫혀 있던 생명의 문을 다시 여셨다." 나무는 십자가 전통을 살아 있게 하는 데 중요한 역할을 한다. 다시 말하지만, 켈트인들은 그리스도교가 전파되기 이전부터 중요하게 여긴 요소들, 심오하고 보편적인 생각들을 그리스도교 안으로 충분히 수용했다. 덕분에 이런 요소들은 오늘날 대다수가 인식하지 못할지라고 모두의 영혼 안에 스며들어 숨 쉬고 있다. 우리보다 앞서 살았던 이들에게 나무는 한낱 자연물이 아닌 하늘과 땅을 연결하는 장엄한 상징이었다. 이들은 나무와 땅을 엮는 뿌리 조직, 하늘을 향해 뻗어 올린 팔과 손 모양의 가지들과 잎사귀들, 굳게 선 나무 몸통의 형체를 깊이 관찰하였다. 나무는 지하 세계와 지상 세계, 사람과 신, 땅의 것과 하늘의 것, 그리고 세상과 하느님을 잇는 축이었다. 그리하여 그리스

켈트 기도의 길

도가 땅에서부터 들어 올려져 언덕 위에 세워 둔 죽은 나무 위에 두 팔이 벌려진 채로 매달렸을 때 아득히 먼 옛날에 존재했던 생명나무의 원형이 살아 있는 역사적 현실 안에서 순식간에 타올라 사방에 빛을 내뿜었고, 모든 구원이 단번에 성취되었다. 하느님과 세상을 잇는 신성한 나무 사다리라는 태곳적 신화가 순식간에 실제적이고 역사적인 가치를 갖게 된 것이다. 그리스도는 역사의 축이 되었다. 그리스도의 형상 안에서 우리와 하느님이, 하느님과 우리가 단번에 연결되었다. 그 자리에 처형의 십자가, 살아 있는 나무가 있다.

웨일즈 전통에 따르면 십자가 처형에 사용한 나무는 마가목이다. 마가목 열매가 핏방울처럼 보이기 때문이다.[12] 카마이클이 스코틀랜드에서 들은 "인류의 구세주를 처형할 십자가를 만들기 위해 그리스도의 적들이 선택한 나무"는 사시나무였다. 이런 이유로 사시나무는 미움을 많이 받았다. 유이스트의 농부들은 쟁기나 써레, 농기구를 만드는 데 사시나무를 사용하지 않았으며 어부들 역시 사시나무로는 배나 낚시 도구를 만들지 않았다. 오늘날까지 사시나무 잎은 부끄러움에 고개를 떨구고 몸을 떤다. "그러므로, 바람 한 점 없는 날에도 죄로 인해 영원히 떨며, 영원히 몸서리치며, 영원히 요동할, 저주받은 사시나무"이기에 사람들은 계속해서 돌을 던져 상처를 내며 욕을 퍼붓는다.[13]

십자가를 다루는 켈트의 많은 시들은 매우 생생하고 독창적이며, 다른 것과 비교할 수 없을 정도로 뛰어나다. 그중 가장 독보적인 시를 꼽으라면 〈동정녀의 꿈〉 혹은 〈마리아의 꿈〉으로 알려진 19세기 웨일즈, 아일랜드, 브리타니 등지의 사람들이 날마다 개인의 신앙을 위해 읊던 기도이자 시이다. 믿을 수 없을 만큼 아주 오래전부터 사람들의 입을 통해 전해 내려온 시로《게일의 시집*Poem-Book of the Gael*》에는 〈마리아의 애가〉라는 제목으로 수록되어 있다. 마리아와 사도들, 그리고 예수의 대화 형식으로 이루어져 있으며 마리아가 먼저 입을 연다.

베드로, 사도여, 내 빛나는 사랑을 보았는가?
이제야 그의 대적들 가운데 그를 보았네.
수난의 나무 위에서도 위엄있는 저 아이는 누구인가?

어머니, 당신이 당신의 아들을 알지 못하신단 말입니까?

저 아이가 내가 아홉 달을 품었던 어린 아들이란 말인가?
저 아이가 마구간에서 태어난 그 어린 아들이란 말인가?
저 아이가 마리아의 젖을 먹던 내 어린 아들이란 말인가?

울지 마소서, 어머니, 슬퍼하지 마소서.

이어 마리아는 십자가의 그리스도에게 말을 건다.

저것이 그대를 단단히 못 박은 망치란 말인가?
저것이 그대의 하얀 옆구리를 꿰뚫은 창이란 말인가?

저것이 그대의 어여쁜 머리에 씌워진 가시관이란 말인가?

울지 마소서, 어머니, 슬퍼하지 마소서.

엘리너 헐에 따르면 모이쿨렌Moycullen의 매리 클렌시는 흐느끼는 듯 곡을 하는 듯, 목소리를 낮췄다가 높였다가 반복하며 이 노래를 불렀다고 한다.[14]

19세기 제임스 피셔James Fisher는 웨일즈 전역에 퍼져 있던 **브루드도이드 마이르**Breuddwyd Mair, 〈동정녀의 꿈〉을 수집해 번역했다. 그는 많은 사람이 이 기도를 알고 있었으며 무릎을 꿇고 반복해서 낭송했을 뿐 아니라 주기도문이나 신조보다 귀히 여겼다고 말한다. 열 가지 종류의 조금씩 다른 〈동정녀의 꿈〉을 수집한 그는 종교개혁 이전 시대부터 구술로 전해 내려온 기도이기 때문에 다양하게 변형된 것은 당연하다고 말한다. 피셔는 1850-60년경 메리오네트셔Merionetheshire의 타이윈 지역의 학생들에게 **그웨디 르 포윈**Gweddi'r Forwyn*을 아느냐고 물으면 "아마 상급생의 절반 정도가 손을 들었을 것"이라고 하였다.[15] 여기서 대화는 마리아와 그리스도 사이에 오간 대화이며, 그리스도가 먼저 말한다.

복 되신 어머니 마리아여, 주무십니까?
그렇습니다. 소중한 아드님, 꿈을 꾸었습니다.

---

* '동정녀의 기도'라는 의미의 웨일즈어.

복 되신 어머니, 꿈에서 무엇을 보십니까?

나는 봅니다. 그대가 쫓기고, 추격당하고, 붙들려

십자가에 달리고,

그대의 두 손과 발에 못 박히는 것을.

악마에게 속은 간악하고 눈먼 자가

자신의 창으로 그대를 겨누고

그대의 옆구리를 찌르는 것을 봅니다.

그대의 모든 피가 땅을 적시는 것을 봅니다…

　　브리타니의 아래 지방에 사는 브르타뉴어*권의 사람들 역
시 비슷한 내용의 노래를 불렀는데, 여기에서도 흥미로운 변형
이 발견된다.

나의 소중한 아들,

네가 오늘 밤 잡혀가겠구나.

등불을 든 자들에게 말이다.

네가 십자가에 못 박히고

채찍이 널 할퀴겠구나.

그들이 너의 거룩한 얼굴에 침을 뱉겠구나.

----

* 켈트 지역의 언어로 브리타니(프랑스의 브르타뉴)에서 쓰이게 되면서 브르타뉴어라고 불리게
된다.

켈트 기도의 길

네가 짓밟히고 걷어차이겠구나.[16]

8세기 아일랜드의 수도자이자 시인이었던 블라트맥의 다른 시들처럼 이 시에도 부드러움과 섬세함이 돋보인다. 성서 이야기를 긴 서사시로 바꾸어 들려주던 블라마크는 어느 시점이 되자 마리아에게 직접 말을 걸고 그의 슬픔을 나눈다.

> 따스하신 마리아여, 내게로 오세요.
> 간절히 바라고 원하오니
> 당신, 그리고 당신의 가장 소중한 아들과 함께하기를.
> 아아! 위대한 보물이요 빛나는 승리자이신,
> 당신의 아들이 십자가로 가시다니요.

계속해서 그는 마치 그와 우리가 그 장면을 한 번도 본 적 없는 것처럼 십자가 처형 장면을 묘사한다. 보물과 승리자셨던 그리스도는 어느새 일곱 층 거룩한 하늘의 왕이 되신다. 그러나 온갖 모욕에 시달리는 왕이신 그리스도를 지켜보는 일은 너무 가련한 일이다.

> 비열한 공회가 왕께 자색 망토를 씌우는구나,
> 그를 덮어 주려는 게 아니라 오직 비웃고자 함이니.
> 모진 매질을 당한 왕의 얼굴에 또 손을 대는구나,
> 창조주의 얼굴에 침을 뱉다니, 저 흉측한 행실을 보라.

저들이 빨리 죽으라며 그분께 이별주를 건네는구나,
신포도주를 섞은 쓸개즙을 그분께 건네니, 이 악독한 자들아.

가녀린 원망의 외침이 들리니
거룩한 아버지를 향한 그분의 외침이구나.
어찌하여, 살아 계신 하느님이여,
비천함과 고통 속에 나를 버려두시나이까!

"영예로운 이름의 내 왕께서 각 사람을 구하시러 오시었
다"는 말은 지극히 개인적이면서도 우주적이다. 블라마크는 온
우주가 고통에 사로잡혔다고 말한다. 이는 동양에서 더 자주 발
견되는 사고방식으로 켈트 전통이 동방의 영향을 강하게 받았음
을 다시 한번 떠올리게 된다.

태양이 그 빛을 감추고, 주님을 위해 슬피 우는도다.
구름은 빠르게 푸른 하늘에 드리우고, 바다는 거친 풍랑으로
울부짖나이다.

온 세상에 어둠이 내려앉으니, 땅에서 큰 진동이 울리는도다.
고귀하신 예수께서 죽으시어 거대한 바위가 굉음을 내며 열리
었나이다.

예루살렘이 오래전 묻힌 자들을 모조리 밀어올리는도다.

예수께서 고통 속에 죽으실 때 성전의 장막이 찢어졌나이다.

들끓는 피가 맹렬히 흘러 모든 나무를 붉게 적시는도다.
온 세상 모든 위대한 나무 꼭대기마다 피가 스미었나이다.

마땅히 있어야 할 곳에 자리한 하느님의 것들,
잔잔한 바다, 파란 하늘, 대지가 옷을 갈아입고,
그들에게 닥친 재앙에 소리 높여 슬피 우는도다.

창에 찔린 그리스도의 몸이 드러나니
비탄은 더욱 깊고 통곡은 더욱 격렬하도다.
자신을 지으신 이를 잃은 고통이 그치지 않나이다.[17]

《란으로 된 시편》에도 비슷한 시가 수록되어 있다.

사랑이신 하느님의 것들이 모두 두려워 떠네
성전의 휘장이 찢어졌을 때
모든 창조물이 통곡하였네.
하늘과 땅이 두려워 떨고,
바다는 쉼 없이 경계를 넘나들며,
검은 바위의 심장은 찢어지네.[18]

"우리를 위한 그리스도의 십자가"는 오늘날까지 이어져 사용되는 아일랜드 전통 속담 중 하나이다. 100여 년 전 더글러스 하이드가 《코노트의 종교 노래》를 구성할 때였다. 하이드는 밤낮을 가리지 않고 하느님이 우리 입에 계시다, 우리 눈앞에 계시다고 말하는 이들을 만났다. 또한 이들은 무슨 문제만 생기면 "그리스도의 십자가가 우리 위에 있다"고 말했다. 이 시는 본디 중세의 시였을 것이나 구전되는 동안 내용에 살이 붙어 본래 것을 찾기 어려워졌다.

> 날마다 십자가를 기억하라[혹은 생각하라],
> 십자가에서 부활하신 은총의 왕을.
> 십자가와 더불어 그의 수난을,
> 그 무덤 안에 발을 딛는 자신을 영원토록 생각하라.

십자가는 삶과 믿음의 중심이다. 언제든 바로 십자가 앞에 설 수 있으며 누구든 필요할 때 십자가를 찾을 수 있다. 흉갑 기도가 계속 이어져 온 이유도 그 때문이다. 드루이드교의 시대까지 거슬러 올라가는 흉갑 기도 또는 보호 기도인 로리카는 기록된 바에 따르면 433년 성 패트릭이 부활절 전야에 공식적으로 처음 불렀다. 매우 실제적이고 구체적인 이 기도는 불확실하고 불안전한 시대에 적합한 기도이다. 다음은 10세기의 흉갑 기도이다. 살펴보자.

그리스도의 십자가가 이 얼굴 위에, 내 귀에.

그리스도의 십자가가 이 눈과 … 입과 … 목구멍 안에 …

이 머리 뒤 … 옆 … 내 앞에서 동행하며 … 내 뒤에서도 동행
하네 …

그리스도의 십자가가 모든 어려운 골짜기와 언덕에서 나를 만
나네…

그리스도의 십자가가 내 공동체 위에.

그리스도의 십자가가 내 교회 위에.

그리스도의 십자가가 다음 세상 안에.

그리스도의 십자가가 지금 이 세상 안에.¹⁹

8세기 방랑 성인 중 하나인 성 푸르사St Fursa는 하느님의 보
호 아래에서 한 발자국도 벗어나지 않기 위해 기도한다. 푸르사
의 기도는 나 역시 하느님의 보호 아래에 있고 싶은 마음을 복돋
아 준다. 나는 그의 기도를 따라 몸의 모든 곳을 강하게 해 달라
고 구한다.

이 어깨 위에 하느님 율법의 멍에가

이 머리 위에 성령의 머무심이

이 이마 위에 그리스도의 표지가

이 귀 안에 성령의 음성이

이 코 안에 성령의 향기가

이 눈 안에 하늘 나라 백성의 시야가

이 입 안에 하늘 나라 백성의 이야기가

8장 십자가

이 손에 하느님 교회의 사역이

이 발에 하느님과 이웃을 향한 선함이

이 마음에 하느님 머물러 주소서

이 사람이 성부 하느님께 온전히 속하게 하소서.[20]

켈트 기도를 통해 나는 몸으로 기도하는 것과 몸을 위해 기도하는 것을 배웠다. 영적인 사람, 거룩한 사람이 되기 위해 몸을 부정하지 않고 온전한 자신으로, 몸으로 기도할 수 있어 감사하다. 몸짓으로 드리는 기도는 수도원에선 흔한 수련이었다. 성 콤갈St Comghall이 지었다고 알려진 규칙서는 이렇게 말한다. "아침과 저녁으로 비아이트*Biait* 때(베아티*Beati*(복되어라)라는 말로 시작하는 시편 118편(119편)을 이렇게 부른다)로 기도하며 그분께 100회 엎드린다." 《아일베의 규칙서》는 아침을 시작하면서 베아티로 100회 무릎을 꿇고 하루를 마치는 저녁 기도에서 100회 합장하라고 가르친다. 모든 시편을 마칠 때마다 무릎을 꿇는 것은 일반적이었다. 때로 팔을 완전히 뻗고 십자가와 같이 서서 밤새 긴 시간 기도하기도 했다. 성 케빈이 두 팔을 옆으로 활짝 펼친 채 기도하고 있을 때 검은 지빠귀 한 마리가 날아와 그의 손 위에 알을 낳았다는 이야기는 그가 이런 십자가 같은 자세로 바깥에서 기도했음을 암시한다. 이 일화는 새가 알을 낳기까지 그가 두 팔을 뻗은 채 기도했다는 사실도 전해 준다.[21] 9세기 시편 모음집에 있는 133편에 대한 주석을 보면 기도가 어떻게 사람 전체와 연결되는지를 말해 준다. "십자가 자세를 취하기 위해 손을 뻗는 것은 손의 기도이며 무엇보다 하느님을 향해 두 눈을 드는 것은 눈의 기도이다. 무릎과 다리의 기도는 몸을 엎드리고 굽히는 것이다. 십자가 자세를 취하고 합장할 때 몸 전체는 하느님께로 확장된다."²²

몸으로 기도하는 법을 배우면 몸을 위해 기도하는 법도 배울 수 있다. 이는 몸이나 존재에 해가 될 어떤 것도 허용하지 않으시길, 매우 분명하고 확실한 용어로 하느님께 간구하는 기도이다. 이 기도는 정수리부터 발바닥, 몸의 안팎에 이르기까지 인간 몸 전체에 하느님의 보호를 구한다. 오감과 몸에 난 열 개의 구멍을 언급하는 기도도 있다. 악은 구멍으로 들어오며, 특히 열 번째 마지막 구멍은 머리에 있다고 확신했기 때문에 하느님의 힘이 몸과 닿는 모든 접촉점을 살피고 보호하길 바랐다. 다음은 하느님의 현존과 보호의 힘에 크게 의지하며 드리는 기도이다.

하느님, 내 기도를 들으소서
당신께 간절히 구하오니
주님은 내 간구를 들으시는 분이십니다.
내 눈이 당신을 보았기에
나는 확신합니다.

어떤 생각도 내 마음에 오지 않고
어떤 소리도 내 귀에 들리지 않고
어떤 유혹도 내 눈에 들지 않고
어떤 향기도 내 코에 닿지 않게 하소서.

어떤 공상도 내 정신에 일지 않고
어떤 방해도 내 영혼에 들어서지 않게 하소서.
이는 오늘 밤 내 몸이 상하거나
죽을 때 내 영혼이 해를 입지 않기 위함입니다.[23]

그리스도의 치유를 바라는 이 기도에서 가장 두드러지는
감각은 바로 촉각이다.

당신의 연고를 내 눈에 바르시고,
당신의 향유를 내 상처에 부으시며,
당신의 세마포를 내 피부에 얹으소서.
치유하시는 손이여, 구원의 하느님의 성자시여.[24]

얼마나 많은 기도가 육체의 존재감에 대해 이야기하는지
모른다. 특히 밤에 잠들 때 하느님의 손과 다정한 팔이 자신을 감
싸고 있는 충만한 감각을 기도로 전한다. "당신의 오른손으로, 오
하느님이여, 내 머리 아래 두소서"로 시작하는 기도가 가장 전형
적이다.[25] 다음 기도는 하루를 마치며 잠들기 전에 드리는 기도
이다. 잠자리에 누워 사랑으로 확신에 차서 상냥하게 복을 구하
는 첫 구절을 좋아하지 않을 수 없다.

내 잠자리에 듭니다.
설령 무덤 안이라 해도

당신의 팔이 내 목을 받치고 있으리니.
승리하신, 마리아의 아들의 팔이.[26]

몸을 감싸는 기도는 지금까지 살펴본 기도와 약간 다른 종류이다. 아일랜드와 스코틀랜드 모두에서 발견되는 이 기도는 주로 하느님의 손이나 팔을 이야기하면서 시작된다. "하느님과 그의 오른손이 감싸네"와 같이 아우르고 둘러싸는 하느님은 많은 이들이 원하는 감각이었다. **카임**^{*caim*}은 일종의 보호 기도로, 도움이 필요한 이들을 지켜 달라고 삼위일체의 위격과 뭇 성인들, 마리아에게 간구하는 기도였다. 이 기도를 할 때는 오른손을 쭉 뻗은 후 집게손가락을 펴서 태양이 도는 방향대로 점점 크게 원을 그린다. 손가락 끝으로 원을 완성할 때마다 '하느님의 성소', '그리스도의 에워쌈', '마리아의 둘러쌈'과 같은 의미를 더한다. 그렇게 그린 원이 기도하는 이를 둘러싸며 그가 앞으로 나아갈 때마다 동행하고 그의 안팎으로 악이 틈타지 못하도록 보호한다고 믿었다.[27]

하느님과 그분의 오른손이 감싸네
내 형체와 골격 위에
높으신 왕과 삼위일체의 은총이 감싸네
내게 영원히 머무소서,
내게 영원히 머무소서.[28]

포친 몰드Pochin Mould는 아일랜드 일부 지역에서 독특한 기도법을 발견했다. 사람들은 나침반이 가리키는 네 지점을 돌면서 각 지점에 이를 때마다 십자 성호를 긋고 보호 로리카, 흉갑기도를 드렸다. "제일 먼저 주기도문을 드린 후 동쪽을 향해 몸을 돌려 전통적 기도 자세로 손을 들고 '하느님 나를 도우소서, 주여 속히 나를 도우소서'라고 기도한다. 십자 성호를 긋고 순서대로 방향을 지켜 이동하면서 기도의 말을 반복하고 눈을 아래로 내렸다가 하늘을 바라본다."[29]

언제나 십자가의 승리를 통해 두려움과 고통, 악의 힘으로부터 보호받기를 기도한다.

처형의 나무 십자가
그리스도의 상처 입은 등 뒤의 십자가
고통에서 나를 건지소서,
죽음과 저주에서 나를 건지소서.

흠 없는 그리스도의 십자가,
모두 나를 향해 손을 뻗네,
오 하느님, 나와 나의 운명을 축복하소서.
내가 사라지기 전까지.

그 안에 어떤 흉악한 것이 있더라도
내가 거기서 해를 입지 않기를,

죄 없으신 그리스도를 위하여
권능의 왕을 위하여.

생명이신 왕의 이름으로,
사랑이신 그리스도의 이름으로,
성령의 이름으로,
내 힘이신 삼위일체의 이름으로.[30]

이 취침 기도는 어떠한 감상적 요소도 배제한 채 완전한 확신 속에서 십자가 처형의 고통과 희생을 이야기한다.

무죄한 예수여,
가난한 이들의 왕이시여,
악한 이들의 억압 아래
심히 짓눌렸사오니,
이 밤, 유다로부터
친히 나를 보호하소서.
내 영혼이 당신 팔에 있나이다,
그리스도, 하늘의 왕이시여,
내 영혼을 사신 이, 예수여,
나를 위해 당신의 생명을 희생하셨나이다.
당신의 수난, 당신의 상처, 당신의 피를 위하여,
내 슬픔에서 나를 보호하소서.

그리고 오늘 밤 하느님의 도성 가까이

그 안전한 곳으로 나를 이끄소서.[31]

성인들

켈트 성인들은 친근하고 가까우며 마치 대식구에 속한 일원처럼 삶에 자연스럽게 스며들어 있다. 중앙집권적인 교회 조직에 의해 공식적인 과정을 거쳐 시성되는 서방의 성인들과 전혀 다르다. 유럽의 성인들은 주로 성해聖骸, 성시聖屍, 성지聖地로 알려지지만, 켈트 성인들은 이 땅에서의 삶을 중요하게 여기는 켈트의 방식을 따라 실제 머물고 활동한 지역, 관련 장소의 성인으로 불린다. 켈트 성인을 바르게 이해하고 나아가 그들의 삶을 향유하려면 무엇보다 그들을 공동체의 맥락에서 이해할 필요가 있다.[1] 켈트 그리스도교는 강한 공동체 의식으로 연결되어 있었다. 수도자이자 수도원 식구였던 블라마크는 그리스도의 사랑을 식구 간 사랑이라는 아름다운 단어로 설명한다. "모두가 아는 당신의 다정한 아들은, 오 마리아여, 식구 간 사랑으로 따뜻합니다." 아일랜드와 웨일즈의 초기 켈트 사회는 친족애와 소속감이 유난히 강했다. "부족, 지역, 위계, 가족이 곧 사회였다." 한 역사가의 말을 빌리면 친족애는 초기 켈트 사회의 강력한 조직 원리였음을

켈트 기도의 길

알 수 있다.[2] 기초 가족 집단은 남성의 혈통을 따라 6촌까지로 구성되었고, 수많은 가족 집단이 모여 **투아***tuath*를 형성했다. (성 패트릭이 아일랜드에 도착했을 때 약 100 투아가 존재하였다.)

7세기에 이르러 아일랜드의 토지 소유 및 법적 단위의 기본을 대가족 형태인 **핀***fine*으로 삼았다. 초창기 수도원 공동체는 이 방식을 순조롭게 받아들였다. 아직 도시가 조직되기 전이었기에 이를 확인할 수 있는 단위 형태는 좁은 지역의 왕이 다스리던 링포트 *ring-fort**가 유일하다. 이곳에서 각 집단은 일련의 동심원을 이루며 분포하였다. 가장 중앙에는 수도원이 있었다. 수도원장과 수사들, 수녀원장과 수녀들 같이 수도원에 직접 소속된 이들이 한 식구가 되었다. 다음으로 그들의 친구, 소농 기술 장인, 하인 및 기타 세속의 일을 맡은 이들과 일반 신도들이 각각 동심원의 궤도를 그리며 살았다. 다양한 사회적 지위의 사람들이 노역과 집세를 감당하며 여러 업무를 수행하였다. 수도사들과 수녀들을 지원함으로 그들에게 지원받는 것이 이들의 목적과 목표였다.

수도원은 사람들이 서로 의존하고 연결된 관계망의 중심이었으며 거대한 복합 공간이었다. 9세기 웨일즈나 아일랜드의 대형 수도원은 신앙 중심지이자 대학이었고 마을 자체였다. 어린 이들은 수도원에서 양육 받으며 학습했고, 이곳을 통해 학문이 융성하고 수공업과 예술 및 기술이 숙련되는 등 셀 수 없이 많

---

* 흙이나 돌로 성벽, 둑, 도랑을 쌓아 지은 고리 모양의 원형 요새

은 이들이 수도원을 끝없이 오갔다. 일련의 모든 작업은 일반 신도였던 수도원장이나 수녀원장의 지도 아래 이루어졌다. 저명한 켈트 역사가가 말했듯, 일반 신도라 하여 수준이 낮거나 세속적으로 변한 것을 의미하지 않는다.[3] 모두의 중심에는 성인의 숨결을 느낄 수 있는 지역 성인의 성해가 자리 잡고 있었다. 수사와 수녀들은 자신을 성인들의 제자라고 생각했다. 수도원은 내적으로는 성인을 모시고 외적으로는 그들을 둘러싼 주변 세계를 살폈다.

그러나 궁극적으로 성인들, 거룩한 남성들과 여성들의 존재가 사람들을 끌어들였고, 그 장소가 실제 존재해야 할 이유를 부여했다. 켈트 성인들은 부단히 지역과 환경에 뿌리를 내렸다. 그들은 처음부터 지역민들의 삶에 자연스레 스며들었고, 그들이 소명을 찾고 살아낸 장소에서는 더욱 그러했다. 거룩한 우물이라고 알려진 곳들을 보면 모두 성인이 생전에 살던 곳의 우물이다. 켈트의 성인이라 불리는 모든 이들은 그들로부터 멀리 떨어져 있던 교회 당국의 결정이 아니라, 그들의 거룩한 삶(많은 경우 거의 숨겨져 있던 비밀스러운 삶, 특히 웨일즈 성인들의 삶은 잘 알려지지 않았다)에 대한 이웃과 후대의 기억으로 인해 성인으로 추대되었다. 8세기 말 아일랜드인들은 그들의 성인들에게 높은 관심을 가지고 성인 명부를 작성하기 시작했다. 최초의 주요 문서는 당시 컬디 수도자인 윙구스가 저술한 《탈라흐트의 순교록》으로, 1월 한 달에만 200명이 넘는 성인들이 기록되어 있는 등 수백 명에 달하는 아일랜드 성인이 총망라되어 있다. 이는 지역 교회들이 기억하고 기도했던 수도원장들, 수녀원장들에 대한 기억과 함께 여타 인물들의 목록, 관련 기록을 참조하여 모든 성인을 각 달과 계절로 나누어 만들어졌다. 아이오나의 수도원장 아돔난^{Adomnan}은 여러 계절을 관장하는 성인들에게 드리는 자신의 기도에서 웡구스의 성인력을 언급하며 이를 자신의 저술과 다소 불리하게 비교한다! 6절을 보자.

사계절의 성인들이시여.
모든 성인에게 간절히 기도하오니,
고통 속의 나를 구하여 주시길.
한 해의 성인들이시여!

영광스런 봄날의 성인들이시여,
양육하시는 하느님[즉 그리스도]의
뜻을 따라
나와 함께 하소서.

건조한 여름날의 성인들이시여,
그들을 향한 나의 시심이
미친 듯이 날뛰오니,
나의 시가 이 땅으로부터
예수, 마리아의 아들께 닿게 하소서.

겨울의 성인들이시여,
내가 기도하오니
하늘 처소의 예수와
하늘의 성령 곁에 계신
모든 성인이 마귀 떼와 맞서
나와 함께 하소서.

고귀한 성인들이 지니시게 될
다른 달력이 있으니,
성인들의 수는 적을지 모르나
그 안엔 더 많은 기쁨이 있나이다.

이 땅의 성인들께 간구하고,
모든 천사에게 간구하나이다.
일어날 때와 누울 때 하느님 그분께 간구하나이다.
내가 무엇을 말하고 무슨 일을 하든
하늘의 땅에 머물게 하소서.[6]

2월 1일 성 브리짓(흑은 브리드) 축일은 성인을 기념하는 가장 중요한 절기 중 하나로 그리스도교 이전의 관습들이 그리스도교 축제로 흡수된 것으로 보인다. 이 축제는 1년 중 모든 자연이 잠들어 있는 '죽음'의 세 달을 보낸 후 겨울의 마지막 끝자락에 열린다. 이날은 흰 지팡이를 쥔 브리짓이 죽은 겨울의 입에 생명의 숨을 불어넣으면 겨울이 눈을 뜨고 눈물을 흘리며 사람들에게 봄의 미소와 웃음을 가져다주는 날이다. 다음은 19세기 말 스코틀랜드에서 카마이클이 발견한 속담이다.

브리드의 축일,

브리드가 그의 손가락을 강에 찔러 넣으니

추위를 품고 있던 어미가 저 멀리 달아난다네.

성 브리짓 축일은 성촉절Candlemas*과도 연결된다. 전해져 오는 이야기에 따르면, 정결례를 드리기 위해 브리드가 양손에 불을 켠 초를 들고 성전으로 향하던 중 마리아보다 앞서 걸어가게 되었다. 성전 높은 곳에 다다랐을 때 갑자기 바람이 거세져 초를 가릴 수 없었는데, 촛불은 전혀 깜빡이거나 꺼지지 않았다고 한다. 이런 이유로 브리드는 '빛의 브리드'라고 불린다.[5]

켈트 성인력은 1년 365일 거의 모든 날에 성인이 기록되어 있다. 그중 주요 성인들의 축일은 또한 한 해의 생활 방식과 자연스럽게 어우러져 큰 축제의 장이 된다. 이와 별개로 켈트 지역의 경관은 그 자체로 이코노스타시스iconostasis**이다. 켈트인들

---

* 혹은 주의 봉헌 축일. 아기 예수의 성전 봉헌을 기리며, 시므온이 아기 예수를 '인류를 비추러 오신 빛'이라 부름에 따라 그리스도를 상징하는 촛불을 축복하므로 성촉절이라고도 불린다. 2월 2일로 경칩과 비슷한 시기이다.
** 성화상막, 지성소와 성소를 분리하듯, 비잔틴교회에서 중앙 제대가 있는 장소와 회중석 사이를 분리하는 경계막 혹은 벽. 두 폭 이상의 이콘을 걸거나 그린다. 회중은 이콘을 통해 그 너머를 떠올린다.

은 지역의 풍경을 바라보며 성인의 현존을 생생하게 경험한다. 켈트 영성은 무엇보다 장소의 영성이다. 웨일즈 국경에 살고 있는 나는 누구보다 이 사실을 자명하게 느낀다. 지역의 성인을 기리는 수많은 교회와 우물들은 모두 그 자리에서 성인이 살던 시대부터 쭉 이어져 온 것들이다. 켈트 성인들을 알아 가는 즐거움 중 하나는 가까운 이웃이 아니면 모를 겸손한 남성들과 여성들을 만나게 되는 것이 아닐까 싶다. 구전되었기에 자칫 잊힐 수 있었던 사람들과 누구에게도 알려지지 않은 채 홀로 기도하며 일상을 평범하게 살았던 많은 이들의 이름을 만날 때마다 그들의 목소리가 들리는 것 같다.

웨일즈의 지명 중에는 '빈 터' 혹은 '탁 트인 공간'을 의미하는 란^{Llan}에 성인의 이름을 덧붙인 경우가 많다. 여러 란파이어 Llanfairs, 마리아의 교회가 대표적이다. 메르터^{Merthyr}는 성인을 기억하는 '기념비'를 의미한다. 켈트 성인과 관련 있는 또 다른 지명으로 브리타니에서는 접두사 로끄^{Loc}가, 아일랜드와 스코틀랜드에서는 킬^{Kil/Cil}이 자주 사용된다.[6] 해상 이동이 비교적 수월했던 켈트 지역 특성상 웨일즈, 아일랜드, 브리타니, 콘월 등지에 같은 성인의 이름이 자주 등장하는 등 켈트 세계는 하나로 연결되어 있었다. 한 성인이 전 생애에 걸쳐 이동한 경로를 따라 여러 장소를 관련된 장소로 묶을 수도 있다. 그러나 여러 지역을 다니며 복음을 전하는 중에도 이들의 깊은 갈망은 해소되지 않았다. 성인들은 언제나 사막이 끌어당기는 힘을 잊지 못했다. 그래서 이들은 산꼭대기나 깊은 숲이 우거진 계곡, 황량하고 비바람이 자주 몰아치는 곳, 사람이 살지 않는 작은 섬과 같은 외딴곳에 작은 교회나 독방을 마련하여 머물곤 했다. 이런 곳들이 지금 우리가 그들을 기억하는 장소이다.

켈트 성인 중 칼로 죽임을 당한 이는 극히 드물다. 켈트 그리스도교에는 로마 성인력에서 볼 수 있는 순교 전통도 없다. 그렇지만 그들 역시 초기에 많은 반발과 어려움을 겪었으며 그들이 직면해야 했던 위협과 괴로움을 과소평가해서는 안 된다. 성 패트릭이 로마계 영국인이자 그리스도인이었던 통치자에게 보낸 편지인 **코로티쿠스에게 보낸 편지**Letter to Coroticus는 새로운 신앙을 전파하는 데 무엇이 방해가 되었는지를 보여 준다.

코로티쿠스는 아일랜드 해안을 습격하여 사람들을 죽이고 세례를 받은 지 얼마 되지 않은 그리스도인들을 마구 잡아들였다. 노엘 더모트 오도나휴는 성 패트릭의 편지를 가리켜 '한결같은 분노의 포효, 거의 절망의 끝에 다다른 울부짖음'이라 말했다. 성 패트릭은 노예가 되는 것이 무엇을 의미하는지 잘 알고 있었다. 이제 막 그리스도인으로 회심한 이들이 겪을 수모를 생각하면 가만히 있을 수 없었다. 그는 통치자에게 보내는 편지에 고통과 분노를 쏟아 내었다. 코로티쿠스와 그의 추종자들을 "바람이 불면 연기처럼 흩어질, 그리스도를 거역하는 반역자들"이라고 부르며, 그들이 떨어질 지옥은 "영원히 불타는 호수"일 것이라고 말했다.[7] 강하고 억압적인 통치자들은 허가 없이 그들의 영토를 넘나드는 성인의 행보를 두려워하며 주시하였다. 또한 성인이 사람들과 평화롭게 존재하는 모습을 보면서 그들의 권력과 권위가 위협을 크게 받는다고 생각했다. 성 패트릭이 과월절의 불을 밝혔을 때, 그 불이 그리스도가 그들의 영토를 지배하는 통치자가 되리라는 약속임을 정확하게 알아챈 드루이드교도들은 일말의 의심도 없이 그 지역의 대왕에게 성 패트릭과 그를 따르는 이들을 죽이라고 부추겼다. 이렇게 성인들은 갈등과 혼란에 휩쓸려 살았지만, 그들의 삶에서 일하시는 놀라운 하느님의 기적은 시간을 거듭하며 그들의 거룩함을 증명해 보였다.

그들의 **생애사**Lives에는 특별한 일들이 많이 벌어진다. 초기 켈트 문학에서 **성인들의 생애사**Lives of the Saints는 역사나 로맨스도 아니고 엄밀히 말해 전기도 아닌 독특한 위치를 지닌다. 성인들의 삶을 기록하는 관습은 동양, 유럽의 수도원에서처럼 설립한 이를 기억하고 그들의 거룩한 삶을 공동체에 전하고자 하는 열망에서 비롯되었다. 대부분의 생애사가 몇 세기가 지나 기록되지만 성인의 생애가 끝난 지 얼마 되지 않아 기록되었다는 점에서 예외적인 두 인물이 있다. 성 브리깃과 성 콜롬바이다. 5세기 말 또는 6세기 초 킬데어 수도원을 설립한 브리깃의 생애는 7세기에 코지토수스Cogitosus가 기록하였으며 아일랜드 성인 중 가장 빠른 시기에 기록된 생애사이다. 597년 죽은 성 콜롬바의 생애사는 아이오나의 수도원장 아돔난이 657년에서 669년 사이에 기록하였다. 이렇게 생애사를 즉각적으로 남긴 이유는 특정 교회나 수도원 재단의 정치적 이익을 옹호하기 위한 목적이 그 이면에 있었다. 그러므로 이들의 생애사는 지역 권한과 특권을 보호하려는 의도적인 맥락 안에서 기록되었다. 이러한 예로 《란다

프 서*Book of Llandaff*)를 들 수 있다. 12세기 란다프의 주교 우르반Urban은 노르만 침입자들의 간섭이 날로 심해져 그의 위치가 위협받던 상황에서도 온 힘을 다해 기록했고 그 저술 덕분에 성 데이비드 교구와 헤러포드 교구의 경쟁자들의 요구에 맞서 새로운 토지에 대한 권한을 확립할 수 있었다. 이는 아주 전형적인 사례로 생애사를 읽을 때마다 이런 사실을 언제나 기억해야 한다.

예상대로 많은 생애사는 편향되고 심지어 터무니없고 기괴할 만큼 온갖 기적들과 신비로운 일들, 불가능한 인고의 위업, 개연성 없는 사건들 중심으로 기록되었다. 성인들은 헌신의 본보기일 뿐 아니라 능력을 드러내는 사람이어야 했기 때문이다. 그래서 우리는 생애사를 역사, 신화, 심리적 측면과 더불어 적어도 영적인 차원에서 다양하게 다루어야 한다. 생애사는 고유의 서사 기법으로 귀족 전사 사회의 전통을 보여 준다. 우리는 이미 어둠의 힘과의 전투에서 승리하신 그리스도, **크리스투스 빅토르**의 영웅적 본질을 잘 알고 있다. 생애사는 성인이 지닌 영웅으로서의 위상을 강조한다. 성인과 영웅은 여러 면모에서 비슷하다. 성인과 영웅 모두 본질적으로 투사, 우승자, 승리자이다. 한 인물이 영웅으로 숭배되는 과정과 성인의 과정은 상당히 유사한 형태를 지닌다. 성인과 영웅 모두 대중이 목소리 높여 그들을 호명하고, 그들이 속한 사회에서 각자 지위에 맞는 자리로 발탁되며 그들의 삶을 통해 사회의 이상과 가치관이 구현된다. 이 과정을 비교하는 것은 매우 흥미로운 일이다. 다만 피터 브라운Peter Brown이

지적하듯, 영웅은 지상에서 영광을 누리고 죽은 후 더는 인간과 연결되지 않는 필멸자이지만, 그리스도교 신앙에서 성인은 죽어서 하느님과 더 친밀한 관계를 형성하고 하늘 보좌 가까이 앉아 동료 필멸자들을 대신해 중보할 수 있다는 차이가 있다.[8]

삶에 숨겨져 있는 진실을 찾기 위해 밀밭에서 가라지를 뿌리째 뽑듯 거슬리는 것들을 분리하려 하면 실망만 남을 것이다. 삶은 본질적으로 기적이며, 태어나는 순간부터 심지어 이전부터 존재하는 기적이다. 이런 표적과 경이는 반짝이는 보석처럼 다양한 형태의 빛에 빗대어 상징적으로 표현된다. 성인의 탄생 이야기 가운데 베다가 전하는 성 힐다St Hilda의 탄생은 특히 생생하다. 귀족인 성 힐다의 어머니는 켈트 영주와 함께 피신하던 중 꿈을 꾼다. 꿈속에서 (머지않아 독살을 당하는) 남편을 찾고 있었는데 그의 옷 속에서 값비싼 목걸이를 발견한다. 가까이 들여다볼수록 목걸이는 눈부신 빛을 내뿜어 온 영국을 환히 비추었다. 당연히 이는 태중의 아이가 태어나면 성인이 되어 평생 이 땅을 밝히고 이교도의 어둠과 교회에 빛을 가져오리라는 예고였다. 성 브렌단St Brendan이 태어나던 밤(그의 어머니는 출산 전 우연히 자신의 가슴에 순금이 가득한 꿈을 꿨다고 한다.) 지역 주교 에레Ere는 "크게 타오르는 불꽃 하나와 그 땅 주위에 빛나는 하얀 옷을 입은 천사들이 모여 있는" 광경을 보았다. 이어지는 삶은 공식 같은 절차를 따른다. 앞서 인용된 시에서 하느님의 '돌봄'이 그리스도의 양육으로 묘사되었던 것처럼 성인으로 분명하게 계시된 약속의 아이는 선하고 학식 있는 사람들의 양육을 받는다. 세속 사회에서도 공동 양육은 흔한 일이었다. (대식구의 기능이 반영되어 있다.) 성 브렌단은 두 살 때부터 수녀 성 이타에게 양육받기 시작하여 5년간 성 이타의 온화하고 따뜻함 속에서 하느님에게 봉헌된 삶을 살아갈 기초를 배웠다. 성 이타의 이런 성품은 어린 예수가 성 이타의 품에서 잠든 모습을 묘사한 시에 잘 드러나고 있다. "나는 나의 주님에게 어느 것도 받지 않겠나이다." 성 이타가 말했다. "주께서 아기의 형상을 한 그분의 아들을 하늘로부터 내게 주시어 돌볼 수 있게 하시기까지." 그러나 아기의 형상을 한 그리스도가 그에게 왔고, 이어 성 이타는 다음과 같이 말한다.

> 어린 예수, 내 소박한 은둔처에서 내 돌봄을 받는 이. 재물을 쌓아둔 사제조차 모두 거짓이라네. 이 어린 예수 외에는.
> 내가 내 집에서 돌보는 이는 어느 비천한 자가 아니라 매일 밤 내 마음에서 천국 백성과 함께하는 예수라오.[9]

성인들은 '자신이 부활할 장소'를 찾아 이 수도원에서 저 수도원으로 옮겨 다니며 여러 해 동안 떠돌아다니기도 하고, 앞에 놓인 소명을 따라 은수자로 고독한 시간을 보내기도 했다. 그러다 적절한 곳에 수도원을 짓고 제자들이 몰리면 마침내 그들의 이름이 그 지역에 널리 퍼지기 시작했다. 이제 성인들은 그 장소에서 남은 생과 그 이후까지 셀 수 없이 많은 영혼의 아버지, 혹은 어머니, 인도자와 상담자가 된다. 클로막노이즈 수도원은 스승인 성 엔다St Enda와 수련수사인 성 키아란이 아란모어 섬에서 본 환상에서 비롯되었다. 그 둘은 섀넌 강변에 있는 크고 열매가 풍성한 나무가 내륙부터 해안까지, 아일랜드 전역에 그림자를 드리운 모습을 보았다. 성 키아란이 환상의 의미를 묻자 스승은 "내 아들아, 그 나무는 바로 너 자신이다. 너의 명성이 아일랜드를 가득 채우고, 네 안에 계신 하느님의 은총이 멀리 있는 사람들에게까지 도움을 줄 것이다"라고 대답하며 수도원이 교회의 미래에 감당할 역할에 대해 이야기하였다.

생애사를 읽는 일은 놀라움의 연속이다. 적과 친구, 천사, 야생 생물, 자연의 온갖 것들과의 만남이 가득하고 생생한 이야기들은 읽는 이의 마음을 북돋는다. 코지토수스가 7세기에 저술한 생애사에 나오는 성 브리짓과 햇빛에 관한 이야기는 읽기만 해도 기분이 좋아진다.

넓은 목초지에서 양을 방목하고 있던 브리짓은 갑자기 내린 폭우에 옷이 흠뻑 젖어 집으로 돌아왔다. 벽 틈새로 햇빛이 강하게 비추었는데, 마치 집 전체를 뚫고 고정된 단단한 나무 기둥 같았다. 브리짓은 그 빛줄기 위에 망토를 벗어 올려 두었다. 망토는 형체 없는 햇빛에 흔들림 없이 매달려 있었다. 그 집에 함께 거주하던 이들은 이 위대한 기적을 이웃들에게 퍼트리며 누구와도 비교할 수 없는 브리짓의 이름을 드높이며 칭찬하였다.[10]

성 니니안St Ninian의 생애사에서는 자연이 어떻게 성인의 축복받은 신성에 반응하는지, 또 그것이 잠시 흐트러질 때는 어떻게 반응하는지를 보여 준다.

> 그는 여행 중 쉴 때마다 그 자신과 그를 태우고 다니는 동물을 위해 책을 한 권 꺼내 들었다. … 신성한 힘이 그에게 깃들었다. 그가 야외에서 휴식을 취하다가 심한 폭우가 내려도 은총 덕분에 그와 그가 읽고 있던 책에는 전혀 물이 닿지 않았다. 주변 모든 것이 젖어도 그는 마치 지붕 아래 있어 보호받는 것처럼 폭우 속에 작은 책을 들고 홀로 앉아 있었다.

> 그러던 중 어느 날 평상시처럼 그가 시편을 꺼내 들었는데,

> 가벼운 공기가 하느님의 종을 둘러싸 공간을 만들어, 쏟아지는 폭우에서 무엇도 뚫을 수 없는 벽처럼 그를 보호하였다. 그러나 그들이 노래하자, 최고로 복된 니니안은 율법에서 벗어난 생각을 하였고, 그 틈을 탄 악마의 유혹을 이기지 못해 책에서 눈을 떼고 말았다. 그러자 즉시, 그와 그의 책에 비가 쏟아졌다.[11]

기적은 언제나 존재한다. 죽은 자를 살려 내는 일은 생애사에 가장 빈번하게 등장하는 기적이다. 다음은 그 대표적인 이야기이다. 6세기의 성 파단St Padarn이 세레디존에 세운 위대한 수도원이 이후 번성을 꾀하던 시기(12세기 초) 전해진 이야기이다. 성 파단은 그의 하인 중 하나가 수도원 숲에서 강도들에게 살해당

했다는 소식을 듣고 그 하인의 이름을 부르며 "레오우스야, 네 주인이니 대답하라"고 말했다. 그러자 시체에서 떨어져 나간 머리가 "주인님, 제가 여기 있습니다"라고 답하였다. 그는 대답이 들려온 곳으로 올라가 몸에서 분리된 머리를 보고 하늘을 올려다보며 시체 전체를 축복했다. 곧 머리와 몸이 합쳐지고 하인은 살아났다. 두 사람 모두 그리스도의 기적에 감사드렸다.[12]

성인들은 기적을 일으켜 불가능한 일을 해내는가 하면, 또 어느 순간에는 평범한 사람의 삶과 맞닿아 있는 다정하고 따뜻하며 겸손한 모습을 보이기도 한다. 특히 성 브리짓은 그리스도의 탄생 때 활동한 산파 혹은 조산원과 매우 비슷해 보인다. 성 브리짓의 이야기에는 듣는 이들에게 꽤 익숙한 단어들이 등장한다. 브리짓이 베들레헴 여인숙에서 일을 하고 있을 때 두 명의 낯선 사람, "늙고 갈색 머리에 회색 수염을 기른 남성과 젊고 아름다운 여성"이 찾아왔다. 그들에게 쉴 곳을 제공할 수 없었던 브리짓은 대신 자신이 먹을 보리빵과 씻을 물을 주었고, 더 많이 주지 못해 안타까워했다. 나중에 그는 마구간 문 너머로 찬란하게 빛나는 황금빛을 보았고, 때맞춰 출산 중인 마리아를 도와 아이를 받아 주었다. 전설은 시간을 초월하여 놀라운 이야기로 계속 이어진다. "아이가 태어나자 브리짓은 정결한 물 세 방울을 성부, 성자, 성령의 이름으로 아기의 이마에 떨어뜨렸다." 이로 인해 브리짓은 마리아의 조산사로 알려지게 되었다. 지금도 산파들은 산모가 진통을 겪을 때 그 집 문으로 가서 문턱에 손을 얹고 브리짓에게 간청한다. "브리짓! 브리짓! 어서 들어오세요! 태어날 아이를 진심으로 환영해 주세요!"[13]

무수히 많은 성인과 야생 생물이 서로 존중하고 우정과 기쁨을 나눈 이야기는 더없이 많다. 딱 하나만 예로 들기 어려울 정도이다. 성 콜룸바의 동료 모 추아는 광야의 독방에서 은수자로 살았다.

그에게는 세상의 그 어떤 부도 없이 오로지 수탉, 쥐, 파리뿐이었다. 수탉은 밤새 그를 위해 아침 기도를 읊조렸고, 쥐는 밤낮으로 5시간 이상 자지 못하게 하였다. 십자가 모습으로 서서 밤새 기도하거나 절하며 기도한 탓에 피곤에 절어 좀 더 자려 할 때도 쥐가 그의 귀를 물어 깨웠다. 파리는 그가 시편을 읽을 때 모든 행을 따라 걸었다. 그러다 잠시 읽기를 멈추면 그가 다시 돌아올 때까지 파리는 그 자리에 머물러 있었다.[14]

사이르Saighir의 성 키아란은 집안에 야생 멧돼지, 사슴, 오소리, 여우를 들였다. "이들은 수도자처럼 모든 일에 성인의 명에 순종하면서, 가장 유순한 모습으로 그와 함께 지냈다." 하지만 채식에 질린 여우는 어느 날 주인의 신발을 훔쳐 예전에 살던 굴로 가 먹어 치우려 했다.

이 사실을 알게 된 거룩한 아버지 키아란은 다른 수도자이자 제자인 오소리를 여우가 있는 광야로 보내, 형제를 본래 자리로 데려오도록 했다. 숲을 잘 아는 오소리는 주인의 말에 즉시 순종하여 출발했고, 형제인 여우가 있는 동굴로 곧장 향했다.

막 신발을 삼키려는 여우를 발견한 오소리는 여우의 귀와 꼬리를 자르고 머리털을 뽑았다. 그리고 수도원으로 함께 가서 도둑질을 참회하라고 강하게 설득했다. 강압에 못 이긴 여우는 오소리와 함께 성 키아란의 독방으로 돌아와 신발을 원래 상태 그대로 돌려주었다. 거룩한 이가 여우에게 말했다. "형제여, 어느 수도사라도 해서는 안 되는 죄를 어찌하여 지었는가? 보라, 우리의 물은 정결하며 모두에게 공평하고, 음식 또한 모두에게 그러할진데, 그대가 본능으로 인하여 고기가 먹고 싶었다면 전능하신 하느님께서 나무껍질로도 고기를 만들어 주시지 아니하셨겠는가?" 그러자 여우는 용서를 구하고 단식으로 참회하였으며 거룩한 이가 명할 때까지 음식을 건드리지 않았다. 그리고 곧 그는 다른 이들과의 친교 안에 머물게 되었다.[15]

서기관이자 학자인 성인들을 위해 유익한 도움을 준 동물들도 많다. 데브니쉬Deveneshi의 성 몰라스St Molass가 필기 도구가 필요할 때 새가 그에게 깃털을 떨어뜨려 주었다. 아가보의 성 카인닉St Cainnech은 숲을 거닐 때 사슴 뿔에 책을 얹어 두고 공부했다. 클로막노이즈의 성 키아란의 친구인 여우는 그와 그의 교사 사이를 오가며 "밀랍에 글을 다 쓸 때까지 조용히 수업에 참석했다가 이를 키아란에게 가져다주곤 했다."

편안한 동료애와 친근한 대화로 천사들과 우정을 나누는 것 역시 성인들 생애에 중요했다. 다음은 성 데이비드의 전기 작가가 기록한 사실에 가장 가까운 내용이다. "아침 기도 후 그는 천사들과 대화하기 위해 홀로 나아갔다." 그의 수도자들은 그를 '천사들의 동료'라고 불렀다. 성 브렌단이 죽었을 때 성 콜룸바는 "지난밤 하늘이 갑자기 열리고 천사 무리가 성 브렌단의 영혼을 만나기 위해 내려오는 것을 보았습니다. 빛나는 그들은 더할 나위 없이 온 세상을 비추었습니다"라고 말했다. 천사들은 성인의 죽음이 가까워 올 때 반드시 나타나는 존재이다. 천사의 등장으로 성인의 탄생 시 언급되었던 빛의 주제로 돌아갈 수 있다. 성 콜룸바의 죽음에 대한 묘사는 평생 천사와 함께했던 성인이 죽음이 다가올수록 천사들과 더 가까워지는 모습을 보여 준다. (아이오나에서는 '하늘 나라 시민들이 성자와 대화하기 위해 내려왔다고 전해지는 천사들의 언덕'을 볼 수 있다.) 그가 죽기 하루 전 안식일에 수도자들은 "하늘을 향해 들어 올린 그의 눈에 불그스름한 꽃송이들이 일렁이는 것"을 보았다. 실제로 성 콜룸바는 성당 안에서 "하느님의 소중한 빛을 갚기 위해", 그의 영혼을 거두기 위해 보냄 받은 천사가 자기 위에서 날아다니는 것을 홀로 보고 있었다. 그는 섬을 축복하고, 자신을 보고 흐느끼는 말에게 작별인사를 나눈 후 헛간에 앉아 시편을 필사하였다. 저녁 기도를 드리고 잠자리에 든 그는 자정을 알리는 종소리에 일어나 다른 이들보다 먼저 제단 앞으로 달려가서 혼자 무릎을 꿇고 기도하였다. "그때 뒤따라 오던 그의 하인 디어메트가 멀리서 천사들의 빛이 성인 주변을 둘러싸는 것을 보았다." 그리고 들어가 제대 앞에 누운 그를 발견했는데, 그의 얼굴은 여전히 "천사를 본 기쁨으로 붉게 물들어

9장 성인들

서, 죽은 사람이 아니라 살아 있는 사람이 잠 든 것처럼 보였다."
같은 시기 아일랜드의 또 다른 성인은 아이오나 수도원이 천사들의 밝은 빛에 푹 젖어 있는 환상을 보았다. "그의 영혼을 데려가기 위해 하늘에서 내려온 수많은 천사들의 빛이 모든 공기와 하늘, 하늘 위에 이르도록 가득 메우고 있었다. 나는 그의 영혼이 지상을 떠나 천사들의 합창대 가운데로 들려진 순간 하늘로부터 들려오는 천사들의 가장 감미로운 노랫소리를 들었다."[16]

성인들은 그들의 탄생 때 예고된 것처럼 빛을 전달하는 역할을 하기 때문에, 무엇보다 선과 악, 어둠과 빛 사이에 벌어지는 지속적인 싸움을 인식하게끔 도와준다. 우리는 생애사를 읽으며 동일한 싸움을 치르고 있는 우리 자신을 위한 영감을 얻게 된다. 《나비가티오 브렌다니*Navigatio Brendani*》 혹은 "브렌단의 항해"[17]는 성 브렌단의 영웅적인 여정으로 빛과 어둠의 싸움을 이보다 더 잘 보여 줄 수 없을 것이다. 이것은 겉보기에 항해사 성 브렌단(480-70, 브렌단이라는 이름의 아일랜드 성인이 여럿이다)이 착수한 바다 항해 이야기이다. 그는 자신이 묻힌 클론퍼트Clonfert 수도원을 설립한 수도자이자 훗날 아드퍼트Ardfert의 수도원장이 되기도 했다. 그는 성인들에게 약속된 땅, '복된 자들의 섬', 성인들의 낙원을 찾아 7년에 걸친 여정을 떠난다. 1970년대 팀 세베린Tim Severin은 《나비가티오 브렌다니》에 적힌 대로 가죽으로 배를 만들어 네 명의 아일랜드 출신 동료와 함께 성 브렌단의 경로를 따라 항해에 나섰다. 이들을 태운 위태로운 작은 배는 대서양을 건너 마침내 뉴퍼들랜드에 도착했다. 하지만 브렌단의 항해를 지리적인 탐험으로 간주하고 해석할 수는 없는 일이다. 대신 그리스도교 이전부터 아일랜드에 널리 퍼져 있던 문학 형식인 **임라마**immrama 라는 항해 서사 맥락에서 해석해야 한다. 이는 삶의 의미를 찾아가는 여행 문학이자, 행복한 '다른 세계'를 보편적으로 탐구하는 '꿈 문학vision-literature'으로 인류의 역사만큼이나 오래된 문학의 장르이다. 상상력과 활력이 넘치고 실존 인물과 비할 수 없는 실감 나는 영웅으로 가득한 임라마는 아일랜드 이야기꾼들을 통해 끝없는 모험과 경이로운 자연이 펼쳐지는 다른 세계들을 계속해서 보여 주었지만. 주인공과 동료들은 언제나 결국 집으로 돌아왔다.[18] 켈트 영성에서 저 바다 너머에 무엇이 있는지 보고자 하는, 채워지지 않는 갈망은 바다 가까운 곳에 살며 몸에 자연스레 새긴 감각이다. 아돔난은 배에서 나오거나 배를 찾아다니며, 물과 땅에 모두 거주하는 삶, 배를 타고 바람에 따라 돛을 움직이며 위험하고 끔찍한 바다 생물을 마주하는 일상을 선명하게 보여준다. 그러나 바다는 물리적으로만 존재하는 게 아니다. 바다는 언제나 한계의 장소, 가장자리, 경계, 장소와 장소 사이를 의미했다. 그래서 바다는 계시의 장소, 지혜의 원천으로, '다른 세계'에서 온 메시지가 전달되는 매개체로 자주 사용되었다.

《나비가티오 브렌다니》는 바린투스Barinthus라는 수도자가 성 브렌단에게 자신이 발견한 기쁨의 섬에 관해 이야기하며 시작된다. "그곳은 모호한 어둠도 없이 오직 영원한 낮만 있는 곳입니다." 이를 직접 보겠다고 결심한 성 브렌단은 기도와 단식 끝에 엄선한 14명의 동료와 함께 7년의 항해를 떠난다.《나비가티오 브렌다니》는 자연과 초자연의 경계가 사라진 곳에 성인이 들어가 마주하게 된 기이한 신비와 즐거움, 공포, 괴로움에 관한 이야기이다. 그들은 여러 수도 공동체에게 잇따른 따뜻한 환대를 받는다.

우리를 만나기 위해 각자의 독방에 머물고 있던 형제들이 벌 떼처럼 모여들었다. 그들은 따로 떨어져 지내면서도 믿음, 소망, 사랑으로 더불어 살았다. 식당은 하나였고, 성무일과 때 항상 모였다. 그들은 과일, 견과류, 뿌리채소를 포함한 채소 외에 다른 음식은 먹지 않았다. 그리고 밤 기도 후 각자 자신의 독방에 머물면서 닭이 울거나 종이 울릴 때까지 기다렸다.

나는 이런 켈트 수도원이 자리한 마을의 온화한 풍경이 좋다. 또 다른 섬에 이른 그들은 성 아일베St Ailbe와 그가 속한 수도 공동체를 만난다. 그곳은 침묵을 지키는 관상 공동체였다.《나비가티오 브렌다니》에서의 시간은 연대기적 시간이 아닌 상징적으로 중요한 사건의 카이로스의 시간이기 때문에 성 아일베와 성 패트릭은 동시대 사람으로 등장한다. 얼마간 시간이 지나 다른 섬에서 이들은 또 다른 성 패트릭과 동시대 사람을 만난다. 그는 '이다지도 좋을까, 이렇게 즐거울까! 형제들 모두 모여 한데 사는 일!'이라는 시편의 말씀으로 그들을 환대하는 은수자로 등장한다.

그들의 항해에는 끝없는 위험과 영광이 도사리고 있었다.

수정 기둥 사이를 항해하고, 괴물을 만나고, 섬에 상륙해 고래로 변하고, 새들의 섬에 머물고, 새들과 함께 성무일과를 드린다. 심해 괴물들이 배를 둘러싸 수도자들이 겁에 질렸을 때 성 브렌단은 "어찌하여 저들을 두려워하십니까? 우리 주 예수 그리스도는 창조의 주님이 아니십니까"라고 말한다. 7년의 항해는 그들에게 창조의 신비를 목격하고, 창조의 현상 속에서 창조주의 현존을 묵상할 기회를 주었다. "창조주를 이해하려면 창조물을 이해하라"는 성 콜룸바의 말이 떠오른다. 괴물이 그들을 뒤쫓고 있을 때 성 브렌단은 형제들에게 묻는다. "사랑하는 수도자들이여, 보입니까? 주의 경탄할 만한 창조물이 창조주께 순종을 보이고 있지 않나요?" 여기에는 경이, 자연세계에 대한 깊은 관심, 창조세계 전체가 하느님의 구원의 은총에 열려 있다고 보는 신비로운 창조를 향한 전망이 있다.

또 다른 차원에서 《나비가티오 브렌다니》를 들여다볼 수 있다. 이 이야기는 영적이고도 심리적인 싸움을 포함한 순례를 여행이라는 대중적인 형태로 바꾸어 갈등을 다룬다. 이는 내면의 여정이며, 내면은 곧 자신의 전쟁터이다. 성 브렌단은 전투에 참여하는 하느님의 사람이고, 그의 동료 수도자들은 동료 전사들이다. 토머스 머튼은 1964년 7월 18일자 일기에 쓴 것처럼, 이 책이 수도자에 의한, 수도자에 대한 이야기라는 사실을 단번에 알아차렸다. "오늘 아침부터 수도원 생활의 자취를 따르는 책을 연구하기 시작했다. 이 책은 불가능한 섬과 지상낙원, 궁극적 이상을 탐구하는 순례의 신화이다."[19] 이들이 항해 중에 성탄절을 아일베의 수도 공동체에서 함께 보내고, 양들의 섬 주위에서 닻을 내리고 부활 절기를 보낸 두 이야기는 무엇보다 이 여정이 전례 기도와 전례 시간에 의해 규정된 구조를 지니고 있다는 사실을 잘 보여 준다. 이 여정은 연대기적 여정이 아니다. 모든 시간은 40, 3, 7이라는 상징적인 시간을 따른다. 7년의 여정 끝에 마침내 약속의 땅에 도착한 성 브렌단과 그의 수도자들은 그곳에서 40일을 보낸 후 귀향한다. 그들은 여러 섬에서 사흘간 머무른다. 사흘간 기도하고 단식한다. 사흘 후 바람이 멈춘다. 모든 게 시간과 공간 바깥에서 이루어진다. 우리는 시간과 영원, 이 세상의 때와 장소, 그리고 이 모든 것에 스며 있는 신성한 현실 사이의 작용을 지켜보았다. 《나비가티오 브렌다니》가 제기하는 질문은 '어떻게 변모된 중심을 벗어나 살 수 있단 말인가?'이다. 성인들은 사람의 시간은 영원한 차원에 속하고 그 안에서 흐른다는 것을 알았다.

위르 데이_vir Dei_, '하느님의 사람' 성 브렌단은 전투에 참여한 영웅이었다. 그는 죽은 후 하늘의 사람들의 환영을 받고, 그보다 앞서 전투와 고통을 겪고 승리한 이들 가운데로 합류할 것이다. 《탈라흐트의 순교록》은 시인 자신이 합류되길 바라는 왕의 나라와 식구들에게 돌아오는 이들을 환영하는 왕의 모습을 묘사한다. "나로 하여금 당신의 무한한 영광의 나라에서 왕의 식구들과 함께 영원히 함께하기를."

이것은 성인을 따르는 모든 이들이 굳게 붙든 약속이다.

내 마음의 열망은 하느님의 얼굴을 보기를.
내 마음의 열망은 왕의 나라에서 영원히 함께하기를.

하느님의 보좌 주위에 모여 있는 성인들이 어떻게 이해되었는지를 보여 준다. 사람들은 '태양'을 하느님의 빛나는 하늘 보좌로 여겼다. 시의 말미에서 시인은 왕의 모든 사람이 "고귀한 왕을 따르는 군대, 밝고 흰옷을 입은 무리, 어마어마한 성인들"처럼 모여 있다고 말한다.

구름 위에 계신
왕을 둘러싼 왕의 사람들을 높이 받드네.
찬란한 태양이 거룩한 빛으로 하늘을 밝히도다!
천사를 다스리시는 왕이여, 사람들의 주인이시여!

사람들의 주인이시여,
의로우시며 진실로 선하신 왕이시여!
당신의 사람들을 높이 받드는 나에게
모든 유익이 있게 하소서.

내가 귀히 여기는 왕의 사람들…
맑고 아름다운 사람들,
왕의 사람들을 내가 높이 받드네.[20]

여기에 하늘의 식구들이 있다. 이들은 하느님을 바라보며 보좌를 둘러싸고 있다. 11세기 익명의 아일랜드 작가는 이런 말을 남겼다. "성인들은 그들이 음악을 듣고 그들이 보는 빛을 바라보고 그 땅에 있는 향기를 흠뻑 들이키는 것 외 아무것도 필요하지 않다."[21]

하늘의 집, 하느님의 궁궐은 즐겁게 함께 어울리는 곳이다. 지금의 아일랜드인들은 타라의 홀을 가득 채웠던 색채와 음악에 대한 기억을 그들의 마음에 잘 간직하고 있을까? 타라는 전통적인 모임 장소로, 신하들을 위해 긴 의자 열두 개를 비치한 넓은 방이었다. 대왕이 낮은 언덕에서 지역을 다스리고 백성들과 가까이 머물렀던 것 같이 하늘도 땅에 매우 가까이 있다고 여겨졌다. 그래서 이 아일랜드 남서부의 한 여성 노인 역시 하늘의 사람들을 자신의 오두막으로 초대할 수 있다고 생각했다. 그는 하느님과 그의 성인들과 함께 집에 있다고 느끼며, 그들을 환대하듯 이웃들에게 베푼다.

내 집에 하늘의 사람들을
모실 수만 있다면
통에 가득 선한 마음 담아
그들에게 내어드릴 텐데.

왕 중의 왕께 드릴
맥주가 커다란 호수처럼 있다면

하늘의 식구들이 그걸 마시는 것을
영원히 볼 수만 있다면.²²

성인들의 상통communion에 대한 켈트 감각은 그웨날트의 시
에서 두드러지게 나타난다. 그는 이 세상과 저 세상 사이 장벽이
무너졌으며, 오늘날 로마니˙처럼 성 데이비드가 온 나라를 돌아
다니며 학교, 대학, 광산, 공장으로 들어가고, 마침내 우리 집으로
온다고 말한다.

교회 안에서 두 세계를 가르던 장벽이
이제 보이지 않네.
땅에서 싸움에 힘쓰는 교회는
하늘의 승리를 얻은 교회와 하나라네.
둘이 하나된 이 교회에 성인들이 거하네.
그들이 와서 우리 적은 무리의 신자들과 함께 예배하니,
성인들은 우리의 가장 오랜 조상들이네…
그는 어디에나 교회를 두네
생명을 지닌 몸처럼
의지를 지닌 마음처럼
그는 크고 작은 일을 하네.

• 과거 '집시'라고 알려졌으나 이는 비하의 의도가 담긴 인종차별적인 언어이므로 로마니
(Romany)라고 부른다.

우리집 안으로 교회를 가져오네,

식탁 위에 거룩한 그릇을 올리고

준비해 둔 빵과 포도주를 가져와

떠돌이처럼 테이블 뒤에 서서

희생의 이적을 숨기지 않네.

성만찬 후 불 곁에 모여 우리와 이야기하네

우리에게 하느님의 자연 질서를 말씀하네…[23]

켈트 성인들은 우리가 "이렇게 많은 증인이 구름처럼 우리
를 둘러싸고 있는 가운데 집을 지키고 있다"는 사실을 떠올리게
한다. 우리는 하늘의 커다란 집과 사람들, 하늘 식구들이 둘러싼
작고 안전한 집에서 이땅에서 만난 식구와 함께 일상의 일을 하
며 하루를 살아간다.

10장

찬미

켈트는 마지막 때가 아름다우리라고 내다본다. 다음 세상에서 우리는 성인들, 하늘의 모든 식구와 어울리며 하느님의 보좌 주위에 모여 크게 기뻐할 것이다. 시와 음악은 켈트인들에게 삶의 일부였기에 그들은 '늘상 들어 온 음악이 들려오길' 기대했다. 기뻐하는 능력을 타고난 켈트인들은 찬미, 경축, 감사를 밑천 삼아 기도 생활을 빚어 갔다. 12세기 아일랜드의 시는 하느님을 완전하게 찬미하고 싶어 했던 켈트인들의 소망을 보여 준다.

내가 말하오니, 아무 흠 없이 당신을 찬미하기를.
하늘과 땅의 왕이여, 내 마음이 당신을 사랑하나이다.

내가 말하오니, 아무 흠 없이 당신을 찬미하기를.
위대하신 주님, 나의 시름을 거두사
온전한 섬김으로 당신을 경배하게 하소서.
내가 말하오니, 아무 흠 없이 당신을 찬미하기를.

켈트 기도의 길

모든 것 살피시는 아버지께서 나의 말과 노래를 들어 주소서.[1]

12세기의 또 다른 시는 "내 주저 없는 찬미를!"이라고 반복해서 노래한다.

주여, 당신의 것 되게 하소서,
내 주저 없는 찬미를!
내 마음의 모든 사랑을
당신께 드리나이다.
땅과 하늘의 거룩한 왕이시여!

주여, 당신의 것 되게 하소서,
내 주저 없는 찬미를!
오 순전한 왕이시여!
나의 길을 밝히사
당신만의 거룩한 땅을
섬기고 기도하게 하소서!

주여, 당신의 것 되게 하소서,
내 주저 없는 찬미를!
갈망하는 영혼들의 아버지시여
내 노래를 받으사 당신의 것 되게 하소서![2]

가장 초기에 쓰인 웨일즈 시 중 하나는 **고르폴레드**_gorfoleddu_ ,
'황홀한 기쁨'에 사로잡혀 손수 만드신 세상을 구원하는 창조주
를 생기롭게 찬미한다.

전능하신 창조주, 땅과 바다를 지으신 분…

싱그러운 풀과 나무들이
명랑히 노래하여도,
참되신 주여! 이 세상은
당신의 모든 영광과 기적, 풍요를
다 표현할 길 없나이다.

성부께서 이 땅에 이루신 수많은 경이는
일일이 헤아릴 수조차 없으니,
우리에겐 그것을 담을 글자가 없고,
그것을 표현할 글자가 없나이다.

예수께서 이 땅의 주인으로 오실 때
드러내신 허다한 기적은
이 땅의 풀들만큼 많고 많네.

세상의 경이를 만드신 분이
우리를 구하시었고, 또한 구하시리라,

삼위일체를 향한 찬미를 기꺼이 드리리.[3]

여기에서 하느님은 구원하시는 하느님이다. 하느님의 창조를 드높이는 행위에서도 하느님의 구원 사역은 결코 잊히지 않고 함께 찬미된다. 지금까지 앞서 살펴본 것처럼 켈트인들의 기도 중에는 마음의 슬픔을 쉬지 않고 쏟아 내는 긴 연도가 많으며, 이에 못지 않게 기쁨을 외치는 찬미시도 많다.

중세 웨일즈 문학에서 가장 위대한 작품으로 손꼽히는 《탈리에신의 사랑 *The Loves of Taliesin*》은 이런 감정을 특별히 잘 표현해 놓았다. 시의 주제는 참회, 참회를 바라는 심정이며, "하느님 나를 구원하시리니, 참으로 아름답도다"처럼 구원하시는 하느님을 부르며 시작했다가 "그러나 그중 으뜸되는 것은 곧 언약/심판의 날, 하느님과 맺을 언약이라네"로 마친다. 중간에는 사회, 자연, 종교에 걸쳐 창조세계의 영광이 연속적으로 이어진다. 시 전문은 너무 길어 후반부만 소개한다.

여름은, 그 길고 느린 날들은 아름답네.
사랑하는 이의 방문 역시 아름답네.
과일나무 꼭대기에 핀 꽃들은 아름답네,
창조주와 맺은 언약 역시 아름답네.
광야에 뛰는 암사슴과 새끼는 아름답네.
입에 거품을 문 호리호리한 말도 아름답네.
리크가 자라는 정원은 아름답네.

꽃이 만발한 들갓도 아름답네.

가죽 고삐를 두른 말은 아름답네.

왕과 함께 거니는 것도 아름답네.

부상을 겁내지 않는 영웅은 아름답네.

우아한 웨일즈어도 아름답네.

보랏빛으로 물드는 헤더는 아름답네.

소가 머무는 황무지도 아름답네.

송아지가 젖을 빠는 계절은 아름답네.

입에 거품을 문 말에 올라타는 것도 아름답네.

그리고 나는 그다지 아름답지 않네.

초원의 향연에서 뿔의 아버지 품,

밝은 호수에서 노는 물고기는 아름답네.

반짝이는 수면도 아름답네.

삼위일체 말씀은 아름답네.

죄의 참회도 아름답네.

그러나 가장 아름다운 것은 언약,

심판의 날 하느님과 맺을 언약이라네.[4]

"영광스러운 주님께 문안드리오니!" 10세기 혹은 11세기 웨일즈의 가장 오래된 시 중 하나는 하느님께 드리는 인사로 시작한다. 이 시는 시편 기자의 방식을 직접 따른다. '베네디시테 Benedicite'* 혹은 시편 148편의 부르짖는 어조의 특징을 그대로 반영해 두 개의 강세를 둔 짧은 문장을 사용한다. 패트릭 토머스는

켈트 기도의 길

이 찬미시에 대해 "모든 것을 덮으시는 하느님의 영광에 대한 황홀한 감사를 쏟아 내는 아름다운 켈트 베네디시테"라고 부른다.[5] 만유는 하느님을 찬미하고, 인간과 우주, 믿음은 한데 어우러져 힘 있고 활기차게 움직이는 관계망을 형성한다. 서로 공명하는 첫 행과 마지막 행 덕분에 시의 분위기는 나선형으로 순환하면서 더욱 깊어진다. 시의 전반적인 흐름은 온 우주의 화합과 우리는 어떻게 그 안에서 조화를 이룰지에 대한 이야기이다.

> 영광스러운 주님께 문안드리오니,
> 교회와 성단chancel이 당신을 찬미하고,
> 성단과 교회가 당신을 찬미하며,
> 평지와 언덕이 당신을 찬미하고,
> 세상의 세 곳 원천이,
> 바람 위 두 곳, 땅 위 한 곳이 당신을 찬미하고,
> 어둠과 낮의 빛이 당신을 찬미하게 하소서.
> 믿음을 세운 이, 아브라함이 당신을 찬미하나이다.
> 영원한 생명이 당신을 찬미하고,
> 새와 꿀벌이 당신을 찬미하며,
> 다듬은 줄기와 새순들이 당신을 찬미하게 하소서.

• 라틴어로 '찬미하라'는 의미. 다니엘서 3장 23절과 24절 사이에 있었다고 여겨지는 68절의 외경(제2정경)으로, 이집트에 유배된 히브리 청년 세 사람의 노래라고 알려져 있다. 시편 103편, 148편과 내용이 비슷하다. 5세기 초부터 교회에서 전례에 삽입되었고, 성무일과, 식사 전 기도, 수도원에서 서로 인사하는 말이 되었다.

아론과 모세가 당신을 찬미하나이다.

남성과 여성이 당신을 찬미하고,

일곱 날과 별들이 당신을 찬미하며,

땅 위의 공기와 창공이 당신을 찬미하고,

책과 글자들이 당신을 찬미하며,

빠른 물에 사는 물고기가 당신을 찬미하고,

생각과 행동이 당신을 찬미하며,

모래알과 흙덩이가 당신을 찬미하고,

행해진 모든 선함이 당신을 찬미하게 하소서.

내가 당신을 찬미하나이다. 영광의 주님!

영광스러운 주님께 문안드리오니![6]

교회와 성단은 은총의 차원을 가리키는 이미지이다. 산과 언덕은 자연을 나타낸다. 이상 세계가 아닌 시인 자신이 알고 있는 자연세계가 분명하다. 그렇지 않고서야 어떻게 그루터기와 풀이 포함될 수 있을까? 세 곳의 원천은 켈트 우주론에서 이야기하는 태양, 달, 소금물로 그리스도교 이전의 사상과 그리스도교가 통합되었다는 사실을 다시 한번 확인시켜 준다. 아브라함, 아론, 모세는 성서에서 믿음을 대표하며, '영원한 생명'은 그리스도교의 약속이다. 남성과 여성은 인류 전체를 뜻한다. 책과 글자들, 생각과 행동은 지성과 상상의 차원을 의미한다. 마지막 등장하는 시인의 목소리는 우리의 목소리이며, 이 시의 초점이기도 하다. 시인은 절묘한 방식으로 모든 창조물을 대신하여 하느님을 창조적으로 찬미한다. 이는 시공간의 모든 담을 허무는 바울로의 새로운 창조의 행위이다. 이로써 안과 밖이, 창조의 선물과 구원의 선물이, 구약과 신약이 서로 어우러져 영광스럽게 화합한다.

찬미시는 원래 전문 시인들이 이교도 왕을 숭배하는 데 사용했던 형식을 가져와 그리스도교의 하느님을 찬미하기 위해 새롭게 변형된 것이다. 앞서 본 것처럼 그분은 백성을 구원하는 하느님, 영웅, 적을 물리친 전사, 백성의 찬미를 받아 마땅한 분이다. 10세기에서 11세기 웨일즈의 문서에서 그리스도는 정복하는 영웅으로 묘사된다. 켈트인들이 세속 전통의 언어를 의식적으로 모방했음을 확인할 수 있다. 특히 수호하고, 해방하며, 구원하고, 잔치로 이끄는 하느님의 행위와 성취를 반복해서 강조한다.

주님 이름 안에서 내가 찬미하네, 위대한 찬미를,
나로 찬미케 하소서, 사랑의 위대한 승리를.
우리를 수호하시는 하느님,
우리를 만드신 하느님,
우리를 구원하신 하느님,
우리의 소망, 완전하고 영화로우신 하느님,
그가 베푸신 복은 아름다워라.

위에 계시는 하느님, 삼위일체의 왕이신
하느님의 권능 안에 우리가 있네.

하느님은 고난으로 우리의 해방을 증명하셨고,
겸손으로 옥에 갇히셨네.

지혜로우신 주님, 심판의 날 우리를 자유케하시고,
무거운 죄의 짐으로부터 완전히 해방하사,
그의 자비와 거룩함으로 우리를 낙원의 잔치로 이끄시리.
육신을 입으시사 우리를 변호하셨으니,
끔찍한 슬픔, 그의 다섯 상처와 참회로
우리를 구원하시리라.
완전한 의례로 말미암아 구원하지 않으셨더라면
인간은 길을 잃었으리라.
피로 얼룩진 십자가를 지나 구원이 세상에 오네.
강한 목자 그리스도, 그분의 영예는 결코 땅에 떨어지지 않으리.[7]

가장 위대한 켈트 성가 중 한 곡인 성 콜룸바의 〈위대한 창조자〉는 창조와 타락, 최후 사건을 찬미하는 곡이다. 하느님은 창조주이자 심판자이다. 이 노래에는 세상을 움직이는 파괴적 힘에 대한 내용이 많은 부분을 차지한다. 그러나 창조주의 계획대로 온 우주가 질서 있게 조화를 이루며 선하게 유지되는 장면을 묘사하는 시구의 연도 있다.

지극히 높으신 분, 세상의 틀과 화합을 계획하셨네.
하늘과 땅을 만드시고,

바다와 물도 만드셨나니,

풀의 순들과 숲의 어린 나무들,

해, 달, 별들, 불과 뭇 필요한 것들을,

새, 물고기, 집 안팎의 동물들,

살아 있는 모든 것을 만드신 후에

마침내, 예언대로 이 땅을 다스릴

첫 사람을 지으셨네.

별들이 나타나고 궁창에 빛이 드리우자,

천사들은 그의 경이로운 창조를 찬미하네.

이 거대한 지구의 주인, 하늘의 장인께서

찬양받으시기 합당한 선포로 말미암아

모든 것은 있어야 할 자리에 있고

모든 성질과 모양이 한결같으니

천사들은 웅장한 노래로 하느님께 감사하네.

자연 <u>스스로의 재능이 아니요,</u>

사랑과 선택에서 나온 것이라네.

다음 시는 그리스도의 다시오심을 이야기한다. "지극히 높으신 주, 그리스도께서 하늘로부터 내려오실 때/ 십자가의 가장 밝은 표징과 표시가 멀리 비추리라." 그리고 우리는 끝나지 않을 영원한 노래로 삼위일체를 찬미하는 보좌 주위의 장면을 마주하게 된다.

10장 찬미

열렬하게 외쳐 부르는 찬미,

기쁨에 겨워 거룩한 춤을 추는 수천의 천사,

또렷한 눈빛으로 쳐다보는 살아 있는 네 생물과

즐거움이 넘치는 스물네 원로들,

그들의 왕관을 하느님의 어린 양, 그 발아래 던지네.

삼위일체, 영원한 세 위격이 주고받는 사랑 안에서 찬미받으시네.[8]

창조에 대한 찬미, 창조세계와 맺은 관계를 기뻐하는 찬미는 앎과 사랑에서 싹 튼 사랑이기에 큰 감동을 준다. 시간을 충분히 들이고 주의를 기울여 계절의 변화, 섬세한 색채의 그림자, 모양과 형태의 변화를 부드럽게 관찰하고 찬미한다. 18세기 웨일즈의 감리교 목사는 지저귀는 새를 보고 그 소리를 들으면서 "너는 우리를 풍요롭고 놀라게 하는구나!"라고 외쳤다. 놀라움은 하느님의 작품인 새에 대한 찬미, 감사로 바뀐다.

작은 새 한 마리가 주는 아름다운 가르침,

너는 우리를 풍요롭고 놀라게 하는구나.

너의 노래, 너의 기교와

목소리는 어디서 왔을까?

너를 통해 나는 보고 나는 믿네.

아름답고 멋진 일을

그는 가장 낮은 것을 들어

존귀하게 하시는

복되고 영광스러운 분이심을.

이 세상에 깃든 경이로움을(사랑의 선명한 자국을)

어찌 다 헤아릴 수 있을까?

얼마나 많은 거울이

그분의 정교한 일을 비추려나?

수백 번의 눈짓으로

알 수 있을까?

그의 기예로 가득한 책

한 절 한 절 빛으로 가득 찼네.

하루 한 장씩 넘기면서

그분을 배우네.[9]

"온전한 주시attention는 기도이다." 매이 사튼May Sarton은 그의 일기에서 시몬 베유의 말을 인용하며 말한다. "나는 학생들에게 시에 대해 설명할 때 이 문장을 들려주곤 한다. 꽃이나 돌, 나무껍질, 물, 눈, 구름 등 무엇이든 온전하게 집중하여 바라보고 있으면 마치 그곳에 계시가 임하는 듯, 무언가가 '주어진다.'"[10]

"하느님은 우리가 세상을 사랑하는 걸 막지 않으신다네." 그웨날트의 훌륭한 소네트의 한 구절이다. 그는 시를 통해 "모든 감각으로 하느님의 영광을 느낄 수 있도록" 우리 몸이 회복되는 부활의 날을 이야기한다.

하느님은 우리가 세상을 사랑하는 걸 막지 않으신다네.

온몸의 감각을 다해 사랑하기를.

모든 모양과 색깔, 모든 목소리와 모든 울림

장인의 손길이 닿은 세상의 흔적을 볼 때,

우리의 피가 전율하네…[11]

웨일즈 현대 종교 시인 에이러스 보웬Euros Bowen의 시들은 그웨날트와 같이 창조적인 언어야말로 웨일즈가 지닌 강력한 예술 형식임을 알려 준다. 그의 언어는 성사처럼 창조세계를 상징적으로 보여 준다. 그의 시 〈글로리아Gloria〉에서 울려 퍼지는 찬미를 들어 보자.

온 세상에 가득한 영광이여.

여기에 창조된 만유의 영광이,

땅과 하늘,

해와 달,

별들과 광활한 우주.

여기에 사랑이

창조된 만유와 더불어,

공기와 바람,

구름과 비,

햇빛과 눈.

살아 있는 모든 것은 강이 되어 흐르고,
깊은 바닷속 어둠에까지 영광이 가득하네.

산꼭대기에서 하얗게 일렁이던
평화의 숨은 어느덧
바다 멀리까지 가벼이 내달리네.

새벽빛을 따라 산비둘기 일제히 날아오르고,
노을빛을 따라 흰비둘기 붉게 물드네.
양 떼와 소 떼가 노니는 목초지마다
서서히 차오르는 기쁨이 꽃처럼 피어,
거미와 개미의 바쁜 걸음은
보기 좋은 풍요를 알리네.[12]

에이러스 보웬은 창조물의 친교를 이야기하며 켈트 영성에
서 반복되는 주제인 공동체 감각을 상기시킨다. 이는 인간과 비
인간을 포함한 만유가 조화롭게 일치하는 감각, 위대한 찬미를
함께 부르기 위해 시공간을 초월하여 온 세상을 초청하는 감각
이다. 독방에 홀로 머물며 정해진 시간에 맞춰 기도하고 시편을
부르는 외로운 은수자는 어쩌면 가장 외롭지 않은 자일지 모른
다. 케네스 잭슨Kenneth Jackson은 초기 아일랜드 금욕주의 자연시

에 대해 말한다.

숲속의 새들은 그의 독방 주위에서 노래를 불렀다. 여기에는
새와 은수자가 예배에 함께 참여한다는 이해가 암시되어 있다.
아일랜드의 은수자들에게 자연은 창조세계와 일치감을 느끼
게 해 주고 함께 찬미의 송가를 부르는 존재였다. 그들은 이렇
듯 자연과 화합하고 모든 것을 자각하며 묵상함으로 하느님께
더욱 온전하게 다다르게 되었다.

숲의 덤불이 나를 덮네.
검은 지빠귀가 내게 노래 부르네.
감출 리 없는 찬미를 내게 부르네.
줄 쳐 놓은 내 작은 책 위에
지저귀는 새들이 내게 노래하네.[13]

마조리 케네디 프레이저Marjory Kennedy-Fraser가 수집한 헤브
리디즈의 노래 중에는 인간과 새가 함께 찬미하는 장면이 나온
다. 이 이야기는 "새들의 노래가 당신의 마음에 있을 것입니다"
라는 약속으로 끝난다.

새들이 죽어갈 만큼 혹독한 겨울 추위 속에서 성 케네스St
Kenneth 교회의 사제가 자기 체온을 높이기 위해 걷고 있었다. 그
때 교회 근처 언덕 위에 한 수도자가 서 있는 것을 보았다. 그의
주위에는 새들이 모여 날고 있었다. 사제가 물었다. "낯선 이여,

그대는 누구이며, 무슨 일로 오시었소?" "나는 저기 있는 교회가 기리는 자이며, 새들이 죽기 전 성체를 베풀고 있습니다." "아이고 하느님, 거룩한 분이여, 이들이 죽지 않게 하소서. 내가 새들을 먹이겠나이다." "그리하면 새들의 노래가 그대의 마음에 있을 것입니다…"

> 할렐루야, 영원히 그분을 찬미하라, 호 할로비칼 오Ho halovichall O,
> 할렐루야, 영원히 그분을 찬미하라, 호 할로비칼 오,
> 새들이 노래하네. 그분을 향한 찬미를. 하늘 높이 부르는 노래.
> 할렐루야 할렐루야 호 할로비칼 오.[14]

지난 세기 말 아우터 헤브리디즈Outer Hebrides에 사는 소농의 아내이자 어머니인 한 여성이 자녀들에게 들려준 이야기이다. "하루를 시작할 때는 새들의 노래와 함께 목소리를 내렴. 땅과 바다, 하늘의 모든 창조물이 하느님께 영광을 돌리는데 인간만 입을 다물고 있어서야 안 될 일이지." 아일랜드, 스코틀랜드, 웨일즈에서는 그리스도교의 초창기부터 오늘날까지 학식이 있는 이나 없는 이 모두에게 온 우주의 예배에 동참하라는 한결같은 메시지가 흐르고 있다(5장 참고).

알렉산더 카마이클은 우리를 그분의 창조세계에 살게 하신 하느님을 향한 찬미와 감사의 노래를 들었다. 켈트인들의 하루는 언제나 찬미의 함성으로 시작된다.

10장 찬미

하느님, 당신께 감사하나이다.

내가 당신으로 인해 오늘 일어난 것,

이 생명 자체가 다시 살아난 것이니.

모든 은총의 하느님이여,

당신의 영광 가운데 있기를 바라나이다…[15]

온화한 그리스도시여,

나를 흑암과 지난밤 어둠에서 일으켜 자유롭게 하시고,

오늘 하루 상냥한 빛으로 이끄셨으니

늘 당신께 감사하나이다.

모든 창조물의 하느님이시여,

내게 부어 주신 어떤 삶이든,

내 갈망과 말, 내 감각과 평판, 내 생각과 신념, 내 길과 명성을

다하여

늘 당신을 찬미하나이다.[16]

"오 주님, 생명의 하느님", "오 영원하신 아버지, 생명의 하느님", "영원한 아버지, 인류의 하느님"은 하느님을 부르는 호칭이다. 그분은 무엇보다 생명의 근원이자 생명을 주는 분이다. 창조 교리를 길게 고백하는 이 시는 형식과 구성 면에서 연도와 흡사하다. 알렉산더 카마이클은 메리 길리스에게서 이 시를 접하였다. "메리는 키가 크고 단아하며 위엄있었다. 타원형 얼굴에 이

켈트 기도의 길

목구비가 고왔으며, 갈색 머리는 풍성했다. 그는 낭랑한 목소리로 이 시를 노래했다." 카마이클은 사람들이 그에게 찾아와 자신만의 고유한 표현과 솔직한 마음을 노래할 때마다 '음악과 시, 기쁨이 흘러 모두를 즐겁게 한다'는 사실을 발견했다.

> 내가 믿나이다, 모든 신들의 하느님을,
> 당신은 생명의 영원한 아버지이시나이다.
> 내가 믿나이다, 모든 신들의 하느님을,
> 당신은 사랑의 영원한 아버지이시나이다.

> 내가 믿나이다, 모든 신들의 하느님을,
> 당신은 각 성인의 영원한 아버지이시니이다.
> 내가 믿나이다, 모든 신들의 하느님을,
> 당신은 성인들의 영원한 아버지이시니이다.

> 내가 믿나이다, 모든 신들의 하느님을,
> 당신은 인류의 영원한 아버지이시니이다.
> 내가 믿나이다, 모든 신들의 하느님을
> 당신은 세상의 영원한 아버지이시니이다.

> 내가 믿나이다, 주님, 민족들의 하느님을,
> 당신은 하늘 위 궁창의 창조주이시나이다.
> 당신은 하늘의 창조주이시나이다.

당신은 바다 아래의 창조주이시나이다.

내가 믿나이다, 주님, 민족들의 하느님을,
당신은 내 혼을 지으시고
먼지와 재로 내 몸을 빚으시고
내 몸에 숨을 불어넣으셔서 내 혼으로 몸을 채우셨나이다…

예수 그리스도, 당신께 감사하나이다.
당신은 낮과 밤을, 바다와 육지를,
포근한 날과 고요한 날, 거친 날을,
많은 선물을 내게 내리신 분이시나이다.

온 생을 다해 당신께 경배하나이다.
온 힘을 다해 당신께 순종하나이다.
온 입을 다해 당신께 찬미하나이다.
온 말을 다해 당신께 영광돌리나이다.

온 지식을 다해 당신을 경외하나이다.
온 마음을 다해 당신께 바치나이다.
온 열정을 다해 당신을 찬미하나이다.
어린 양의 피로 겸손히 주께 나아가나이다.

온 정성을 다해 당신을 사랑하나이다.

켈트 기도의 길

온 소망을 다해 당신께 무릎 꿇나이다.

온 가슴을 다해 당신을 사랑하나이다.

온 감각을 다해 당신을 따르겠나이다.

온 혼을 다해 당신께 존재를 바치겠나이다.[17]

삶을 하느님의 선물로 여길 때 찬미와 감사는 자연히 뒤따른다. 물질세계와 땅 그 자체, 일상의 노동을 경외하고 존중하며, 물질이라고 해서 폄훼하지 않는다. 하느님은 창조의 선함을 우리와 공유하신다. 그러기에 우리가 보일 수 있는 반응은 오로지 감사뿐이다. 감사는 행동을 요한다. 적극적으로 참여해야만 감사가 우리 삶의 중심이 될 수 있다. 이따금 찬미가 부자연스럽고 쉽게 떠오르지 않는다! 나는 하느님의 좋은 선물을 잊은 채 방황하곤 한다. 이런 내게 감사는 끊임없이 갱신되고 지속되어야 할 어려운 책무임을 고백한다. 다음 아침 기도에서 가장 좋아하는 짧은 구절은 "부드럽고 너그럽게"이다. 이는 하느님이 우리에게 베푸신 자비를 묘사할 때 자주 사용되는 표현이다.

오늘도 나로 당신께 기도하게 하소서, 하느님.

당신의 음성으로 오늘 내가 말하며,

하늘의 백성을 지키시듯 오늘 내가 지키고,

당신의 식구를 살피시듯 오늘 나로 살피게 하소서.

모든 날에 나로 자비의 근원을 기억하게 하소서.

당신은 내게 부드럽고 너그럽게 베푸시는 분이시니,
모든 날에 나로 당신의 사랑으로 가득하게 하소서.

내가 받는 모든 것이 당신에게서 나오고,
내가 구하는 모든 것은 당신의 사랑에서 비롯되고,
내가 기뻐하는 모든 것은 당신의 풍요이며,
내가 구하는 모든 것은 당신의 나눔에서 오나이다.

거룩한 하느님, 영원한 말씀이신 사랑의 아버지시여,
당신의 살아 있는 기도를 내게 허락하소서.
내 지혜를 일깨우시고, 내 의지에 불을 붙이시며,
내 움직임을 시작하소서.
내 사랑을 일으키시고, 내 약함을 강하게 하시고,
내 욕망을 감싸 안으소서….
사랑받는 아버지여, 당신을 내게 허락하소서.
모든 것에 깃들어 자유로이 흐르시듯
지나치게 옭아매지 말고,
지나치게 풀어 두지 말며,
나와 이 세상 사이에 계시옵소서.[18]

나와 이 세상 사이에 "지나치게 옭아매지 말고, 지나치게
풀어 두지 말며"라는 구절은 거리감, 즉 애착에서 멀어지는 것
이 찬미에서 중요한 요소임을 일깨운다. 하느님의 선물을 소유

켈트 기도의 길

하고 통제하고 조작하려 드는 대신 그 선물 앞에 우리는 자유로이 열려 있어야 한다. 온유한 시선으로 충분히 시간을 들여 창조세계를 바라보면 모든 것이 저마다의 목소리로 우리에게 말을 건네는 걸 알 수 있다. 결국 우리의 찬미는 달라질 수밖에 없다. 데이비드 존스David Jones는 말한다. "기도가 그러하듯 시도 찬미라면 사물의 본질에 대해 악의적이고 집요하게 비판해서는 안 된다."[19]

켈트의 찬미는 인간과 비인간이 창조세계를 공유하는 찬미이다. 수도원의 성가대는 여러 화성으로 하느님을 찬미한다. 이런 점에서 수도원 전통이 켈트의 찬미 형식에 미친 영향을 다시한번 생각해 본다. 초기 아이오나 수도원의 시들을 편집한 이들은 "대화처럼 주고받는 형제들의 노래는 사람과 사람 사이에 하느님께서 현존하신다는 확신에 찬 표현이다"라고 말한다.

날마다 노래하게 하소서.
주고받는 화음으로
함께 하느님을 선포하며
거룩한 마리아께 합당한 찬미를.

두 겹의 화음 안에서
좌우로 오가며
마리아를 찬미하게 하소서.
번갈아 찬미하는 목소리가

모든 귀에 닿아 들리도록.[20]

"노래하게 하소서!" "마리아를 찬미하게 하소서!"라며 수
도사들은 마리아를 함께 기리고 노래한다. 여기에서 우리는 한
몸이 되어 기도하는 사람들을 본다. 합창 가운데 서로 친교하고
격려하며 기도와 찬미의 삶을 복돋운다.

시편에는 이런 공동의 찬미가 탁월하게 표현되어 있다. 켈
트의 기도 방식을 제대로 이해하기 위해선 시편으로 돌아가야
한다. 켈트 전통에서 수도 생활은 날마다, 주마다, 해마다 시편
낭독으로 채워졌다. 특히 시편 148-150편의 찬미시를 매일 낭
독하였다. 시편은 그들의 삶을 빚고 하느님을 보는 방식을 형성
한 기도서였다. 어린이들은 일곱 살이 되면 라틴어 시편으로 글
자 읽는 법을 익히기 시작했다. 아돔난의 《성 콜룸바의 생애》는
성인의 삶 마지막 날에 대해 다음과 같이 전한다.

> 그는 언덕에서 내려와 수도원으로 돌아갔다. 그리고 독방에 앉
> 아 시편을 필사했다. 그는 시편 34편 '야훼를 찾는 사람은 온갖
> 복을 받아 부족함이 없으리라.' 구절에 이르자 이렇게 말했다.
> '이 장의 끝에서 멈춰야겠습니다. 베이틴이 이어 적게 하십시
> 오.' … 성인은 한 장을 다 채운 다음, 일요일 전날, 저녁 기도를
> 드리기 위해 교회로 갔다.[21]

이처럼 시편은 성인들에게 하루의 시작부터 끝까지 그들의

켈트 기도의 길

삶에 없어서는 안 될 기도서였다. 학자이자 수도승인 맬 이슈 우어 브로카인^{Mael Isu Ua Brolchain}(1086년 사망)은 우연히 자신이 일곱살 때 읽었던 낡고 너덜너덜해진 시편 필사본을 발견했다. 그는 그것에 '사랑하는 작은 물건'이라는 뜻의 '오리녹^{Orinoc}'이라는 호칭을 붙이곤 필사본을 여성으로 상정하여 사랑의 시까지 남겼다. 어떻게 "우리 둘은, 남자와 여자로 밤을 보냈지"를 떠올리면서 그 관계를 최고의 사랑으로 묘사했다.

> 오리녹, 절제된 선율의 여인,
> 젊지는 않아도 단정한 여인의 마음으로,
> 함께했던 니얼^{Niall}의 북쪽 땅,
> 우리 둘은, 남자와 여자로 밤을 보냈지.
>
> 그대가 안겨 온 밤, 우리는 처음이었고,
> 지혜로운 여전사는 능숙하게 두려움을 없앴었네.
> 지금은 굽었어도, 나는 풋풋한 얼굴의 소년,
> 아름다운 칠 년을 보낸 온화한 사내아이.
>
> 손에 닿는 당신의 조언대로,
> 우리는 선택했고 난 모든 일에 당신을 따랐네,
> 당신의 말은 사랑 중의 사랑이었고,
> 우리는 왕과 다정한 대화를 나누었지.

아득한 하느님의 현존을 찾아 방황하다가도,

길이 보이면 힘찬 노래로 걸음을 옮겼네,

당신과 함께 세상이 울리는 길을 따라.

하느님의 말씀을 전하는 당신에게 침묵이란 없네.

세상의 모든 이에게,

당신은 고운 체와 같아서

사람의 구구절절한 기도를 정화하네.[22]

이 시에서 시편은 분명하게 선율로 표현된다. 사람들은 여행 중에 시편을 서로 번갈아 주고받으며 노래하기도 했다. 그 아름다운 소리에 매료된 성 모추타St Mochuta가 이렇게 감미로운 음악을 처음 듣는다며 감탄했다는 이야기가 전해진다. 12세기 작품인 '음운 독서'에는 세 명의 젊은 사제가 낚시하러 가는 길에 성무일과를 낭송했다는 이야기도 나온다. 이런 이야기들은 단편적이기는 하나 켈트인들의 삶에 시편이 얼마나 온전히 스며 있었는지를 보여 준다.[23] 그들은 기도하며 그리스도의 현존을 지속적으로 느끼기 위해 시편마다 기도 주제를 달아 놓았는데, 이 관습은 아일랜드를 넘어 유럽 전역으로 널리 퍼졌다. 9세기 프랑크 성인 안스카Anskar처럼 사람들은 각 시편 끝에 간단한 기도를 적었을 것이다. 안스카는 이런 기도를 색소, 색채의 진액, 시편의 향기 모음이라고 불렀다.[24]

그들은 전례적 삶과 개인 기도를 시편의 내용으로 채웠기

에 마음으로 시편을 느꼈다. 헨리 나우웬Henri Nouwen은 미국 트라
피스트 수도원에서 몇 달을 보내며 삶과 기도에 담긴 시편의 의
미를 발견한다.

내 안에서 천천히 피부가 되어 갔다. 내 마음의 중심으로 천천
히 말씀이 들어왔다. 관념, 이미지, 비유 그 이상이었다. 말씀은
곧 내 현실에서 실재가 되었다. … 설령 내가 감옥에 갇히거나,
혹은 굶주림 속에 고통에 잠기고, 고문과 굴욕을 당한다 해도
시편만큼은 내가 지켜낼 수 있기를 기도한다. 무엇을 하든 어
디를 가든 마음에 시편을 두어 더 이상 성경책이 필요하지 않
은 사람은 얼마나 행복할까? 누구도 내게서 시편을 빼앗지 못
하도록 가슴으로 시편 배우기를 시작해야겠다.[25]

20세기 수도사 토머스 머튼은 시편을 가리켜 "신앙을 기리
는 모든 시 가운데 가장 단순하고 가장 위대한 시"라고 했다. 또
한 "시편에서 우리는 순수하고 흠 없는 원천, 태곳적 진실함과
완전함을 지닌 신성한 찬미를 들이킨다. 우리는 고대 시편 기자
들이 이스라엘의 하느님을 찬미했던 표현, 젊음의 힘과 직설적
인 표현으로 돌아가야 한다"라고 말했다. 그는 찬미의 맥락을 벗
어나서는 시편을 사용할 수 없었다. 그에게 시편은 하느님을 찬
미하기에 가장 합당한 방식이었다. "만일 그분을 찬미하는 데 진
정으로 관심을 두지 않는다면, 우리는 그분이 누구신지 전혀 깨
닫지 못하게 될 것을 시편은 보여 준다. 하느님이 참으로 누구이

신지 깨닫고, 전능하시며 무한히 거룩하신 그분께서 우리를 위해 행하신 위대한 일을 깨달을 때…, 우리가 보일 수 있는 유일한 반응은 무엇일까? 말로 다 설명할 길 없는 하느님의 선하심에 놀란 우리는 존재 깊은 곳에서 터져 나오는 환희를 외칠 뿐이다."[26]

9세기 아일랜드의 찬미가는 묵시록 7:12의 영광송을 가져와 노래한다. 천사들이 하느님의 보좌를 에워싸고 찬미와 경배를 드린다. "우리 하느님께서 영원무궁토록 찬양과 영광과 지혜와 감사와 영예와 권능과 세력을 누리시기를 빕니다."

복과 빛,
지혜, 감사,
위대한 힘과 권능이,
모든 것 다스리시는 왕께.
영광과 존귀와 은혜,
찬미와 시인들의 숭고한 노래,
모든 가슴에서 흘러넘치는 사랑,
하늘과 땅의 왕께.

삼위일체께서 함께하시는 선택된 자들에게
이전에도 이후에도 없을
온 우주의 복과 영원한 복이
영원한 복과 복에 복이.[27]

축복이 책 전체에 흐른다. 마지막에 가까워지니 느껴진다. 켈트의 축복은 찬미 안에서만 가능하다는 걸 깨달았기 때문이다. 켈트인들은 하느님께 이것을 달라 저것을 달라 구걸하거나 요구하지 않았다. 이미 계시고, 이미 주어졌음을 아는 그들은 보기를, 취하기를, 누리기를 기다렸다. '부드럽고 너그럽게' 베푸시는 모든 좋은 선물에 둘러싸여 살면서도 인간과 비인간, 만유에 숨어 계신 하느님의 현존을 보지 못하고 듣지 못한 채 살아가는 것은 너무 안타까운 일이다. 주어진 것을 당연히 여기지 않고 새로운 경이를 발견하기를 배우며 감사를 멈추지 않는 태도는 우리의 삶에 생명을 불어넣는다. 놀라운 은총과 너그러운 사랑 앞에 우리는 그저 더 깊고 꾸준히 찬미할 따름이다.

세상의 치유

이 책을 통해 어떤 형태로든 켈트 전통이 다시 살아나 우리를 둘
러싼 세상의 고통과 괴로움에 도움이 되길 바란다. 새로운 천년
에 들어서며 우리의 희망은 더 없이 높아졌지만, 세상에는 어
느 때보다 치유가 필요함을 본다. 혹시 정치, 경제, 사회 등 다양
한 영역에서 고통을 겪은 이들의 시선이 우리에게 나아갈 길을
보여 줄 수 있지 않을까? 최소 우리의 태도와 접근법에 있어 도
움을 줄 수 있지 않을까? 그들의 기도, 의례, 이야기, 축복을 통
해 우리가 사용하거나 적용할 만한 도구를 찾을 수 있을까? 조화
가 무너진 비극적인 세상에서, 분열된 자신을 발견하고, 선한 질
서와 조화를 깊이 갈망하는 경험은 인류의 역사만큼이나 오래
된 일이다. 《켈스의 서》를 볼 때마다 한 장 한 장 신비할 정도로
연결되고 아름답게 이어지며 영광스럽게 일치되는 걸 발견한다.
초기 켈트 문헌들에 나오는 것처럼 성 콜룸바의 '위대한 창조자'
역시 "조화로운 세상은 자연스러운 교향곡"이라고 노래한다. 켈
트인들이 살아온 가혹한 현실을 기억한다면 이런 노래는 그럼에

켈트 기도의 길

도 그들이 붙잡은 약속과 소망, 목표를 보여 준다. 나아가 이는 우리가 켈트로부터 건네받은 첫 번째 선물이다.

이 책의 초반에서 다룬 주제 중 하나인 삼위일체가 그들 삶의 중심이었음을 기억할 때 조화로운 일치 안에서 연결되고 관계를 맺는 켈트인들의 감각은 그리 놀랍지 않다. 이는 아일랜드와 스코틀랜드 초기, 켈트 전통이 모조리 구술로 전해지던 시기에도 마찬가지였다. 17세기 초 콘월, 성사극^{mystery play}•의 첫 대사에 삼위일체 신격에 대한 동일한 감각이 놀라울 정도로 단순하게 표현된 것을 볼 수 있다.

> 한 하느님 안에 세 위격이 계시니
> 크신 존귀와 덕으로
> 영원히 함께 다스리시리…
> 그들은 셋이며,
> 그들은 곧 하나이심을 나는 믿네.
> 충만한 능력의 세 위격이시니,
> 기쁨으로 더불어 통치하시리.
> 저기 저 하늘 위에서.[1]

켈트인들은 삼위일체와 날마다 함께 걷고 대화하며, 삼위일체를 편안히 대한다. 그들은 세상을 창조하고 존속시키는 성

• 종교극, 성서 속 사건이나 그리스도교 성인들의 삶을 내용으로 하는 중세의 연극

11장 세상의 치유

부, 인간이 행하는 모든 연민과 화해를 격려하는 성자, 모든 지혜와 통찰, 상상력을 주는 성령에 협력한다. 삼위일체는 우리가 부족하거나 위험에 처했거나 불확실할 때도 우리 삶에 언제나 현존한다.

삼위일체를 부르는 대부분의 기도는 도움을 구하는 애절하고 격렬한 울부짖음으로 시작한다.

나를 도와주소서,
삼위일체되신 한 분 하느님이시여,
한 분이신 삼위일체 하느님이시여.
불쌍히 여기소서.
큰 바다에 위태로이 떠 있는 것만 같은
나를 도우소서, 간절히 바라나이다.[2]

초기의 흉갑 기도(661년 사망한 클론퍼트의 레이드켄Laidcenn이 기록)는 신체 부위를 구체적으로 나열하며 간구한다.

보호하소서, 나의 배와 허리, 생식기,
위와 심장의 주요 부위를.
보호하소서, 세 모서리를 지닌 간과 두 다리 사이,
담낭과 신장, 구불대는 창자를.

보호하소서, 편도와 폐, 가슴,

켈트 기도의 길

혈관, 내장과 분출하는 담즙을.
보호하소서, 피부와 허리의 골수,
감겨 있는 창자 옆의 비장을.

보호하소서, 방광과 지방 및 모든 것,
서로 연결된 수많은 힘줄과 핏줄을.
보호하소서, 머리카락과,
미처 언급하지 못한 여러 기관을.

보호하소서, 나의 다섯 가지 감각기관을,
창조된 열 개의 구멍과 더불어.

이 시는 켈트인들이 질병이나 악이 들어온다고 생각했던 구멍이나 입구에 해당하는 신체 부위를 다양하게 나열한다. 손은 촉각 기관으로 포함되고 입은 식도와 기관지로 인해 두 개의 기관으로 간주되곤 하였다. 이 시에서 육체 전체는 삼위일체에게 고스란히 드러난다.

12세기 《게일의 시집》에 나오는 마지막 연은 다음 시구로 시작된다.

오셔서 나와 함께 거하시고,
이곳을 당신의 안식처 삼으소서.

그리고 다음의 간구로 끝난다.

썩어 가는 나무처럼
내 마음이 사악하오니.
내게 당신의 치유를 보여 주소서.
도우소서, 삼위일체여.[3]

켈트 전통에서 몸, 몸의 경험, 몸에 대한 인정이 강조되었다
는 것은 신체의 약점과 실패를 신중하게 여겼다는 의미이다. 그
결과 슬픔과 참회는 이 책의 전반부에서 다루었던 참회와 화해
만큼 중요한 주제가 된다.

초기 켈트 세계에서 참회는 근본적인 차원에서의 치유와
관련 있다. 참회가 징벌이나 삶을 부정하는 형태가 된 것은 훗날
교회의 가르침에서 비롯된 비극이다. 올리버 데이비스[Oliver Davies]
의 놀라운 구절을 빌리자면, 오히려 참회는 "영광으로 가는 문"
이다.[4] 더 엄밀히 말해 이는 영광과 새로운 삶으로 향하는 변모
과정의 시작이라 할 수 있다. 참회는 후회나 자책에서 벗어나 해
방과 자유로 나아가게 해 준다. 또한 새로운 시작에 대한 소망이
자, 죄로부터 자신을 되찾아 가는 삶의 과정이다. (종교개혁에서 잃
어버린 개념이다.) 그러므로 충만한 치유는 영혼과 몸, 영적인 것과
신체적인 것 전체를 포함한 자아 전체의 회복을 말한다.

켈트 영성은 교회 대신 그리스도와 그리스도론에 초점을 둔
다. 그리스도의 몸은 머리와 그 아래의 모든 신체이며, 어느 부위

켈트 기도의 길

이든 아프면 치료받아야 한다. 그리스도는 치료가 필요한 이들에게 치료제를 주고 식구에게 돌아가도록 하는 신성한 의사이자 위대한 치유자이다. 참회는 심판이나 징벌이 아닌 치료이므로, 슬픔과 눈물로 시작한다. 눈물은 참회를 부르는 암호이다.[5] 죄로 인한 눈물, 자신의 베개를 조용히 적시는 눈물, 마음 깊은 곳에서 흐르는 눈물 모두 스스로에게 다시 베푸는 세례, '눈물의 세례'이다

참회는 이미 유럽 전역에서 수행되고 있었다. 이는 공개적이었으며, 참회자들은 모두 교회 공동체에서 배제되고 고립당했다. 반면 켈트의 참회 지침서에는 영혼의 치유를 위해 사목자를 안내해 주는 온갖 다양한 지침이 담겨 있었다. 쿠먼Cummean의 참회 지침서는 이렇게 시작한다. "우리보다 앞서 계셨던 교부들의 결정에 따라 상처를 치료하는 방법을 말하고자 한다. 첫째로 거룩한 정경에 나오는 치료법을 간략하게 설명하겠다. 영혼을 구하기 위한 의술로 머리말을 열겠다."[6] 치유의 단순한 동기는 사람들을 새로운 삶으로 인도하기 위함이다. 자신의 양심을 살피고 새로운 제자의 길을 행동으로 보여 주라는 메시지는 시대를 초월하여 울려 퍼진다.

법을 어기거나 제도에 순종하지 않는 게 죄가 아니라 관계의 단절을 죄라고 말한다면, 화해는 사회적 차원에서 고려되어야 한다. 하지만 율법주의와 개인주의가 팽배한 사회에서 화해는 개인적 보상이라는 일차원적 관심에 머무르고 만다. 한 아일랜드 출신의 감리교 목사가 최근 지적한 대로 오늘날 아일랜드가 처한 상황에서 화해는 "정의롭고 평화로운 해결 방법을 구현

하기 위해 다양한 각도에서 상황을 볼 수 있게 해 주는 핵심적 통찰"이다.

어떻게 해야 공동체와 개인을 해방하는 보상에 이를 수 있을까? 참회의 기술적 실천이야말로 사회 전반에 깊이 뿌리내린 죄를 끊어냄으로 병든 과거로부터 화해의 사회적 현실로 들어서게 해 주는 길이 아닐까?

진정 이 사회의 치유를 바란다면, 우리는 켈트의 참회 기술을 회복해야 한다. 그것은 우리 자신과 아이들, 그들의 아이들을 위한 정의롭고 평화로운 미래의 초석이 되어 줄 것이다.[7]

제자도의 길은 영적 안내자의 인도를 따르는 길이다. 아남카라 혹은 영혼의 친구는 거울처럼 우리 스스로를 비춰 주고, 우리가 보지 못한 것을 보여 줌으로 알맞은 치료제를 처방해 준다. 우리는 가장 먼저 치료자되시는 그리스도와의 관계를 회복해야 한다. 영혼의 친구는 우리 시선이 그리스도를 향하게 한다. 그리하여 그리스도의 사랑이 충만하고 자유로이 흘러 안으로 자신을 적시고 바깥으로는 타인에 이른다.

초기 켈트인들은 인간과 비인간의 관계도 언제나 중요하게 생각했다. 사람들은 그들 자신이 더 넓은 전체, 역동적인 우주의 일부임을 알았다. 우주와 좋은 관계를 맺고, 우주에 귀를 기울이고, 우주와 대화하며 조화를 이루어야 한다고 생각했다. 인간이 세상의 중심이라는 말도 지배와 통제를 위해 중심을 차지해야 한다는 의미로 받아들이지 않았다. 초기 은수자들은 야생 동물과의 우정을 매우 중요시했다. 그들은 먹을 음식과 보호, 은신처를 제공하면서 "말 못하는 동물의 도움과 인간의 보살핌"이 오가는 관계를 맺었다.[8]

전설에 따르면 한 수도원장이 흐느껴 우는 작은 새를 보고 "나의 하느님, 거기에 무슨 일이 벌어진 것입니까? 무슨 일이 일어난 것인지 이해할 때까지 아무것도 먹지 않겠습니다"라고 맹세했다. 그러자 한 천사가 그를 향해 내려왔다. "기운을 내라. 사제여." 천사가 말했다. "근심하지말라. 더 이상 네가 근심하지 않기를 바라노라. 오차의 아들 몰루아가 죽었으므로 모든 살아 있는 것들이 슬피 우는 것이니라. 그는 큰 것이나 작은 것이나 생명이 있는 것은 해치지 않는 자였으므로 사람만큼이나 동물들이 그를 애도하는 것이다. 네가 보는 이 작은 새도 그러하니라."[9] 아돔난은 자신이 쓴 아이오나 연대기에 성 콜룸바의 마지막 날의 일을 담았다. 성인의 죽음이 임박하자 흰 말이 달려와 그의 가슴에 머리를 기대고 슬피 울었다. "내가 하느님께서 주신 지혜로 말미암아 그분을 믿는 것처럼, 모든 동물 역시 창조주께서 주신 본능으로 하느님에 대해 안다. 흰말은 자기 주인이 자신을 떠날 때가 되어 더 이상 그의 얼굴을 볼 수 없음을 깨닫고 사람처럼 눈물을 흘리며 울었다. 말이 흘리는 눈물이 성인의 무릎 위에 떨어졌다…."[10] 베다는 그 누구보다 성인들과 야생 동물들이 맺은 우정의 본질을 가장 잘 보여 준다. 성 커스버트가 북해의 얼음 바다에서 밤새 기도하고 있을 때의 일이다. 숨어서 성인을 지켜보던 제자는 수달 여러 마리가 성인에게 다가가 성인의 발목에 자신들의 몸을 문지르며 온기를 더해 주는 장면을 보았다. 베다는 우리가 사실상 "모든 창조물과 함께 평화에 이른" 새로운 아담을 보고 있으며, "창조세계의 올바른 질서가 회복된 순간"에 있다고 이야기한다.[11]

성인들의 치유 능력은 동식물과 올바른 관계를 맺는 데서 시작한다. 그들이 접촉하는 영적 세계는 이미 물질세계 안에 스며들어 물질세계를 통해 빛을 발한다. 계절이 바뀌고, 철새들이 이동하며, 땅을 일구고 거두는 순환의 반복이 세계를 구성하며, 인간은 이 세계의 일부로 살아간다. 이 안에서 인간과 비인간 누구도 경멸당하거나 비하되거나 감상적으로 오용되지 않는다. 한편 헬렌 와델은 성 콜룸바가 동물을 살린 에피소드를 글로 남겼다. 성 콜룸바는 폭풍에 휩쓸려 갈 길을 잃고 아이오나 서쪽 해변으로 떨어져 있던 기진맥진한 학 한 마리를 보았다. 그는 학에게 먹이를 주고, 잘 보살펴서 아일랜드 북부 해안가 머물기 알맞은 곳으로 돌려보내 주었다.

'알맞은 곳'의 표현은 1869년 3월 8일로 거슬러 올라가는 간결한 축복에도 나온다. 바라 섬에 사는 마리온 맥닐이라는 소농은 자신이 키우는 사과나무도 조화로운 우주의 일부라고 생각하며, 사과나무를 사랑스럽게 부른다.

사과나무여, 하느님께서 그대와 함께하기를.
저 달과 해가 그대와 함께하기를,

동풍과 서풍이 그대와 함께하기를,

모든 풍요와 소망이 그대와 함께하기를…

나와 함께하는 모든 것과 내가, 그대와 함께하기를.[12]

　　물은 이교도에게든 성서에서든 언제나 '생명의 샘'을 가리
키는 이미지였으며, 치유에 주요 역할을 하는 요소 중 가장 중요
하게 여겨져 왔다. 초기 켈트 그리스도교가 정착 이전부터 존재
했던 우물들을 그대로 수용하고 점유했다는 사실은 그리 놀랍지
않다. 아돔난은 악마의 힘이 서린 우물과 성 콜룸바의 극적인 이
야기를 들려준다. 이 우물의 물을 마신 사람마다 기력이 쇠하거
나 한센병에 걸리거나 시력을 잃어 갔다. 성 콜룸바는 "먼저 거
룩한 손을 들어 그리스도의 이름으로 축복한 후에 손과 발을 씻
었다. 그리곤 자신과 함께 온 이들과 함께 그 물을 나누어 마셨
다. 그날로 악마가 우물에서 떠나 누구도 물로 인해 고통을 겪지
않았다. 성인의 축복을 받아 깨끗해진 물은 오히려 사람들의 질
병을 치료하는 우물이 되었다."[13]

　　초기 켈트 성인과 은수자들의 이야기가 깃든 우물들이 셀
수 없을 만큼 많다. 10세기 아일랜드 성인 마나칸의 시에는 "성
령의 은총으로 죄를 씻어 주는 맑은 웅덩이"가 나온다.[14] 성인들
이 지팡이로 두드리자 샘이 솟았다는 전설의 우물들도 많다. 물
이 가진 치유력은 사람들의 기억을 통해 멈추지 않고 계속되었
다. 19세기 말 콘월의 사람들이 정확하게 기억하는 우물만 90개
나 되었으며, 웨일즈 서쪽 펨브로크셔에는 200개가 넘는 우물이

11장 세상의 치유

기록으로 남아 있다. 최근 사람들이 표징이 될 만한 물건을 가지고 우물에 찾아오는 일도 흥미롭다. 사람들은 우물 가까운 나무나 덤불에 기도문이 적힌 천 조각을 매달거나 꽃이나 동전, 작은 나뭇가지를 엮어 만든 십자가 등을 남기고 돌아간다. 나는 웨일즈 국경 블랙 마운틴의 외딴곳인 파트리쇼^{Partrishow}에 있는 성 이수이^{St Issui}의 거룩한 우물에서 이런 모습을 본 적 있다. 나의 어린 시절엔 아무도 찾지 않아 방치된 곳이었지만 근래 들어 인기 있는 순례 장소가 되었다.[15] 가정에서는 치유를 위해 물을 사용하기 전 운율에 맞춰 삼위일체를 기리며 물을 축복했다. 눈의 백내장(청어의 비늘과 비슷한 것이 눈에 생겨 비늘이라고도 불렀으며, 백내장이 눈을 덮으면 시력을 완전히 잃을 수 있어 두려워했다.)을 치료하기 위해 물그릇에 풀 세 이파리를 담그고 그 물을 떠서 백내장으로 덮힌 눈 곳곳에 조심스럽게 떨어뜨리며 다음처럼 기도하는 풍습이 있었다. "영원한 생명의 삼위일체께 기도드리오니, 제 기도가 당신의 뜻에 맞고 영원토록 자비하시고 지혜로우신 뜻에 일치한다면, 이 기도를 들어 주시길 간구하나이다."

성부 하느님,
성자 하느님,
성령 하느님,
인도와 자비와 연민을 보이소서.[16]

카마이클은 사냥 길잡이이자 몰이꾼이었던 월리 맥린과 커다란 성서를 두고 마주 앉아 눈에 티끌이 들어갈 때 어떻게 대처해야 하는지 들었다. 이런 일은 보통 키질할 때 흔하게 발생하곤 했다.

작은 대접에 담긴 물을 한 모금 입에 머금고 생명의 하느님께 눈에 있는 티끌을 빼내어 혀 위에 올려 달라고 기도합니다. 그리고 그 물을 대접에 다시 뱉습니다. 혀에 티끌이 닿을 때까지 삼위일체의 세 위격을 따라 같은 행위를 세 번 반복합니다. 성부의 이름으로, 성자의 이름으로, 성령의 이름으로, 강하신 거룩한 삼위일체의 이름으로 물을 머금을 때 다음과 같이 말합니다.

생명의 왕이 쉼을 주시고,
사랑의 그리스도가 안식을 주시고,
거룩한 영이 힘을 주시길.
눈에 평화가 있기를.[17]

헤브리디즈의 민속 전통은 대부분 그리스도교 신앙과 결합되어 구전되었다. 특히 점술에서는 '프리테이어 fritheir' 혹은 점술가가 보이지 않는 것을 내다보고 질환이나 건강처럼 인간과 동물에게 닥칠 길흉의 조짐을 점쳤다. 이런 점술 기술은 대물림 되었고, 기도와 명상 가운데 수행되었다. 점술가들은 동이 트기 전의 아침이나 단식 후에 맨발로 바닥 중앙에 피워둔 불 주위를 태양이 움직이는 방향으로 세 바퀴 돌며 삼위일체의 이름을 부르곤 했다.

> 생명의 왕이신 아들이시여,
> 내 등 뒤에 머무소서.
> 갈 길을 보는 눈을 허락하소서.
> 나를 앞선 그분의 사랑으로,
> 사그라들지 않는 그분의 은총으로,
> 그분의 죽음을 언제나 내 눈에 간직하게 하소서.[18]

점술가는 눈을 감고 그를 부른 집의 문간으로 향한다. 모든 걸 꿰뚫어 보시는 하느님에게 간구한 후 문턱을 넘는다. 이어 점술가는 시선을 자신 앞으로 고정한 채 태양이 도는 방향대로 집 주위를 세 바퀴 돈다. 그동안 계속해서 성가를 부르거나 읊조린다.

또 다른 점술법은 삼위일체 위격의 이름을 부르면서 왼쪽 손가락을 오므려 둥글게 만들고 이어 룬 문자들을 하나씩 읊는 것이다. 이 전통은 어린 그리스도를 길에서 잃어버린 마리아가 이 기술로 징조를 구한 후 성전에서 원로들과 논쟁 중이던 그리스도를 찾았다는 설에서 유래한다.

> 온화한 마리아께서 아들을 찾기 위해 징조를 구하네.
> 점술가 여인이 손바닥을 둥글게 말아 들여다보네.
> '생명의 왕을 보셨나이까?'

켈트 기도의 길

아름다운 점술가 여인이 보았노라고 답하네.

'저기 곱슬머리의 그리스도가 보이는군요.
만군의 왕의 성전에서 잔뜩 얼굴을 찌푸린
박사들과 논쟁 중이네요. 곧 판결이 날 거예요.'[19]

여러 차례 언급했듯 켈트 전통이 우리에게 선사한 고유한
선물 중 하나는 하느님의 현존을 직접 느끼는 감각이다. 치유의
주제는 켈트인들이 그리스도와 그의 어머니가 이 땅에서 머문
삶에 대해 얼마나 생생하게 상상하고 느꼈는지를 보여 준다. 그
들은 그리스도가 이 땅을 걸으며 온갖 질병에 걸린 사람들을 치
료하고 고통 당하는 이들을 회복시킨 일들을 기억했다.

모든 시대 사람들에게 나아가
찢기고 벌어진 상처를 고치신 분 누구인가.
보이지 않던 이가 눈을 뜨고,
발을 절던 이가 걷고,
말 못하던 이의 혀가 풀리고,
죽었던 이에게 생명을 준 것은,
모두 그분이 하신 일.

사납게 흐르는 피를 멎게 하시고,
눈에서 날카로운 가시를 뽑아내셨네.[20]

11장 세상의 치유

그리스도에게 노년의 연약함을 기대고자 하는 다음 기도는 특히 부드러운 분위기를 자아낸다.

그러나 주님, 그리스도, 마리아의 상냥한 아들이시여,
당신은 마른 나무에도 진액을 채우는 분이시니,
속이 텅 빈 뼈에 은총을 부으시고,
보이지 않는 눈에 빛을 더하소서!

휘지 않는 관절에 이슬을 내리시고,
빛을 잃은 눈에 향유를 부어 주시고,
내 영혼을 순교자들의 처소로 인도하소서.
나의 발이 성인들의 집에 머물게 하소서![21]

상처에 대한 치유 기도를 드릴 때 사람이나 동물의 이름을 지목하여 부르기도 한다.

그리스도의 사랑에 기대어
거룩한 보혈의 권능으로,
(이 지점에서 호명하면서)
그대의 상처가 아물고,
그대의 피가 멈추기를.
십자가에서 흘리신 피로써,
그리스도께서 그대의 상처를 싸매시리라.[22]

그리스도의 치유는 인간은 물론 동물에게도 임한다. 켈트인들은 다리를 접질린 말이 그리스도에게 고침받은 일을 알고 있었다.

이른 아침,
밖으로 나가신 그리스도께서
말의 다리를 보시었네.
그 어긋난 뼛조각들을.
그분께서 골수에 골수를 두시네.
뼈막에 뼈막을 두르시고,
뼈에 뼈를 두시고,
피부에 피부를,
힘줄에 힘줄을,
피에 피를,
속살에 속살을,
살갗에 살갗을,
지방에 지방을,
가죽에 가죽을,
따뜻함에 따뜻함을,
차가움에 차가움을 두시네.
권능의 왕께서 치료하시네.
그분의 뜻이 향하는 대로,
그분의 본성을 따라 고치시네.

삼위일체의 세 위격을 통하여,
생명이 되시는 분의 품으로.[23]

때로 마리아가 그리스도와 함께 치유 이야기에 등장하곤
한다. 마리아와 그리스도는 거룩한 땅에서 헤브리디즈로 자리를
옮겨 켈트인들에게 익숙한 경관 속 그들의 집으로 들어온다. 전
해져 오는 한 이야기에 따르면 마리아와 그리스도는 목이 말라
물을 찾고 있었다. 그들은 깊은 골짜기 끝에 있는 허름한 오두막
을 발견했다. 안으로 들어가자 초라한 행색의 가엾은 여인이 있
었다. 그 여인은 마리아에게 통통 부어오른 가슴을 보이며 하실
수만 있다면 자기 유두에 엉겨 붙은 세균들을 없애 주시기를 간
곡히 청하였다.

그의 어머니가 그리스도에게 입을 열어 말하기를 '당신께서 하
십시오. 아들이시여, 유두의 세균들을 없애 주십시오. 눈물과
고난의 아들이시여, 하늘의 아버지께 땅을 치유하는 능력을 부
여받은 자여.' 당시에는 금기시되는 여러 가지 일들이 많았는
데 그 중엔 남성의 손으로 여성의 가슴을 만지는 것도 포함되
어 있었다. 그러나 우리에게 새로운 것들을 주시는 그리스도께
서 또한 본을 보이사 극심한 고통에 시달리는 가슴에 따스한
입김을 불으시며 그 위로 손을 뻗으신 후에 말씀하셨다.

그대 몸의 세균이 떠날지어다.

그대 몸의 부은 곳이 가라앉을지어다.

그대 가슴에 평화가 깃들지어다.

능력의 왕이 주시는 평화가 임하리라.

혈색이 돌고,

부기가 가라앉고,

가슴이 낫고,

젖꼭지가 온전해지기를.

성부의 거룩한 어루만짐 가운데,

성자의 거룩한 어루만짐 가운데,

성령의 거룩한 어루만짐 가운데,

긍휼이 거룩히 임하리라.[24]

마리아가 직접 치유를 행하는 이야기도 있다. 그리스도와 그의 어머니가 거룩한 땅의 강가에서 함께 걷고 있을 때의 일이다.

낮과 밤이 마주할 즈음, 연어 한 마리가 흰 배를 드러내며 개울의 거친 바닥에서 힘차게 뛰어올랐다. 그리스도께서는 연어의 눈이 보이지 않음을 아시고 어머니 마리아에게 연어의 시력을 회복해 주기를 구하셨다. 어머니 마리아는 그리스도의 요청대로 연어의 시력을 돌려주었고 연어는 두 눈이 모두 잘 보이게

되었다.[25]

보이지 않는 눈을 고치길 원했던 여인은 '입술과 마음을 다
해' 마리아의 신조를 외우며 자신을 마리아께 맡기었다. 그는 손
바닥에 침을 뱉고 '눈 먼 이의 눈을 고치고자 하는 마음과 혀와
눈을 인도하시는' 생명의 하느님, 사랑의 그리스도, 성령의 이름
으로 그의 눈 위에 손바닥을 얹었다.

켈트인들은 인간과 동물에게 24가지의 질병이 내재한다고
믿었다. 이는 모두 세균으로 인해 발생하는 '비참하고, 악의적이
며, 독성과 전염성이 강한' 질병들이었다. 그러나 그들은 '축복
과 자비의 치료자' 그리스도가 해로운 세균을 물리치고 인간과
동물을 회복시킬 것을 알았다. 폐병에 걸린 자를 위한 기도를
보자.

하느님의 손이 당신을 감싸고,
하느님의 눈이 당신을 살피고,
하늘에 계신 왕의 사랑이
당신의 고통을 씻겨내시리라.

멀리 사라지리라!
저 멀리 사라지리라!
더 멀리 사라지리라!
독은 땅에 묻히리라,

고통은 돌에 갇히리라!**26**

다음은 식물과 물고기가 지닌 치유의 특성에 대한 기록의 일부이다.

땅의 식물과 바다의 물고기에 깃든 당신의 선함이 매우 크나니 우리는 그저 그것을 존중하여 사용할 따름이나이다. 참으로 위대한 왕이시여! 우주의 창조 때 아무런 질서도 없었으나 당신께서 그 안에 선함을 불어넣으셨나이다. 땅의 토양과 바다의 깊은 물에 있는 좋은 것들을 우리가 아오니 어찌 우리가 그것을 사용하지 않을 수 있겠나이까.**27**

헤브리디즈 사람들은 구전된 식물의 치유력을 익히 알고 있었다. 식물과 물고기를 사용하여 스스로 한센병을 치료한 여성이 자신의 치유를 기념하며 감사의 연도를 드린다.

예수! 예수! 예수!
예수! 그분을 찬미하고자 이렇게 나아오네!

그는 친밀함과 감사함으로 자연에 접근한다. 세상은 창조주와 아주 가깝게 맞닿아 있으며, 세상이 가져오는 모든 선한 것은 창조주의 너그러운 사랑은 풍성하다는 증거였다.

11장 세상의 치유

이 땅에 식물이 없어도

그분의 자비는 충만하고

가지에 열매가 없어도

그분의 복은 충만하네![28]

치유는 언제나 삼위일체의 이름으로 수행되었다. 쉬운 행동을 운율에 맞춰 세 차례 반복하거나 세 번에 걸쳐 진행하는 의식이었다. 예를 들어 다친 팔이나 다리를 고치고 싶은 사람은 먼저 세 겹으로 된 줄을 세 등분한다. 이어 삼위일체의 각 위격을 부르면서 환부에 숨을 불어넣고 세 겹 줄의 각 등분으로 환부를 둘러싼다. 이렇게 세 차례 반복한 후 마지막 매듭을 묶는다. 염좌의 경우엔 〈삼위일체의 은총〉이라는 성가를 '부드럽고 연민 어린 애련한' 목소리로 부르면서 성 요한의 풀(서양고추나물)을 짓이겨 부상 부위에 '부드럽고 능숙하게' 문질러 발랐다.

성 요한의 풀은 성 콜룸바의 풀이라고도 불린다. 전설에 따르면 성 콜룸바가 이 풀을 항상 몸에 지니고 다녔다고 한다. 사람들은 이 풀을 왼쪽 겨드랑이 아래 몰래 넣어 두거나 여성의 부푼 소매나 남성의 조끼에 숨겨 다니곤 했다. 이 약초는 죽음과 악마의 눈을 물리칠 뿐 아니라 가정에는 평화와 풍요를, 밭에는 성장과 결실을 가져다주었다. '성 콜룸바의 식물'이라 불리는 축복 기도는 이 꽃을 따는 이야기를 담고 있다.

콜룸바의 식물을 뽑으리라

왕께 드리는 기도로…

높으신 왕이 안수하신
그 잎을 따리라.
영광의 삼위의 이름으로,
마리아, 그리스도의 어머니의 이름으로.[29]

성 요한의 풀을 위한 축복은 삼위일체를 보다 명료하게 표
현한다.

콜룸바의 풀로
달래고 진정시켜 낫게 하리.
생명이신 하느님의 은총으로
달래고 진정시켜 낫게 하리.

콜룸바의 풀로
달래고 진정시켜 낫게 하리.
사랑이신 그리스도의 은총으로
달래고 진정시켜 낫게 하리.

콜룸바의 풀로
달래고 진정시켜 낫게 하리.
거룩한 영의 은총으로

11장 세상의 치유

달래고 진정시켜 낫게 하리.

콜룸바의 풀로
달래고 진정시켜 낫게 하리.
삼위일체의 은총으로
달래고 진정시켜 낫게 하리.

달래고 진정시켜 낫게 하리.
모든 것 가운데 깃드신 삼위의
입술과 입에서 오는
달콤한 입맞춤의 능력으로.[30]

* * *

이 장은 여기에서 끝나지 않는다. 켈트 전통은 오늘날 우리에게 '자연으로 나가 완전한 치유를 찾는 일' 이상의 충만한 가치를 선사한다. 아일랜드의 이야기꾼이자 철학자, 정원사이며, 현재 킬라니 인근 산기슭에 거하는 케리 카운티 출신인 존 모리아티[John Moriarty]는 켈트인의 대표라고 불리기에 충분한 자격을 갖춘 사람이다. 그가 1999년 연설에서 전한 말은 지금 우리에게도 절실하게 다가온다.

주위에 어둠의 힘이 없거나 없었다고 믿는 것은 한낱 감정적인 감상에 불과합니다. 빛이 있는 곳엔 언제나 어둠도 함께합니다. 우리 인간은 바로 그렇게 창조된 존재이기에 어둠과 맞선 빛의 투쟁을 벌여야 할 것입니다.[31]

그는 사람들이 보고 싶은 대로 만들어 낸 켈트인들이 아닌 진짜 켈트인들은 자연의 공포를 알고 또 알았음을 상기시킨다. 그 결과 그들은 성 패트릭의 종소리를 들을 수밖에 없었고 그들의 수호성인이 '종을 울려 우리를 초월로 부른다'는 것을 기억해야 했다. 존 V. 테일러John V. Taylor는 그의 예언자적인 저술《원초적 시각: 아프리카 종교 속 그리스도교의 위치 The Primal Vision: Christian Presence amid African Religion》에서 성 패트릭의 흉갑기도를 그대로 인용한 후 다음과 같은 말로 마무리한다.

이 하나의 기도로 간구하옵기는 영의 세계에서 은총과 더불어 그분을 느끼고 만났듯이 지금, 여기에서도 그분의 현존을 경험하기를 원합니다. 세상이 창조되던 때부터 보아 온 모든 영적인 깨달음을 눌러 모은 이 기도는 그리스도의 충만함으로 우리를 들어 올립니다. 이것이 아프리카의 모든 언어로까지 번역되어 불리기를 소망합니다.[32]

존 테일러는 1963년 책 한 권을 저술했다. 그는 그의 책 첫 장에 흉갑 기도를 번역해 실었다. 이를 비교해 보는 것도 흥미로울 것이다. 그의 번역에서 여섯 째 연은 다음과 같이 시작된다.

11장 세상의 치유

나는 오늘 나와 악들 사이에 있는 모든 힘을 불러냅니다.

내 몸과 영혼에 대항하는 모든 사악하고 악의적인 힘에 맞섭니다.

거짓 예언자들의 주문,

이교도의 검은 법,

마녀들의 주술에 맞섭니다.

인간의 몸과 영혼을 타락시키는 모든 지식에 맞섭니다.[33]

존 테일러는 아프리카 대륙을 충분히 이해한 사람이었다. 동시에 켈트 전통이 낯설었던 시기 켈트 영성을 돌아볼 줄도 아는 사람이었다. 세계화로 세계에 대한 지식의 폭이 넓어지는 때 이런 인물에게 귀 기울일 줄 아는 자세가 필요하다. 아프리카에 대해 조금이라도 알고 있는 이라면, 그리고 세계 많은 나라에 대해 아는 이라면, 비이성적인 힘과 그런 힘이 몰고 오는 두려움의 영향을 결코 무시하지 못할 것이다. 모리아티는 이런 현상이 서방세계에도 똑같이 적용된다고 주장한다.

내 말은 우리가 매우 암울한 세기를 살았다는 뜻입니다. 아우슈비츠는 지난 세기 실제로 악이 존재했음을 보여 줍니다. 아우슈비츠에 선다는 것은 인간 본성에 대해 진중하게 질문하고 성찰하겠다는 다짐이기도 합니다⋯[34]

악과의 싸움을 치르기 위해서 우리는 신성한 도움이 필요하다. 성화의 은총만큼이나 전통에 잇닿아 있고 오래된 것이어야 한다. 패트릭은 이 사실을 잘 알고 있었다. 그가 '어둠의 심장'으로 여정을 떠나며 흉갑을 착용한 이유일 것이다.

들어가는 말

1. '켈트 교회'라고 부르지 않고 '켈트 그리스도교'라는 용어를 사용하는 것은 중요하다. '켈트 교회'는 '로마 교회'에 대항하기 위해 존재했다는 오해를 불러일으킬 수 있기 때문이다. 켈트인들에게 그런 생각은 적대적으로 받아들여졌다. 그들 스스로 다른 교회에 소속되었다고 생각하지 않았으며, 오히려 로마 주교를 언제나 중요한 인물로 여겼다.

2. 다음을 참고하라. Patrick Barry OSB, *Saint Benedict and Christianity in England* (Ampleforth Abbey Press, 1995).

3. *Carmina Gadelica*는 스코틀랜드 서부 고지대와 섬에서 구전되어 내려오는 노래, 기도, 축복을 담은 6권의 모음집이다. 19세기 Alexander Carmichael이 수집하고 편집하여 Scottish Academic Press에서 출판하였다. Alexander Carmichael, *Carmina Gadelica, Hymns and Incantations Orally Collected in the Highlands and Islands of Scotland and translated into English* (The Scottish Academic Press). 이 모음집의 시, 기도, 축복(깔끔하게 분류하기가 어렵다)을 나는 이 책에서 계속 인용할 것이다. 내가 처음 알게 된 이후로 이것들은 줄곧 내게 기쁨, 영감, 실제 기도생활의 원천이 되고 있다. 1900년에서 1928년 사이 여러 편집자를 거쳐 출판된 6권의 원본이 있다. 나

는 이것들에 보다 접근할 수 있도록 1988년에 *Celtic Vision: Prayers and Blessings from the Outer Hebrides* (Darton, Longman & Todd; St Bede's Publications, USA)을 편집했다. 짧은 소개 책자 *God Under my Roof*도 따로 출간했다. (Fairacres Press, *Convent of the Incarnation*, Oxford; Paraclete Press, USA). Carmina Gadelica에 실려 있는 텍스트들은 현재 John MacInnes의 서문과 함께 한 권의 새로운 편집본으로 쉽게 이용할 수 있으며(Floris Books, 1992) David Adam의 끊임없는 작품 활동의 영향으로 그 형식을 취해 현대판 기도집으로 출판되었다. 매력적이긴 하지만 본래 기도들이 가진 깊이와 냉철한 현실감이 많이 부족한 것도 사실이다. 감상적으로 만들거나 현실감을 약화하는 것은 그럴듯해 보일 수 있으나, 엄밀히 말해 켈트 기도 방식을 거스르는 일이다.

4. Oliver Davies와 Fiona Bowie의 9세기 웨일즈 시에서 발췌. *Celtic Christian Spirituality. An Anthology of Medieval and Modern Sources* (SPCK, 1995; Continuum, USA), p.27. 출판사의 허가를 받아 사용하였다.

5. Thomas Merton, *Contemplation in a World of Action* (Image Books, USA, 1973), p.357.

6. 사막 교부들 및 켈트 성인들, 그리고 그들의 삶에서 중요한 역할을 했던 야생 동물들과의 우정에 관한 이야기들을 Helen Waddell의 번역으로 실은 이유 중 하나이다. *Beasts and Saints* (Darton, Longman & Todd, 1995; Eerdmans, USA, 1996).

1. 여정

1. Kuno Meyer (tr.), *Selections from Ancient Irish Poetry* (Constable, 1911, new edn 1959), p.100.

2. Charles Plummer, *Lives of the Irish Saints* (Oxford, 1922), II, p.260, 다음을 인용하였다. Brendan Lehane, *Early Celtic Christianity*

(Constable, 1993), p.71.

3. G.S.M. Walker (trs, ed.), *Sancti Columbani Opera*, Sermon VIII (Dublin, 1957), p.97.

4. Plummer, *Lives*, II , p.16.

5. 다음을 참고하라. J.F. Webb, *Lives of the Saints 'The Old Irish Life of St Columba'*, (New York, 1981), pp.19-20.

6. Nora Chadwick, *Age of the Saints in the Early Celtic Church* (OUP, 1961), p.64.

7. Eleanor Duckett, *The Wandering Saints* (Collins, 1959), pp.25-26.

8. Davies, Bowie, *Anthology* p.37.

9. 다음을 인용하였다. Paul Pearson, 'Celtic Monasticism as a Metaphor for Thomas Merton's Journey', *Hallel*, 19, 1994, 50-57. Paul Pearson이 인용한 Thomas Merton의 시는 다음에 나온다. *Collected Poems* (London, 1978), p.201.

10. Duckett, *Wandering Saints*, p.24.

11. *Carmina Gadelica*, III, p.261.

12. *Carmina Gadelica*, III, p.275.

13. *Carmina Gadelica*, III, p.191.

14. *Carmina Gadelica*, III, p.195.

15. *Carmina Gadelica*, II , p.321.

16. *Carmina Gadelica*, III, p.247.

17. *Carmina Gadelica*, III, p.251.

18. *Carmina Gadelica*, III, p.255.

19. *Carmina Gadelica*, II , p.171.

20. Alexander Carmichael이 스코틀랜드에 머물던 시기, Dougals Hyde 는 아일랜드에 머물렀다. 그는 코나흐트에서 만난 사람들에게도 노래와 축복을 수집하였다. 그가 수집한 내용을 인용하였다. *Religious Songs of Connacht* (London, Dublin, 1906, Dominic Daly의 서문

추가본, Irish University Press, 1972).

21. *Carmina Gadelica*, III, p.181.

22. *Carmina Gadelica*, II , p.159.

23. 다음을 참고, 인용하였다. Alwyn Rees와 Brinley Rees, *Celtic Heritage, Ancient Tradition in Ireland and Wales* (Thames and Hudson, 1994), p.157.

24. 사실 8세기 기록된 것으로 추정된다. 많은 역본이 있는데, 특히 지난 세기 Mrs. Alexander의 번역이 가장 유명하다. 여기서는 원본을 더 잘 반영하도록 다음의 새로운 역본을 사용했다. Neil Dermott O'Donoghue, 'St Patrick's Breastplate', James P. Mackey (ed.), *An Introduction to Celtic Christianity* (T & T Clark, 1989) pp.45-64.

25. 다음의 마지막 문단의 일부를 인용하였다. Thomas Owen Clancy와 Gilbert Markus OP, *Iona, The Earliest Poetry of a Celtic Monastery* (Edinburgh University Press, 1995), p.192.

26. 미주 24에서 인용한 O'Donoghue의 논문을 참고하라.

27. 나는 끊임없이 성 베네딕트의 규칙에서 기도의 방법을 배운다. 베네딕트 전통을 익힐수록 그 안에 반영된 켈트 전통을 더 깊고 풍성하게 발견한다. 다음 나의 저술. *Seeking God, the Way of St Benedict* (Harper Collins Fount, 재출간 1996), *A Life-Giving Way, A Commentary on the Rule of St Benedict* (Geoffrey Chapman, 1995). 미국에서는 Liturgical Press에서 출간되었다.

28. *Carmina Gadelica*, III, p.207. (여기서는 여정이라는 주제에 적합하게끔 개인 기도로 다듬었다.)

2장. 이미지와 노래

1. *Carmina Gadelica*, III, p.3. Carmichael은 III의 pp.1-23을 탄생과 세례 주제에 할애하며, 여기에는 흥미로운 자료가 많이 실려 있다. *Celtic Vision* pp.111-116의 일부를 요약하였다.

2. *Carmina Gadelica*, I, pp.232-233. 수년간 이 기도에서 즐거움을 누렸으며, Noel Dermott O'Donoghued의 해석으로 보다 깊은 통찰을 얻었다. *The Mountain behind the Mountain* (T&T Clark, 1993), p.48.

3. G.S.M. Walker (trs, ed.), *Sa net i Columbani Opera* (Dublin, 1957), Sermon XII. pp.111-113.

4. *Carmina Gadelica*, I, p.35.

5. *Carmina Gadelica*, III, pp.21-23.

6. Michael Maher (ed.), Irish Spirituality (Veritas Publications, 1981), p.18.

7. Eoin de Bhaldraithe, 'Obedience: The Doctrine of the Irish Monastic Rules', *Monastic Studies*14, 1983, p.71.

8. Brendan Bradshaw, 'Early Irish Christianity' WJ. Shields (ed.), *The Churches, Ireland and the Irish* (Blackwell, 1989), p.18.

9. Robin Flower, *The Irish Tradition* (OUP, 1948), p.6. Alwyn Rees와 Brinley Rees 켈트 유산에서 이 주제에 상당한 관심을 드러낸다. 그들은 그리스도교 이전 문학에서 자연세계와 초자연세계가 다양한 방식으로 서로에 영향을 미치는 방식에 대해 다룬다. 두 세계 사이에는 현대 심리학자들이 설명하는 의식과 무의식 사이의 작용 등 여러 면에서 비슷한 면모가 발견된다. 즉 고대 전통과 마음에 대한 입장이 그리스도교 전통을 위한 길을 준비했다고 볼 수 있는 것이다.

10. 다음을 인용하였다. Ivor-Smith Cameron, *Pilgrimage, An Exploration into God* (Diocese of Southwark), p.71.

3. 삼위일체

1. Eleanor Hull, *The Poem Book of the Gael* (Chatto, 1912), p.237, 'Religious Poems of the People'(민중들의 종교시) 부분으로, 저자가 알려지지 않은 구절이다.

2. T. Ellis and J. H. Davies, *Gweithiau Morgan Llwyd* (University of Wales Press, 1899) , vol 1, p.188.

3. 다음을 인용하였다. Brendan Lehane, *Early Celtic Christianity*, p.40.

4. *Carmina Gadelica*, III, p.7.

5. *Carmina Gadelica*, III, p.17-19.

6. *Carmina Gadelica*, III, p.137.

7. Hyde, *Religious Songs*, II , p.39.

8. *Carmina Gadelica*, III, p.93.

9. 다음을 참조하였다. Robert Culhane, *Hymnus Dicat, Irish Ecclesiastical Record*, 1950.

10. J. Svoverffy, 'The Altus Prosator and the Discovery of America', *Irish Ecclesiastical Record*, 1963, vol c, 5th series.

11. Clancy and Markus, *Iona*, p.45.

12. Diarmuid O'Laoghaire, 'The Celtic Monk at Prayer', *Monastic Studies*, 14, 1983, p.133.

13. James Carney (ed.), *The Poems of Blathmac, Son of Cu Brettan* (Irish Texts Society, 1966), vv.196-7, 191-195.

14. *Carmina Gadelica*, I, pp.236-237.

15. *Carmina Gadelica*, I, p.311.

16. Hull, *Poem Book*, 'Poem of Murdoch O'Daly', pp.157-158.

4. 시간

1. Lennox Barrow, *Irish Round Towers*, Irish Heritage Series (Eason & Son).

2. Eoin Neeson, *Poems from the Irish* (Mercier Press, 1967), p.113.

3. *Abbey Psalter, The Book of Psalms used by the Trappist Monks of Genesee Abbey* (Paulist Press, 1981).

4. Kuno Meyer, *Learning in Ireland in the Fifth Century and the*

Transmission of Letters (Dublin, 1913), p.18.

5. Kuno Meyer, *Four Old Irish Songs of Summer and Winter* (David Hutt, 1903). pp.8-9.

6. *Carmina Gadelica*, III, pp.306-307.

7. *Carmina Gadelica*, III, p.309.

8. *Carmina Gadelica*, III, p.287, 바라(Barra)의 소농 Isabel MacNeill 에게서 수집하였다.

9. *Carmina Gadelica*, III, p.275.

10. *Carmina Gadelica*, III, p.289.

11. *Carmina Gadelica*, III, p.291.

12. O'Donoghue, *The Mountain Behind the Mountain*.

13. *Carmina Gadelica*, I, p.245. 마지막 절은 생략하였다.

14. *Carmina Gadelica*, I, p.247. 전문은 *Celtic Vision*, p.531.에 나온다.

15. *Carmina Gadelica*, I, p.22.

16. *Carmina Gadelica*, I, p.163.

17. *Carmina Gadelica*, I, p.291.

18. *Carmina Gadelica*, I, p.193.

5. 하느님의 현존

1. Hyde, *Religious Songs*, I, p.3.

2. Leon Shenandoah, 'Iroquois', Steve Wall과 Harvey Arden (eds), *Meetings with Native American Spiritual Elders*, p.104.

3. Hyde, *Religious Songs*, p.172.

4. 이 장에서 다른 곳, 특히 *A World Made Whole*의 첫 장인 'God's World' 혹은 *Weavings*에 실린 소논문에서 다룬 내용과 중복되지 않 게 말하려고 노력했다. 'The Ordinary and the Extraordinary', John Mogabgab (ed), *Living with God in the World* (USA, Upper Room Books, 1993), pp.127-135.

5. *Carmina dadelica*, I, p.vii.

6. *Carmina dadelica*, III, p.275.

7. Hull, *Poem Book*, p.xxxvii.

8. Hyde, *Religious Songs*, I, p.3. 남성과 여성 모두에게 공통된다고 확신
하므로, 단수인 남성을 변경해서 실었다.

9. *Carmina dadelica*, I, p.3.

10. *Carmina dadelica*, I, p.5.

11. *Carmina dadelica*, III, p.33.

12. *Carmina dadelica*, III, p.25.

13. *Carmina dadelica*, IV, p.63.

14. Hyde, *Religious Songs*, II, p.207.

15. *Carmina dadelica*, III, p.25.

16. *Carmina dadelica*, III, p.27.

17. *Carmina Gadelica*, IV p. 65.

18. Hyde, *Religious Songs*, II, p. 383.

19. Whitley Stokes (ed.), (Clarendon Press, 1890), pp.186-187.

20. *Carmina Gadelica*, IV p. 87.

21. Hyde, *Religious Songs*, II, p.73.

22. 약 60편의 기도 모음집으로, 게일어 역본과 짧은 해석이 포함된 다음
의 서문을 참고하라. An Tath. Uinseann OCSO, *Urnaithe Na Ngael,
Traditional Irish Prayers, Grace Before and After Meals* (1975).

23. Hull, *Poem Book*, p.236(traditional).

24. *Carmina Gadelica*, I, p.305.

25. *Carmina Gadelica*, IV, pp.87-88.

26. *Carmina Gadelica*, I, p.311.

27. *Carmina Gadelica*, I, p.297.

28. *Carmina Gadelica*, I, p.27.

29. *Carmina Gadelica*, I, p.283.

주

30. *Carmina Gadelica*, I, p.329.

31. *Carmina Gadelica*, III, p.178.

32. *Carmina Gadelica*, III, p.181.

33. Hyde, *Religious Songs*, II, p.47. *Carmina Gadelica*, I, pp.237~243 에도 화롯불을 끌 때 드리는 기도가 다양하게 실려 있다.

34. Donn Byrne, *The Power of the Dog* (Penguin, 1947), p.16.

35. *Carmina Gadelica*, I, p.67.

36. *Carmina Gadelica*, I, p.83.

6. 은수자

1. Thomas Merton (trs), *The Wisdom of the Desert, Sayings from the Desert Fathers of the Fourth Century* (Sheldon Press 1961), XHI, p.30.

2. '씻긴 눈'이라는 짧지만 훌륭한 구절은 최근 Thomas Merton에 대해 사용되었다. 나는 이 구절이 초기 은수자들에게도 해당한다고 생각한다. Merton은 켄터키 주 시토회의 겟세마니 수도원 외곽 숲에 있는 작은 오두막에서 스스로 은수자로 살며 수도 생활에 대해 많은 글을 남겼다. 그는 집착하지 않고, 소유하거나 조직하거나 통제하려 들지 않고 세상을 선물로 보는 자세를 취했기 때문에, 각 사물이 고유의 목소리를 내도록 내버려 둘 수 있었다. Thomas Merton의 경우, 그가 어떻게 사진을 찍고 시간을 보냈는지, 카메라가 어떻게 명상을 위한 도구가 되었는지, 각 사물의 고유성을 존중하면서 어떻게 조심스럽게 접근할 수 있는지 볼 수 있다. 나는 다음에서 이를 다루었다. *A Seven Day Journey with Thomas Merton* (Highland Eagle, 1992; Servant Publications, USA).

3. Kenneth Jackson, *Studies in Early Celtic Nature Poetry* (CUP, 1935).

4. Kenneth Jackson, *A Celtic Miscellany, Translations from the Celtic*

켈트 기도의 길

Literatures (Routledge & Kegan Paul, 1951), pp.183, 63.

5. 코나흐트의 왕 Guaire(663년 경)와 그의 이복형인 은수자 Marban이 나눈 가상의 대화를 형상화한 길고 유명한 은수자의 시에서 발췌하였다. 다음 번역본에서 인용하였다. Ludwig Bieler, *Ireland: Harbinger of the Middle Ages* (OUP, 1963).

6. Gerard Murphy (ed.), *Early Irish Lyrics, Eighth to Twelfth Century* (OUP, 1956), pp.11-19 (shortened).

7. 다른 번역으로 다음을 참고하라. David Greene과 Frank O'Connor (eds), *A Golden Treasury of Irish Poetry AD 600-1200* (Macmillan, 1967), p.150.

8. Clancy와 Markus, *Iona*, p.90. 초기 아일랜드 자연시에 대해 참신하면서도 신랄하게 평가한다.

9. Jackson, *Studies*, pp.105-106.

10. Clancy와 Markus, *Iona*, p.1.

11. *Preoccupations. Selected Prose 1968-1978* (Faber, 1980), p.189.

12. Flower, *Irish Tradition*, p.4.

13. J. H. Bernard와 R. Atkinson (eds), *The Irish Liber Hymnorum* (Henry Bradshaw Society, 1897), ii, p.48.

14. Jackson, *Studies*, pp.9-10. 성 콜롬바의 작품으로 알려졌지만 12세기 기록되었을 가능성이 높다. 마지막 세 절은 생략하였다.

15. Murphy (ed.), *Early Irish Lyrics* pp. 11-19, 또한 A.M. Allchin과 Esther de Waal (eds), *Threshold of Light, Prayers and Praises in the Celtic Tradition* (Darton, Longman & Todd, 1986), p.12. 미국에서는 *Daily Readings from Prayers and Praises in the Celtic Tradition* (Templegate)으로 출간되었다.

16. O'Loaghaire, 'The Celtic Monk at Prayer'.

17. Waddell, *Beasts and Saints*. 서문에서 더 자세히 다룬다.

18. Mary Todiss O.P. (ed.), *At Home in the World: The Letters of*

Thomas Merton and Rosemary Radford Reuther (Orbis, USA, 1995), pp.35-36.

19. Waddell, *Beasts and Saints*, pp.23-26.

20. A.M. Allchin, *Pennant Melangell, Place of Pilgrimage* (Gwasg Santes Melangell, USA, 1994) p.5.

21. A.M. Allchin, *Pennant Melangell, Place of Pilgrimage*, p.5. 나는 앞서 *A World Made Whole*의 'Common Creation' 장과 *Beasts and Saints*의 새로운 편집본의 서문에서 이를 다루었다.

22. Sr Benedicta Ward SLB, *The Spirituality of St Cuthbert* (Fairacres, 1992), p.10.

23. Waddell, *Beasts and Saints*, p.62.

7. 어둠의 힘

1. *An Interview with Dennis Potter*, Melvyn Bragg, 1994년 4월 5일 방송 (Channel 4 Television, 1994).

2. Rev. George MacLeod, *The Whole Earth Shall Cry Glory. Iona Prayers* (Wild Goose , 1985), p.8.

3. Patrick Thomas, *A Candle in the Darkness: Celtic spirituality from Wales.* (Gomer Press, 1993) p.12.

4. 'Fires on Llyn', *Selected Poems* (Carcanet, 1985). 이 연들을 인용할 수 있게 허락해 준 Gillian Clarke에게 감사를 전한다.

5. 다음 소책자에서 인용하였다. *A Way to God for Today*, the Llandaff Diocesan Renewal Service Team의 Cynthia과 Saunders Davies 제작.

6. *A Way to God for Today*.

7. Davies와 Bowie, *Anthology*, pp.31-32.

8. Clancy와 Markus, *Iona*, p.183.

9. Murphy (ed.), *Early Irish Lyrics*, pp.51-53. 전문은 *A World Made*

Whole, p.102에 나온다.

10. *Saltair na Ramm*, lines 1491-1530.

11. 전문은 *A World Made Whole*, p.103에 나온다.

12. Davies와 Bowie, *Anthology*, p.34.

13. 시 전문은 *A World Made Whole*, p.104에 나온다.

14. 다음에서 짤막하게 언급하였다. Robert Lewellyn (ed.), *Circles of Silence* (Darton, Longman & Todd, 1994), pp.54-56.

15. Jackson, *Studies*, pp.105-106.

16. Charles Plummer, *Irish Litanies* (London, Henry Bradshaw Society, 1925), 'Litany of the Saviour', p.21.

17. Plummer, *Lives*, II , p.5.

18. Davies와 Bowie, *Anthology*, p.45.

19. Plummer, *Lives*, p.79.

20. L. Bieler, *Irish Penitentials* (Dublin Institute for Advanced Studies, 1963).

21. 다음을 참고하라. Ed Sellner, 'A Common Dwelling: Soul friendship in Early Celtic Monasticism', *Cistercian Studies Quarterly*, vol. 29, 1995, p.6.

22. Whitley Stokes (ed.). *The Martyrology of Oengus the Culdee* (London, 1905), p.65.

23. *The Martyrology*, pp.161, 267.

24. *The Martyrology*, p.144. 다음도 참고하라. E.J. Gwynn과 W.J. Purton, 'The Monastery of Tallaght', *Proceedings of the Royal Irish Academy*, 1911, XXIX, C, pp.135-136.

8. 십자가

1. Gwenallt, *Eples* (Gomer Press, 1951), pp.63-64. 시 전문은 *Threshold of Light*, pp.39-41에 나온다.

2. Thomas, *Candle*, pp.136, 15.

3. *Candle*, p.78.

4. O'Donoghue, *The Mountain behind the Mountain*, p.3.

5. 시토회 예술에 대한 짧은 논의에서 도움을 받았다. (추상적이며, 전례적 사용과 연결된다.) Meredith Parsons Lillich, *The Abbey Psalter* (The Paulist Press, 1981).

6. Brendan Lehane은 3을 포함한 특별한 숫자마다 의미를 부여하는 아일랜드인들의 흥미로운 상상력에 대해 많은 이야기를 남겼다. *Early Celtic Christianity*, p.40.

7. Hilary Richardson, 'Number and Symbol in Early Christian Art', *Journal of the Royal Society of Antiquaries of Ireland*, 1984, 114, pp.28-47. 또한 'Celtic art', James Mackey (ed.), *Introduction to Celtic Christianity*, pp.359-386.

8. Eoin de Bhaldraithe, *The High Crosses of Moone and Castledermot, a Guided Tour.* (Ireland의 Bolton 수도원에서 비공개로 출간하였다). 십자가에 대한 가장 유익한 논의에서 인용할 수 있도록 허락해 주신 저자에게 감사드린다.

9. Hyde, *Religious Songs*, II, p.35.

10. Prayer of protection, *Carmina Gadelica*, III, p.109.

11. Hyde, *Religious Songs*, II, p.395. 전문은 *A World Made Whole* p.128 에 나온다.

12. Thomas, *Candle*, p.82.

13. *Carmina Gadelica*, II, pp.104-105.

14. Hull, *Poem Book*, pp.254-255.

15. *The Private Devotions of the Welsh in Days Gone By* (Foulkes, 1898), p.28. 이 부분에 대한 참조 문헌은 다음에서 인용하였다. Anthony Packer, 'Medieval Welsh Spirituality' 1995년 5월 'Pilgrimages in the Welsh Spiritual Tradition'로 Cardiff에서 강연한

논문이다.

16. *The Private Devotions*, p.35.

17. Carney (ed.), *Poems of Blathmac*.

18. Preface to Stokes (ed.), *Lives*, p. v.

19. Murphy (ed.), *Early Irish Lyrics*, p.33, 또한 O'Laoghaire, 'The Celtic Monk at Prayer', p.131.

20. Daphne Pochin Mould, *Irish Saints* (Bums & Oates, 1964), p.182.

21. Waddell, *Beasts and Saints*, p.121.

22. Ambrosian Library at Milan, quoted in O'Laoghaire, 'The Celtic Monk at Prayer', p.130.

23. *Carmina Gadelica*, III, p.71.

24. *Carmina Gadelica*, III, p.83.

25. *Carmina Gadelica*, I, p.67.

26. *Carmina Gadelica*, I, p.94. 전문은 *Celtic Vision*, p.97에서 확인할 수 있다.

27. *Carmina Gadelica*, III, p.102, II, p.240.

28. *Carmina Gadelica*, III, p.103.

29. Pochin Mould, *Irish Saints*, pp.235-236.

30. *Carmina Gadelica*, III, pp.73-75.

31. *Carmina Gadelica*, I, p.77.

9. 성인들

1. 남아프리카공화국에서 만난 한 젊은 아프리카인 사제가 인생 여정에서 다른 이들과 점점 가까워지는 방법에 관해 이야기하면서, 이를 본질적으로 통합된, 공유된 경험이라고 말한 것이 떠오른다. 전통 아프리카 사회에서 온 사람들이 켈트 전통을 이해할 수 있다고 이해하는 이유이다. 그들은 세상을 떠난 이들을 '살아 있는 망자'라고 부르며, 이들이 산 자들의 삶에서 계속 중요한 역할을 한다는 생각을 자연스럽게 받아들인다.

2. D. A. Binchy, *Early Irish Society*, M. Dillon (ed.), (Dublin, 1954), p.54.

3. Kathleen Hughes, 'Sanctity and Secularity in the Early Irish Church', *Studies in Church History*, D. Baker (ed.) (CUP, 1973), p.10.

4. Davies와 Bowie, *Anthology*, pp.38-39.

5. *Carmina Gadelica*, I, p.165ff.

6. 다음을 인용하였다. E. G. *Bowen, The Settlements of the Celtic Saints in Wales* (University of Wales Press, 1956), p.4. Ciaran O'Sabhaois 는 아일랜드에서 'Kil'로 시작되는 장소가 3,025곳에 이른다고 말한다. 이 중 52곳이 성 브리짓에게 헌정되었고, 22곳이 성 패트릭에게 헌정 되었다. 다음 소논문을 참고하라. *Cistercian Studies Quarterly*, 10, 1975.

7. *Aristocracy of Soul, Patrick of Ireland* (Darton, Longman & Todd, 1987), p.80.

8. 다음을 참고하라. Dorothy Ann Bray, 'The Making of a Hero', *Monastic Studies*, 14, p.153. 여기서 Dorothy Ann Bray는 다음을 언 급한다. Peter Brown, *The Cult of the Saints, its Rise and Function in a Latin Christianity* (London, 1981), pp.5-6.

9. Jackson, *Celtic Miscellany*, pp.312-13. 아마 9세기 기록으로, 저자는 알려지지 않았다.

10. Cogitosus' 'Life of St Brigid', *Patrologia Latina*, pp.72, 75.

11. 'Life of St Brigid', p.71.

12. A.W. Wade-Evans, *Vitae Sanctorum* (University of Wales, 1944), p.267.

13. *Carmina Gadelica*, I, p.165.

14. Waddell, *Beasts and Saints*, pp.127-130.

15. *Beasts and Saints*, pp.91-96.

켈트 기도의 길

16. Richard Sharpe (trs), *Adomnan of Iona, Life of St Columba* (Penguin, 1995) p.200, pp. 228-230.

17. 가장 오래된 본문은 10세기 초에 작성되었다. 그러나 이 역시 구전되어 온 것이 분명하므로, 아마 9세기에 작성되었을 것이다. 120개 이상의 라틴어 사본이 남아 있으며, 중세 초기 가장 인기 있는 전설 중 하나로, 게일어 방언과 모험담으로 널리 번역되었다.

18. 브렌단의 항해는 '다른 세계'의 섬으로 여행을 떠나는 항해, *immrama* 중 가장 유명하다. Alwyn, Brindley Rees, *Celtic Heritage*, pp.314-16 에서 확인할 수 있다. 다른 차원으로 떠나는 여행, 이 세상과 다음 세상 사이의 여행, 진정한 의미의 유일한 여행이다. Nora Chadwick이 인정하듯, 켈트 문학은 전 세계 문학과 더불어 발전했다. '아시아, 중남부 태평양 섬, 심지어 아프리카에서도 인간의 주된 지적인 집착과 사면은 영적 모험, … 영혼의 고독한 개척, … 탐험의 실패나 성공은 구전 문학에서 주된 주제를 형성한다.' *Poetry and Prophecy* (CUP, 1942), p.92.

19. Naomi Stone (ed.), *A Vow of Conversation* (The Lamp Press, 1988), p.71. 우리가 출발하는 '조직화의 원칙'이어야 한다고 말하는 Cynthea Bourgeault의 귀중한 소논문도 참고하라. 'Navigation of St Brendan', *Monastic Studies*, 14, 1983, pp.109-122.

20. Stokes (ed.), *Martyrology*, pp.17, 277, 288.

21. Jackson, 'The Vision of Adhamhnan', *Celtic Miscellany*, p.290ff.

22. *Peig. The autobiography of Peig Sayers of the Great Blasket Island*, Bryan MacMahon (trs) (Talbot Press, 1974).

23. Gwenallt, *Eples*, pp.63-64.

10. 찬미

1. G. Murphy, *Early Irish Lyrics* (Oxford, 1956), p.4.

2. O'Laoghaire, 'The Celtic Monk at Prayer', *Monastic Studies*, p.134 의 미주 27에 전체 참조가 나온다.

3. Thomas, *Candle*, pp.61-62에서 인용하였다. 아마 9세기의 시로, Sir Ifor Williams가 번역하였다. *Beginnings in Welsh Poetry* (University of Wales Press, 1972), p.102. 전문 및 다른 번역은 다음에서 확인할 수 있다. Davies와 Bowie, *Anthology*, pp.27-28.

4. Davies와 Bowie, *Anthology*, pp.54-56.

5. Thomas, *Candle*, p.139.

6. 다음에 실린 번역을 인용했다. Joseph P. Clancy, *The Earliest Welsh Poetry* (Macmillan, 1970), p.113. 나는 *Threshold of Light*, p.3에서도 인용했다.

7. Davies와 Bowie, *Anthology*, pp.31-32, 시에 대한 각주 설명을 인용했다.

8. Clancy와 Markus, *Iona*, pp.45-53.

9. Thomas Jones, 'The Mistle Thrush', Davies와 Bowie, *Anthology*, pp.56-57.

10. *Journal of a Solitude* (W.W. Norton & Co, USA, 1977), p.99.

11. A.M. Allchin, *Praise Above All* (University of Wales Press, 1991), p.37.

12. 시의 전반부이다. Cynthia와 Saunders Davies (eds), *Euros Bowen, Priest-poet* (Church in Wales Publications, 1993), p.143.

13. Jackson, *Studies in Early Celtic Nature Poetry*, pp.108-109. 8세기 혹은 9세기의 시이다.

14. 전통 스코틀랜드 노래를 연구하는 Sr Helen Colomba SLB, of Fairacres, Oxford의 연구에서 인용했다.

15. *Carmina Gadelica*, III, pp.31.

16. *Carmina Gadelica*, III, p. 29.

17. *Carmina Gadelica*, II, pp.41-47. 간추려 인용했으며, 전문은 *Celtic Vision*, pp.20-23에서 볼 수 있다.

18. *Carmina Gadelica*, III, pp.54-61. 간추려 인용했다.

켈트 기도의 길

19. A. M. Allchin, *Praise Above All* p.3을 인용했다. A. M. Allchin은 David Jones, *Epoch and Artist* (London, 1959), p.281를 참조했다.

20. *Cantemus in omni die*, a hymn to Our Lady는 700년경 아이오나의 학자이자 수도사가 기록했다. Clancy와 Markus, *Iona* p.183.

21. Sharpe, *Adomnan*, p.228.

22. James Carney, *Medieval Irish Lyrics*, p.74. 그러나 다음을 참조하였다. Martin McNamara, 'The Psalter in early Irish Monastic Spirituality', *Monastic Studies*, 14, p.186.

23. Plummer, *Lives*, I, p.172.

24. Duckett, *Wandering Saints*, p.271.

25. Henri J. M. Nouwen, *The Genesee Diary. Report from a Trappist Monastery* (Image Books, Doubleday, 1976), '8월 2일 금요일' 도입부.

26. Thomas Merton, *Praying the Psalms* (Liturgical Press, USA, 1956), pp.7, 10-11.

27. Davies와 Bowie, *Anthology*, p.29.

11. 세상의 치유

1. W. Stokes (ed.), Gwreans An Bys: *The Creation of the World: A Cornish Mystery* (the Philological Society, Berlin, 1863).

2. 'The Breastplate of Laidcenn'. 전문은 다음을 참고하라. Oliver Davies, *Celtic Spirituality* (Paulist Press, New York, 1999), pp.289-292.

3. 이 절은 12세기 후반 코나흐트에서 태어난 Murdoch O'Daly의 시이다. 자세한 내용은 다음을 참고하라. Hull, *Poem Book of the Gael* (Chatto, 1912), pp.157-158.

4. Davies, *Celtic Spirituality*, p.3.

5. 이 구절은 웨일즈 대학교의 람페테르 캠퍼스에서 진행된 Thomas

주

O'Loughlin의 강의에 빚지고 있다. (그는 켈트 전통에 특별한 관심을 가진 신학 강사이다.) 그는 최근 두 권의 책을 출간했다. *Saint Patrick: The Man and His Works* (London, 1999), *Journeys on the Edges* (Darton Longman & Todd, 2000).

6. *A World Made Whole: The Rediscovery of the Celtic Tradition* (Harper Collins, 1991)에서 치유, 죄와 슬픔에 관해 한 장을 할애해 관련 주제를 다룬 적 있다. 현재 영국에서 오래전 절판되었지만, 미국에서 *Every Earthly Blessing* (Morehouse Publishing, Harrisburg, Pennsylvania)이란 제목으로 여전히 출간되고 있다.

7. 이 주제에 관한 흥미로운 논의는 다음을 참고하라. Johnston McMaster, 'Celtic Resources for a Peace Process', *Celtic Threads, Exploring the Wisdom of our Heritage*, ed. Padraigin Clancy (Dublin, Veritas, 1999), pp.93-103.

8. 원래 1934년 Robert Gibbings의 목판으로 출간된 *Beasts and Saints* 의 Helen Waddell의 영역본 가운데 p.xv의 옮긴이 후기에서 발췌한 글이다. 이는 오늘날 인간과 비인간의 관계를 다룬 주제를 서문으로 추가해 1995년 Darton, Longman & Todd에서 다시 발간되었다. 현재 영국에서 절판되었고, 미국 미시간, 그랜드 래피즈의 Eerdmans 출판사에서 William B. Eerdmans에 의해 출간되었다.

9. 1977년 출간된 *Celtic Theology*, Student Christian Movement 소책자 33에서 처음 읽었다. 아직 켈트 영성에 대한 관심이 비교적 드물었던 시기에 기록된 귀중한 자료가 많이 담겨 있다. Diarmuid O'Laoghaire S. J. 'Old Ireland and her Spirituality', p.7에서 나오며 *Martyrology of Oengus*에서 발췌한 글을 인용하였다.

10. Richard Sharpe (trans.), *Adomnan of Iona: Life of St Columba* (Penguin,1995), pp.227. 내가 특별히 흥미롭게 읽은 다음 글을 인용할 수 있어 기쁘다. Richard J. Woods O.P., *The Spirituality of the Celtic Saints* (Orbis Books, Maryknoll, New York, 2000).

11. Sr Benedicta Ward SLG, *The Spirituality of St. Cuthbert* (Fairacres, 1992), p.10.

12. 1900년 Angus Matheson이 편집한 *Carmina Gadelica*의 V에서 발췌한 것으로, 특별히 그리스도교적 요소가 없기 때문에 자주 인용되지는 않는다. 주로 민간 전승, 축융 작업 노동요, 동요, 섣달그믐에 부르는 노래나 점술에 대한 내용이다.

13. Mary Low, 'Water', *Celtic Christianity and Nature: Early Irish and Hebridean Traditions* (Edinburgh University Press, 1996), p.60.

14. 전문은 다음을 참고하라. A. M. Allchin과 Esther de Waal (eds), *Threshold of Light, Prayers and Praises in the Celtic Tradition* (Darton, Longman & Todd, 1986), p.36. 절판되었다.

15. 몬머스셔(Monmouthshire)에 본부를 둔 Wellsprings Fellowship이 이런 관심을 대표적으로 보여 준다. 이 단체는 웨일즈 전역을 성스러운 우물을 복원하고 유지하는 데 전념한다. 또한 뉴스레터 'The Eye in the Landscape'를 발간한다.

16. *Carmina Gadelica*, II, p.163.

17. *Carmina Gadelica*, II, p.163, 게어로흐(Gairloch)의 소농인 여성에게서 수집한 글을 발췌했다. 나는 앞서 *A World Made Whold*의 치유에 관한 장(pp.89-98)에서 인용한 바 있으며(미주 6 참고하라), 일부 자료를 이곳에서 재인용하였다.

18. *Carmina Gadelica*, V, pp.286-287.

19. *Carmina Gadelica*, V, p.291.

20. *Carmina Gadelica*, VI, pp.132-135.

21. *The Celtic Vision: Selections from the Carmina Gadelica*는 영국에서 절판되었으나, 미국에서 치유에 관한 부분을 새로 수정하고 여러 기도를 추가하여, 2001년 미주리의 Liguori에서 출간했다.

22. *Carmina Gadelica*, IV, p.285.

23. *Carmina Gadelica*, II, p.21.

24. *Carmina Gadelica*, II, p.95.

25. *Carmina Gadelica*, II, p.185.

26. *Carmina Gadelica*, II, p.307.

27. *Carmina Gadelica*, IV, p.131.

28. *Carmina Gadelica*, II, p.99.

29. 전문은 *Celtic Vision* (Liguori)의 새 편집본 p.105에서 볼 수 있다. (미주 20 참고하라.)

30. 전문은 나의 *God Under My Roof, Celtic Songs and Blessings* (Fairacres Publications), pp.8-9을 참고하라.

31. 'The Blackbird and the Bell: Reflections on the Celtic Tradition', *Celtic Threads* op.cit., p.135.

32. 처음에는 SCM Press Ltd, London에서 출간했다.

33. Kuno Meyer (tr.), *Selections from Ancient Irish Poetry* (Constable, 1913), p.25.

34. 'The Blackbird and the Bell: Reflections on the Celtic Tradition', *Celtic Threads* op.cit., p.135.

'사회 속의 교회, 교회 속의 사회' 시리즈는 성공회 사회 선교 그룹인 나눔의집협의회와 정의평화사제단이 비아토르와 공동 기획하고 후원합니다. 함께해 주신 모든 분들께 감사드립니다.

후원자 명단

biblos, hansolito, lehaim, lkd, Tara 나경, 강효원, 고명선, 고명훈, 고순철, 교회공간연구소, 김미영, 김영선, 김영준, 김오성, 김장환, 김재욱, 김종수, 김진국, 김진아, 김하영, 김홍일, 까밀로, 꼼마, 나선욱, 냥냥펀치, 노승진, 당인리, 들불, 라파엘라, 레쯔, 모중현, 바람소리, 바르나바, 박상영, 박상현, 박성용, 박용준, 박우섭, 박종필, 박지은, 박진석, 박태진, 박희동, 브리스, 빈센트, 사자와어린양, 서신, 성공회 계양교회, 성공회 노원나눔의집·노원나눔교회, 성공회 동두천나눔의집·동두천나눔교회, 성공회 봉천동나눔의집·봉천동나눔교회, 성공회 성북나눔의집·성북나눔교회, 성공회 수원나눔의집·수원나눔교회, 성공회 용산나눔의집·길찾는교회, 성공회 인천나눔의집·인천나눔교회, 성공회 정의평화사제단, 성공회 춘천나눔의집·춘천나눔교회, 성공회 포천나눔의집·포천나눔교회, 손승희, 손주환, 아퀼라, 안지현, 엔틸드, 여울, 오베드로, 유영경, 유희성, 이세형, 이은영, 이은재, 이정호, 이폴리갑, 이하정, 이해민, 잔디, 정병원, 정소영, 지하바쿡, 차지애, 청소년공방 만들래, 최수현, 최조수아, 하혜정, 힐데

이민희

옥바라지선교센터의 활동가로, 젠트리피케이션 때문에 쫓겨나는 상가 세입자들과 연대하는 한편 인문학&신학연구소 에라스무스의 연구원으로 활동하고 있다. 대학과 대학원에서 도시 계획과 토목공학을 공부했고, 다시 대학원에서 신학을 공부했다. 옮긴 책으로는 《무엇이 좋은 도시를 만드는가》(비아토르), 《처치걸》(IVP), 《우리가 예배하는 하나님》, 《다시 읽는 아우구스티누스》(이상 공역, 도서출판 100), 《그리스도교를 다시 묻다》(비아), 《담대한 믿음》(이레서원) 외 다수가 있다.

켈트 기도의 길

에스더 드발
이민희 옮김

2023년 12월 13일 초판 1쇄 발행

펴낸이 김도완
등록번호 제2021-000048호
　　　　(2017년 2월 1일)
전화 02-929-1732
전자우편 viator@homoviator.co.kr

펴낸곳 비아토르
주소 서울시 종로구 삼일대로 428, 500-26호
　　　(우편번호 03140)
팩스 02-928-4229

기획 자캐오
제작 제이오

편집 김은홍, 소리꽃
인쇄 민언프린텍

디자인 임현주
제본 다온바인텍

ISBN 979-11-91851-82-3 03230

저작권자 ⓒ 비아토르 2023